全球史 —人 类 文 明 新 视 野—

欧洲史

VOYAGE EN EUROPE

De Charlemagne
à nos jours

从 查 理 大 帝 到 当 今

François Reynaert

［法］弗朗索瓦·雷纳尔·著

范鹏程·译

中国社会科学出版社

审图号：GS（2020）4168号
图字：01-2019-6434号
图书在版编目（CIP）数据

欧洲史：从查理大帝到当今 / （法）弗朗索瓦·雷纳尔著；范鹏程译.
— 北京：中国社会科学出版社，2020.10（2021.6 重印）
ISBN 978-7-5203-6439-3

Ⅰ.①欧… Ⅱ.①弗… ②范… Ⅲ.①欧洲—历史 Ⅳ.①K500

中国版本图书馆CIP数据核字(2020)第071222号

« VOYAGE EN EUROPE » by François REYNAERT
© Librairie Aethème Fayard，2019
Current Chinese translation rights arranged through Divas International, Paris巴黎迪法
国际版权代理
（www.divas-books.com）
Simplified Chinese translation copyright 2020 by China Social Sciences Press.
All rights reserved.

出 版 人	赵剑英
项目统筹	侯苗苗
责任编辑	侯苗苗　桑诗慧
责任校对	周晓东
责任印制	王　超

出　　版	中国社会科学出版社
社　　址	北京鼓楼西大街甲 158 号
邮　　编	100720
网　　址	http://www.csspw.cn
发 行 部	010-84083685
门 市 部	010-84029450
经　　销	新华书店及其他书店

印刷装订	北京君升印刷有限公司
版　　次	2020 年 10 月第 1 版
印　　次	2021 年 6 月第 2 次印刷

开　　本	880×1230　1/32
印　　张	11.875
字　　数	256 千字
定　　价	72.00 元

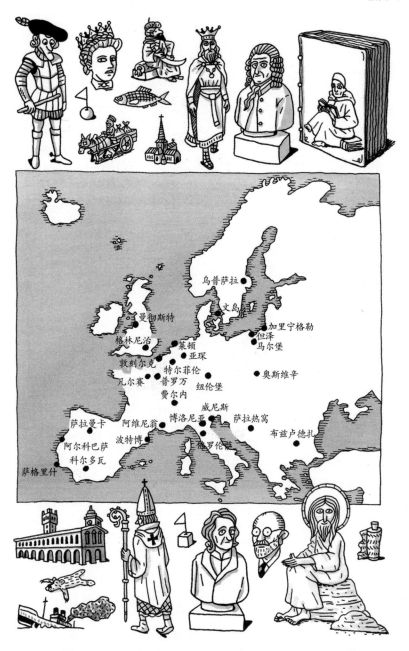

欧洲史不是每个独立国家历史的总和，欧洲史是相通的；通过游览重大事件的发生地来回顾和见证欧洲的历史能让这段旅程更加丰富多彩，让我们启程！

欧洲的历史是从哪里开始的？长久以来，雅典、罗马、耶路撒冷一直被当作托起西方文化的神圣三脚架。但这并不意味着，欧洲文化仅仅是依靠古希腊、罗马帝国以及基督教而形成的。

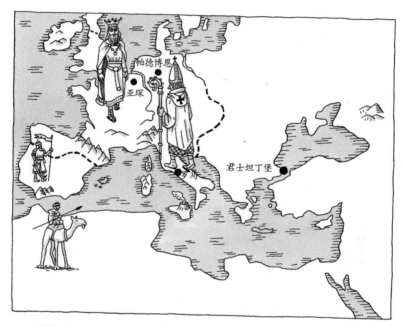

　　解锁欧洲历史的一把关键的钥匙就在罗马到亚琛的这条路上；公元 799 年，遭受逼迫的罗马教皇利奥三世匆忙逃奔法兰克，在亚琛与查理大帝相遇。

　　爱尔兰人圣哥伦班负责向欧洲大陆传福音，他从北爱尔兰的班戈出发，由今天的法国布列塔尼登上欧洲大陆，足迹不仅贯穿了法兰克人的高卢地区，还远至意大利北部。

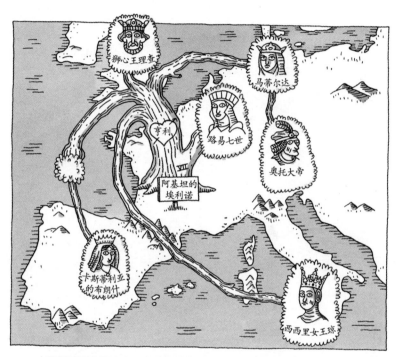

　　中世纪的西方历史实际上是国王争权夺势、努力争取自主的历史，这个过程中，贵族阶层盘根错节的关系让人眼花缭乱。贵族圈中最具代表性的人物是阿基坦女公爵——埃利诺。

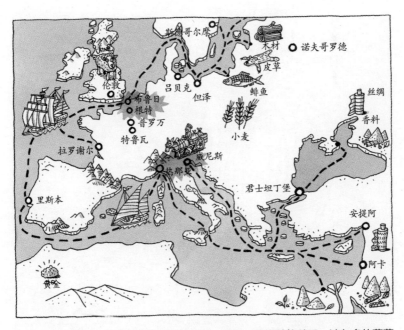

中世纪商人的世界：波罗的海的鲱鱼、皮草，英格兰的羊毛，波尔多的葡萄酒，佛兰德斯的布匹，意大利北部的华美面料，东方的丝绸、香料等商品自由流通。

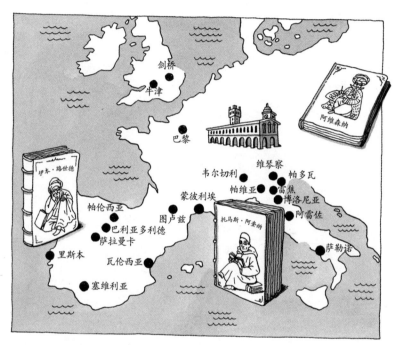

中世纪的大事件：大学的诞生。从 13 世纪的萨拉曼卡、牛津、剑桥、帕多瓦到 14 世纪的布拉格、维也纳、海德堡……大学构建了一个庞大的运转系统，促进了知识的传播。

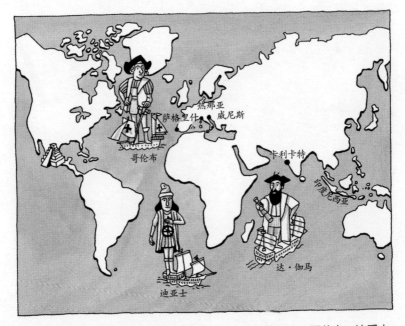

15 世纪的大航海时代为欧洲开辟了一个全新的舞台，哥伦布、迪亚士、达·伽马是这一时期最为著名的航海家。

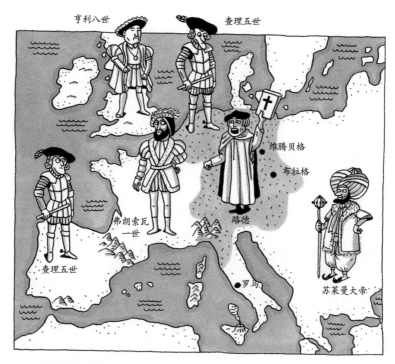

亨利八世　查理五世　弗朗索瓦一世　查理五世　维腾贝格　布拉格　路德　罗马　苏莱曼大帝

16 世纪是文艺复兴的世纪，是蓬勃激荡的世纪，是思想与艺术大革新的世纪。开启这一世纪的是四位年龄相仿的伟大君王：亨利八世、弗朗索瓦一世、苏莱曼大帝和查理五世。

插图 X

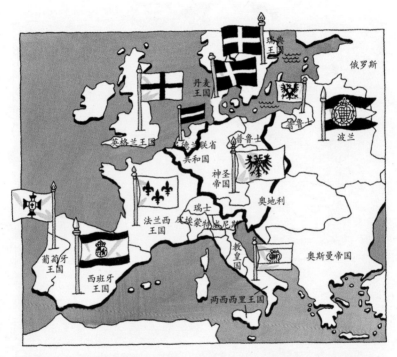

1648 年，三十年战争画上句号，一统欧洲的旧梦随之结束。17 世纪开始，
欧洲进入国家政权繁荣的黄金时代。

　　从 16 世纪开始，欧洲的旧世界逐渐演变为一个个独立的国家政体，宗教筑起了他们的边界。然而，恰恰在同一时期，欧洲各国共同见证了科学的发展，科学变迁是属于全欧洲的！

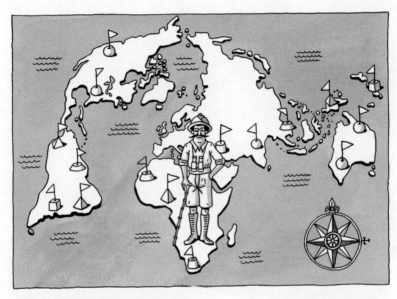

　　欧洲的殖民活动自大航海时代开始，在 19 世纪因工业革命的助力迎来高潮，世界的指针都在围着欧洲而转。

维也纳的咖啡馆有个好处，那就是随便找把椅子坐下，将目光望向旋转门，就可以想象当时的大人物从那里走进来。

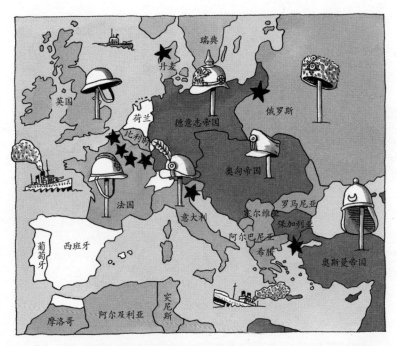

　　1914 年，萨拉热窝事件点燃第一次世界大战的导火索，其本质却是一场宗教战争，这是一个世俗的宗教，它也许并不信奉什么神灵，但却把骄傲和仇恨埋在心底，它的名字叫做"民族主义"。

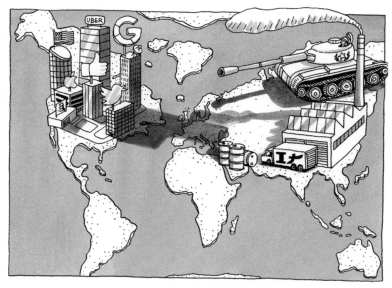

第二次世界大战结束后，人类终于迎来了和平，但仍需面对许多挑战。

引　言

不久前，当我在给您手中的这本书取名字的时候，一个念头从我的脑海中闪过。我仿佛看到封皮上已经印好了几个醒目的大字："法国史不存在。"我甚至连译本的名字都想好了：Deutsche Geschichte gibt's nicht、There is no such thing as British History、No hay historia de España……这些书名的下面还印着一行小字："欧洲史是相通的。"

还没与出版商讨论，我就放弃了这个想法。如今，我并不感到后悔，因为那实在不是什么好主意。今天的欧洲大陆弥漫着强烈的民族主义情怀，这样的书名必然会让我受到各种各样的攻击和威胁，甚至会引发论战，我即便不想出名都不可能了。更可怕的是，如此一来，我只能站在本就偏颇的立场上为自己辩驳。当然了，英国、西班牙、德国、波兰以及您能想到的所有国家都有属于自己的历史，有伟大的国王、不朽的战争，有各自的社会问题，有田野，有教堂，有辉煌的岁月，也有黯淡的时期。如果不承认这些事实，那么我就是在否认我自己。大概在十年前，我出版了我的第一部历史作品《蠢话集：从高卢祖先谈开去》，这本书正是关于法国史的漫谈。我在书中澄清了一些旧说法、旧观念。对于这些历史的真实性，我从来没有产生过怀疑。

可是后来，我又接连出版了关于阿拉伯世界穆斯林的历史以及关于世界史的两本书。这两本书让我意识到，我之前的观点有些绝对了。当我们对欧洲某个国家的历史进行深入研究的时候，我们不自觉地就会关注该国与其邻国的不同之处。但如果跳出欧洲，将其与伊拉克或是中国相比，欧洲各国之间其实并没有太大的差异。

就拿历史阶段的划分来说，每一位法国人学到的历史大致都分为以下几个阶段：古代、中世纪、文艺复兴、启蒙运动与大革命、工业化、殖民帝国、20世纪的战争等。我们不需要对中国或阿拉伯世界的历史有多么深入的了解，就知道这样的划分方式对于他们而言并没有太大的意义。公元9、10世纪的中国与阿拉伯世界都正处于黄金时期，"中世纪"这样平淡无奇的名字如何能配得上它们？18世纪的阿拉伯世界已然日渐衰落，我们又怎能为其冠上"启蒙时代"之名？

同样，如果以旁观者的角度远观历史，我们还会发现法国历史的阶段划分实际上并不是法国所特有的：德国、波兰、英国、西班牙都采用了同样的划分方法，只是在细节上有些不同罢了。他们也有中世纪，只是城堡、教堂另有其所，国王、后妃另有其人。他们也经历了文艺复兴，诞生了不朽的艺术家和伟大的君王。启蒙运动以及后来的历史阶段就更不必说了。这些国家的历史如此相似，原因很简单：因为它们都处在同一个历史时空之中。

对于任何一位历史学家来说，上面所写的内容真是再显而易见不过了。可令我感到震惊的是，历史界之外仍有很多人并没有这样的认识。这可不应该。如果不能还原真实的历史背景，又如何能够真正了解具体的历史事件呢？

以宗教战争为例，谈起这场爆发于 16 世纪、使天主教徒与新教徒针锋相对的战争，阿拉伯人或中国人的脑海里恐怕会是一片空白，但所有的欧洲人都会立即想起点什么。然而每个人读的书不同、看的电影不同、在学校接受的教育不同，能想到的往往只是自己的国家当时发生了什么。法国人会想到圣巴托洛缪大屠杀（1572）；德国人会想到不堪回首的三十年战争（1618-1648），日耳曼世界从此进入四分五裂的状态；英国人会想到亨利八世脱离罗马教廷后国内的种种变化；荷兰人则会想到他们的新教地区与西班牙展开了漫长的斗争，最终赢得了国家独立。所有这些事件无论多么意义非凡，其实都只是宗教关系普遍破裂的外在表现而已。各国的宗教战争归根结底都是路德派或加尔文派与罗马教皇一派彻底决裂的结果。所以从本质上讲，宗教战争是一个属于全欧洲的事件，各国发生的大事小情都只是其中的一部分而已。

一战又如何呢？2018年，我们举行了一战停战一百周年的纪念活动。让我大跌眼镜的是，至少在法国，人们又一次把一战当作是发生在法国与德国之间的事情。从政客们的演讲以及电视上播放的纪录片来看，一战仿佛就发生在凡尔登至索姆河一带。果真如此吗？难道意大利、俄罗斯、波兰甚至是美索不达米亚地区、赤道非洲就没有人浴血奋战吗？爆发于1914年的一战以萨拉热窝的刺杀事件为导火索，起初是奥匈帝国与塞尔维亚之间的纷争，后来随着盟国的加入，对战双方形成两大阵营，战争演变为欧洲各大强国之间的对抗。这场战争从一开始便是一场欧洲范围的战争。它之所以波及世界，是因为当时的欧洲在世界上占主导地位，其殖民地及利益相关方是被卷进来的。一战并不像法国人所认为的那样，它不是1870年普法战争的延续（也只有他们会这样认为），也不是只涉及两个国家的斗争。它是整个欧洲大陆的不幸，欧洲各国都受到了十分严重的影响。一战是欧洲在世界舞台上走向衰落的开始，我们在本书的最后还会对此展开进一步论述。

被我放弃的那个题目是错误的，法国当然有历史，正如德国、英国、瑞典、匈牙利都有自己的历史。但我设想的副标题是无误的，在各国的历史之上，还有它们所共有的欧洲史，若想了解欧洲范围内发生的事情，就必须对欧洲史有一定的认识。

启程！

说实话，我们的许多同胞都觉得自己不关心历史。然而，如今的交通格外发达，外出旅游已不再是一种奢侈。在游览名胜古迹的过程中，人们从不会放过任何一个探知历史真相的机会，只是自己意识不到罢了。

面对非专业人士，如果对他说"我来给你讲讲捷克的历史吧"，他还没听就会哈欠连天，除非他自己就是捷克人。但如果对他说"我带你去布拉格玩"，他却能高兴地跳起来。然而这两者之间几乎没有任何区别。到了美丽的布拉格，大家都会做些什么？若不是走过查理大桥，参观波希米亚国王以及神圣罗马帝国多位帝王居住过的城堡，那便是前往曾在17、18世纪盛极一时的犹太区，或是在20世纪风格的建筑前流连观赏，抑或是坐在瓦茨拉夫广场上小酌一杯，感叹1848年在此爆发的布拉格起义以及1968年的布拉格之春。这个过程便是追溯捷克历史以及欧洲历史的过程。我还需要拿萨拉曼卡、莱顿、罗马、斯德哥尔摩、曼彻斯特、凡尔赛来一一举例吗？恐怕不必了，您在后文便会读到。到这里，您大概已经知道本书的基本思路了，那就是通过游览事件的发生地来回顾欧洲的历史、见证欧洲的历史。

★

本书的诞生也源于一种迫切的政治诉求。您大概已经看出，我以欧洲人自诩，无论从情感上还是理智上，我都这样认为。在我看来，如今中国、俄罗斯、印度、美国几个超级大国的影响力日渐增强，若要守护欧洲各国，联盟才是上策。我这样想并不意味着我对近二三十年来欧洲所发生的一切都举双手赞成，比如我并不认为白种人的基督教文明比其他任何文明都优越。在我看来，伟大、高贵的欧洲价值观恰恰并非如此狭隘。欧洲的优秀价值观要归功于启蒙运动，其内涵在于开放包容、拒绝一切教条思想以及用理性批判去认识一切。您很快就会看到，这正是我所遵循的原则。欧洲有过辉煌，诞生了众多艺术家、学者和英雄人物。我敬佩他们，引用了他们的许多话语。欧洲也经历过黑暗，从 16 世纪开始，欧洲一度掌控着世界，四处掠夺剥削，将自己的观念强加于人；后来的一战和二战也都爆发于欧洲。令欧洲人汗颜也令全世界感到唏嘘的是，墨索里尼、斯大林以及希特勒都是欧洲文明之子，要数欧洲的历史名人，必少不了他们三个。正是为了让这三人所创造的炼狱般的世界一去不复返，从 20 世纪 50 年代开始，一些恢复了民主制度的国家决定团结起来形成联盟。为使联盟更加公正、平等，更能守护好欧洲各国，更能代表人民、体现民意，我们可以也应当坐在一起就联盟的形式而不是联盟的原则进行探讨。留给我们的时间并不多。在当前的国际形势下，我们不能各行其道、相互竞争，而应并肩前行，这才是理性的做法。然而，越来越多的欧洲人并不认同这一点。他们希望欧洲回归原来的样子，奉行民族主义和利己主义，与邻为敌。在我看来，这是不顾未来的疯狂之举。鼓吹这种观点的大部分人事实上都不能为未来做些什么。他们之所以产生如此倔强的想法，是因为他们对历史的认识是错误的。本书的目的正是要告诉世人，欧洲的历史也许并非是我们以前所了解的那样。现在，就让我们启程吧。

|目　录|

| 第一章 |

错误的开始

欧洲的历史是从哪里开始的？看着面前的地图，我不知道该将目光停在何处，也想不出一个明确的答案。若是在一两个世纪以前，这个问题会容易得多：我首先便会想到雅典，仿佛能看到自己爬上花香四溢的山丘，走进帕特农神庙拜祭古希腊先人，感谢他们留给我们的一切，譬如民主、哲学与美学；然后我会想到伟大的罗马帝国，我们的道路、法理、国家观念、行政观念都是从罗马帝国继承而来的；最后，我会伸手指向远在东方的犹太教古都、耶稣的受难地——耶路撒冷。当然，耶路撒冷严格来说并不是欧洲城市，但基督教是欧洲文明的重要组成部分，若不追溯基督教的起源，我们又如何能够理解欧洲的文化呢？

一战结束不久，法国诗人保罗·瓦莱里（Paul Valéry）曾这样写道："凡说起恺撒、屋大维、图拉真、维吉尔，说起摩西、圣保罗，说起亚里士多德、柏拉图、欧几里得，人们便能立即知道他们是谁并心生敬畏，那个地方便是欧洲。"长久以来，欧洲人都是这样认为的。雅典、罗马、耶路撒冷就这样被当作了托起西方文化的神圣三脚架。（参见插图Ⅱ）

我们在此并不是要否认显而易见的事实。欧洲文化的相当一部分的确是在这个三脚架的基础上发展起来的。直至今日，欧洲人依然在受这三方面的影响。但是，仅凭这一点，我们就能理所应当地认为欧洲文化仅仅是依靠基督教、罗马帝国以及古希腊而形成的吗？在我看来，这种观念很容易使人们在认祖归宗的问题上犯错误。欧洲人日复一日地将自己视为圣保罗、屋大维、亚里士多德的后人，甚至一度就要把自己当作是他们的独生子了。这个想法很是奇怪。难道在欧洲之外的地方不曾出现过基督徒吗？难道罗马帝国从未有人到达过地中海的另一边吗？难道古希腊哲学家从未在东方棋逢对手吗？

为了给我们这次历史之旅奠定坚实的基础，我们首先得把地理问题理清楚。欧洲是亚洲西面的一个海角，南邻地中海，西邻大西洋，它虽然是一个地理空间，但更是产生于公元 7、8 世纪的一种政治现实。我们很快还会再谈到这一点。古希腊、罗马帝国以及最早期的基督教是另外三个圈子，它们与欧洲所在的地理空间只有很小的交集。

■ 古希腊

欧洲的很多东西都是从古希腊传来的，这一点确实无疑。首先便是它的名字。说起这个渊源，人们往往要讲到一个关于欧罗巴公主的神话故事。欧罗巴是腓尼基[1] 国王的女儿，宙斯迷上了她，便化身为一头公牛将她掠走，把她带到了对岸的克里特岛。语言学家认为，欧罗巴的名字 Europa 是从闪语族词根 Ereb 衍生

---

[1]　腓尼基位于今天的黎巴嫩泰尔城（Tyre）。本书脚注若无其他标注则为原书注。

而来的，Ereb 的意思是西方，即日落之地。与其相对应的 Assou 意为东方，即日出之地，Asia 一词便是由此而来的。一边是 Europe，一边是 Asia，这样的划分方式在我们看来并不陌生。可是如若以为这就是今天所说的欧洲和亚洲，您就被误导了。古希腊并不是一个国家，而是由《荷马史诗》、奥林匹斯诸神、奥林匹克运动会等共同文化维系在一起的众多城市的总和。随着时间的推移，这些城市纷纷移居到了海岸附近，正如柏拉图所说，"就像青蛙绕池塘而居一样"。无论是在地中海沿岸、西班牙、法国的普罗旺斯海岸，还是在意大利海岸、西西里岛、黑海周围，都有希腊商行的踪影，就连爱琴海两岸也不例外，而我们刚才所提到的 Europe 和 Asia 正是以爱琴海为分界线的。在古希腊人的意识里，无论是西方还是欧罗巴，都并不指我们现在所说的包括斯堪的纳维亚半岛、不列颠群岛、法国、西班牙等地在内的欧洲大陆，而只是爱琴海以西坐落着早期城市的地方。爱琴海的另一边也住着一些古希腊人，他们所在的地方就是当时所谓的"Asia"，实际上指的是小亚细亚半岛，也就是今天土耳其所在的位置。

强大的敌人很快就从他们的身后袭来了。居鲁士大帝（公元前 600– 前 530 年）从如今伊朗所在的位置发迹，凭借手中的利剑缔造了波斯帝国，其疆域之大前所未有，一直延伸至印度边界。

对波斯人的关注在很大程度上影响了古希腊人的地域观念。在他们心里，世界分为东西两部分。东方是那群野蛮人的世界，他们颓废落后、软弱不堪、被暴君操控于股掌之中。西方是他们的世界，生活着懂得自由为何物的文明人。东方潜伏着巨大的威胁。公元 5 世纪初，东方人在波希战争期间（公元前 490- 前 479 年）两次派出重兵，企图占领古希腊城市，然而两次都铩羽而归。这成为古希腊人的骄傲，也使他们对自己的身份有了更强烈的认同感。

尽管波斯帝国令人生畏，人们却也对它心驰神往。在波希战争过去了一个半世纪后，当马其顿国王亚历山大大帝（公元前 356- 前 323 年）试图扩大疆域时，他并没有向西攻打巴尔干半岛上的高卢人或是日耳曼人——这些雾气阴霾的穷乡僻壤他自然是看不上的——只有大波斯帝国才配成为他的对手。他率领他的胜利之军一路从埃及打到印度。在他过世后，他的将军们瓜分了这片广阔的土地。他们沿袭希腊文化，建立起各自的王国。当然，受到当地文化的影响，这些王国的希腊文化逐渐向东方文化转变，但其精神内涵还是延续了几个世纪。虽然西方历史总是将这一点远远地抛在脑后，可是我们一定要注意这个事实。亚历山大大帝征服埃及后，他的将军托勒密及其后人统治埃及长达三个世纪。埃及艳后克利奥帕特拉就是古埃及托勒密王朝的最后一位君主。为了被百姓所接受，包括埃及艳后在内的古埃及历代君主都欣然宣称自己为法老。我们总是把他们当作埃及人，其实他们都是希腊人。他们的首都亚历山大成了展现古希腊文化的主要窗口。

近东、中东以及整个中亚地区都在希腊人的掌控之下。今天的瑞士、英国等地在当时都没有创造文字，可在今天的阿富汗、巴基斯坦地区，当年却已经出现了起着希腊名字的国王（如欧西德莫斯、阿波罗多特斯），他们不仅读过《荷马史诗》，而且还能随口背出几句。若是去印度博物馆参观，我们还很有可能看到这一地区的雕塑家创造的一种希腊风格佛教艺术（Greco-Buddhist art），他们的作品既蕴含着与古希腊雕塑家普拉克西特列斯（Praxiteles）相一致的审美特点，又体现着亚洲艺术的风韵。

■ 罗马帝国

要想把希腊语言和希腊文明传播到欧洲大陆的西部，就需要依靠另外一些强有力的帮手了。作为古希腊的狂热追崇者，古罗马的拉丁文明有很多都是从希腊文明学来的，古罗马人每到一处都会将希腊文化传扬一番。那么现在我们就来看看托起欧洲文明的第二根支柱——罗马帝国。我们应该关注的显然是罗马帝国的疆域涵盖了大部分欧洲大陆的那段时期。从英国北边的界线"哈德良长城"到西班牙，从法国布列塔尼地区到黑海的保加利亚沿海，古老欧洲大陆上的许多国家在历史上都曾有数百年只是古罗马的几个省。需要特别强调的是，中东和北非的一些地区也是如此。

许多欧洲人恐怕都是读了漫画《高卢英雄传》才知道恺撒的赫赫战功，知道他在公元前50年左右通过高卢战争征服了今天的法国、比利时、德国西北角一带，进而开始向今天英国所在的地区发起进攻（恺撒只是靠近了不列颠岛，该岛真正被占领则是大约一个世纪之后的事了）。

大约在公元前60年，恺撒的对手庞培夺取了今土耳其境内的部分领土，包围了叙利亚，他以胜利者的姿态傲慢地闯入了耶路撒冷圣殿。

相同的文化在这些地区蔓延开来。从德国到阿尔巴尼亚，从西班牙到法国、意大利再到克罗地亚，我们在欧洲的许多国家都能够看到宏伟的古罗马文物博物馆、壮丽的纪念碑以及这一时期留下的石板路和各种遗迹。在摩洛哥、阿尔及利亚、突尼斯、利比亚、埃及、以色列、约旦、叙利亚、土耳其，相同工艺、相同风格、同样宏伟、同样震撼的历史古迹也并不少见。这些地方的历史同法国的历史一样，都是在古罗马文化的基础上发展起来的。

罗马帝国并不属于欧洲，而是属于地中海地区。在现代人的心里，地中海是南与北的分界线。21世纪接二连三的移民风波不断地强化着人们的这种观念。但对于古罗马军团的士兵、对于哈德良时代和奥勒留时代的古罗马商人和市民来说，地中海是一条纽带。在他们看来，如今德国境内的科隆与摩洛哥梅克内斯旁边的小城瓦鲁比利斯、法国的尼姆与突尼斯沿海的尤蒂卡都在同一个世界。古罗马是一个盘踞在地中海周围的环形世界，那时的地中海只是一片内海。

控制整个地中海地区当然并非易事，罗马帝国为此用了几个世纪的时间。首先要打败的是同样想成为地中海霸主的迦太基（位于今天的突尼斯）。公元前 146 年，迦太基灭亡，罗马军团终于得以一步一步深入内陆，走上夺取地中海的伟大征程。这个任务在罗马帝国的第一位皇帝屋大维在位时就基本完成了。公元 2 世纪，罗马帝国在图拉真的统治下达到鼎盛，其疆域从苏格兰边境一直延伸到美索不达米亚地区，也就是如今伊拉克所在的位置。这时的罗马帝国是一个庞然大物，统一治理变得越来越困难。公元 4 世纪初，面对来自哥特人和波斯人的种种威胁，为协调各方防御力量，君士坦丁大帝提出设立一个新的首都，一个地理位置更加优越的"新罗马"。新的都城就这样在古希腊城市拜占庭的遗址上建立起来，人们以君士坦丁大帝的名字为其命名，称其为君士坦丁堡。

几代人过去，到了公元 4 世纪末，继任帝位的狄奥多西决定在他死后沿利比亚中部、顺黑山而上的一条线将帝国一分为二。这种分法并不是第一次被提出，但公元 395 年，这个想法终于变成了现实。自此以后，世界上就有了两个罗马帝国。东罗马帝国以君士坦丁堡为都，希腊语很快就成为唯一的语言。西罗马帝国继续使用拉丁语，出于军事原因，其都城起初设在米兰，后迁至拉文纳。

　　那么，这时的西罗马帝国是不是就算是欧洲的发源地了呢？还没到时候。对于一个公元 5 世纪的罗马人来说，若称自己是西方人、是拉丁世界（而非希腊世界）的人，他必须得来自拉齐奥、高卢或是北非。这一时期最伟大的西方名人莫过于《忏悔录》的作者、神父圣奥古斯丁（354–430）。他出生于塔迦斯特（今阿尔及利亚的苏克·阿赫拉斯），在迦太基（今突尼斯市郊）求学，在希波（今阿尔及利亚的安纳巴）担任主教。

■ 最早的基督教

　　接下来我们再来看看第三根支柱。自 20 世纪末以来，人们经常会讨论这样一个问题：基督教是不是欧洲之根？大家众说纷纭，没有定论，我们会在后文再试着回答这个问题。在这里，我们不妨将这个问题反过来，先来想想欧洲是不是基督教之根？对于这个问题，答案是很明确的：不是。可令我诧异的是，总有一些声势浩大的极右民族主义者不承认这一事实。听着他们所鼓吹的"基督教欧洲"，仿佛耶稣就出生在法国旺代、匈牙利、波兰这一带呢。我们都知道，耶稣出生于加利利地区拿撒勒城的一个犹太家庭，此地的居民祖祖辈辈都生活在约旦河与尼罗河沿岸。耶稣被钉死在耶路撒冷的十字架上之后，基督教会又诞生了另一位伟大的人物圣保罗，有时，人们也会称其为第十三位门徒。圣保罗也是犹太人，但他是罗马公民，出生于塔尔索（今土耳其小城）。他本想反对基督教，但有一天走在大马士革的路上，他被击倒在地，随后便改信了基督，从此终生致力于将基督教与犹太教相分离，使其成为普世宗教。耶稣的另一位重要门徒是圣彼得。同圣保罗一样，人们说他也在罗马过世。但这一点还没有确凿的证据：几个世纪以来，教皇们把梵蒂冈的地下挖了个遍，可至今也没有找到他们的坟墓。尽管如此，教皇们却有了充足的时间从地域上串起基督教的发展史。若干年后才诞生的天主教认为，基督教就是从耶路撒冷毫无过渡地一下子发展到罗马的。

这与事实大相径庭。罗马的确自公元 1 世纪起就有了基督徒。当时的罗马皇帝尼禄以基督徒纵火为名，将其一一抓来折磨致死，而这场火的幕后元凶很可能就是尼禄本人。这件事说明基督教当时的确传到了罗马，但尽管如此，基督教的传播仍然主要是以其发源地为中心向四周辐射开来的。首先受到影响的是近东的犹太群体，随后，埃及的亚历山大、叙利亚、小亚细亚甚至美索不达米亚地区逐渐也都有了基督徒。几代人过去，当地年轻的狂热分子对这些基督徒的后代越来越凶残。在西方，人们将其称为"东边的基督徒"，仿佛那是老家的堂兄弟一样，其实倒不如把他们叫作"最早的基督徒"。根据《使徒行传》，"基督徒"一词是在信奉耶稣的教徒到了安提阿之后才第一次被使用的。最新研究表明，安提阿位于土耳其，而非爱尔兰。

公元 4 世纪初，在被迫害了几个世纪之后，基督教终于得到了君士坦丁大帝的认可。为使教义能够更有根据，他开创了大公会议，主教们在这类会议上决断何为信仰的真谛、何为背信弃义的异端思想。最著名的大公会议是第一次大公会议，《尼西亚信经》就是在这次会议上产生的，它用寥寥数语概括了基督徒应当相信什么。第一次大公会议于公元 325 年在比提尼亚的尼西亚召开。这个小镇现位于土耳其境内，如往日一样傍湖而立、美不胜收，只是名字已经改为伊兹尼克。那里的陶瓷制品是土耳其精致风格的代表，自 15 世纪以来就名扬天下。随后的六次大公会议（召开于公元 4 世纪至公元 8 世纪）三次在君士坦丁堡召开，一次在迦克墩（即现在的伊斯坦布尔市郊），一次在小亚细亚的以弗所，最后一次又回到了尼西亚。

这样的地理分布难道不是意料之中的吗？每一次会议都需要君士坦丁堡的皇帝慷慨解囊，另外还要照顾到当时教会的情况。基督教使徒从一开始就分属罗马、君士坦丁堡、安提阿、耶路撒冷和亚历山大五大牧首区。这五个牧首区只有一个不在东方。

■ 无谓的寻祖

我们是否应该换一种方式来研究问题，比如说查一查我们现在所在的地理位置曾有过哪些原住民"祖先"，他们又有哪些历史？这不正是 21 世纪的国别史教材常常采用的办法吗？偶尔会有人认为，凯尔特人很可能是欧洲人的祖先。所谓凯尔特人，是指在罗马帝国征战四方时期，居住在黑海至爱尔兰或苏格兰之间、西班牙以北这个弓形区域内的人口。也就是说，罗马军团在扩张领土的过程中，主要的对手正是凯尔特人。问题在于这一点目前还存在争议，尚无定论。

再看高卢人。高卢地区大体可以对应今天的法国、比利时以及德国的西北部，一度还曾包括意大利北部。那么高卢人会不会就是凯尔特人呢？部分历史学家确实是这样想的。他们认为，"凯尔特人"这个词只不过是把罗马人口中的"高卢人"翻译成了希腊语而已。但另一部分历史学家却认为高卢人与凯尔特人完全是两回事。身份模糊不清的还不只是高卢人，古伊比利亚人也是这样。这些民族没有自己的文字，也不像罗马人一样建立起了统一的国家，若想明确界定出他们的身份确实很难。对于凯尔特人，我们知道他们没有统一在一个帝王之下，但形成了有共同文明特征的民族，他们信仰共同的神灵，语言相似，文化艺术相同，珠宝技艺尤为一致。我们发现他们在公元前 800 年到公元前 500 年之间定居在哈尔施塔特（今奥地利境内），后来又在拉坦诺（今瑞士境内）有了另一处家园，接着又不断地移居、安置。这说明，在他们之前，已经有其他的民族、其他的文明在欧洲出现过了，比如早在几千年前（公元前4500年至公元前2500年）建造巨石阵的那些人。这个巨石阵至今仍矗立在西欧大地，吸引着各地游客驻足观赏。令人叹为观止的西班牙阿尔塔米拉洞穴、法国拉斯科洞窟就更古老了。是啊，这些人会不会都是欧洲人真正的祖先呢？这要认祖归宗可就复杂了，不过人们也有可能因此而冷静下来。

说到底，欧洲人需要找出自己的祖先吗？这样做的意义何在？人类本就有着共同的祖先啊！最新研究表明，最早的人类出现在东非大陆。

■ 日耳曼人的到来

与其在追根寻祖的漫漫长途上失去方向，倒不如接受历史本来的样子。历史是不断发展的，它就像一个雪球，越滚越大，不断包裹上新的外衣。所以我们不妨在时间的长河中迈出一步，直接跨越到公元4世纪末期。此时的罗马帝国在经历了无数次危机之后已经没有鼎盛时期（公元2世纪）那么辉煌了，但不管怎么说，在罗马帝国的统治下，从西方到东方，到处都是一片和平景象。在这一时期，孕育欧洲历史的三大元素——拉丁文明、希腊文化以及基督教——在罗马帝国疆域内的欧洲大陆上都已出现，其中基督教在发展过程中虽然遭到过迫害，但在公元 4 世纪初已经得到了合法化。在罗马帝国边境线的另一边，多瑙河和莱茵河养育了另外一个民族——日耳曼人。至少罗马人是这么称呼他们的。由于缺少文字资料，我们对日耳曼人的了解并不比凯尔特人多多少。我们只知道他们信仰的奥丁、托尔等神灵互有亲缘关系，各个日耳曼分支的语言也都相近。至于其他的，我们还没有得出明确的结论，仅仅有些推测而已。布鲁诺·迪梅齐（Bruno Dumézil）是致力于研究中世纪前期历史的杰出专家之一，在他主编的《蛮族》一书中，他写道："近来的一些研究表明，日耳曼人这个概念是个精神产物……"[1] 所以如果谨慎一些，我们只能说，在欧洲的东部和北部的阴雾与丛林中，生活着一些……人。

　　公元 406 年，亚洲内陆的匈奴人把汪达尔人、苏维汇人、阿兰人、法兰克人逼过了莱茵河。这些人闯入罗马帝国定居下来，这便是历史上"大入侵"的开始。受德国史学的影响，人们现在更倾向于将其称为"民族大迁徙"，但我们至少可以说，这些"迁徙"并不平静。

---

[1]　Bruno Dumézil, *Les Barbares*, PUF, 2016.

罗马帝国内部随之便出现了大大小小的王国，其中有一些得到了罗马人的允许。到最后，罗马帝国被困在中间，只剩下了一副空架子。公元410年，西哥特人阿拉里克（Alaric）将其洗劫一空。公元476年，蛮族人奥多亚克（Odoacre）在新都拉文纳废黜了15岁的新帝，罗马帝国灭亡。令人感慨的是，这位新帝名叫罗慕路斯·奥古斯图卢斯（Romulus Augustulus），他的名字沿用了第一个罗马人也是第一位罗马大帝盖维斯·屋大维·奥古斯图斯（Gaius Octavius Augustus）之名，没想到却成为最后一任罗马大帝，或者说是西罗马帝国的最后一任帝王。

东罗马帝国尽管也受到了哥特人以及后来的斯拉夫人的攻击，但一直屹立不倒，其政权又持续了近千年。1453年，君士坦丁堡终于被土耳其人攻陷。东罗马帝国通用希腊语，历代帝王不断传承着屋大维与恺撒的伟业，传统的马车竞速比赛、行政管理制度、法律法规都延续了下来。自16世纪起，西方历史学家便将其称为"拜占庭帝国"[1]，但历史上它一直自称为"罗马帝国"，蛮族也称其为"罗马帝国"。奥多亚克废黜罗慕路斯后，将象征帝国的标志送去了君士坦丁堡。西罗马帝国这个雪球即将穿上新一层外衣，另一段历史就要开始了。

---

[1]　东罗马帝国的都城君士坦丁堡是在古城拜占庭的基础上建立起来的。

■ 蛮族

大约在公元 5、6 世纪，日耳曼人的各个分支纷纷站稳了脚跟：苏维汇人在西班牙西部建立起了自己的小王国，西哥特人占领了今法国阿基坦和西班牙的剩余地区，阿拉曼人分布于孚日山脉、法国阿尔萨斯以及瑞士北部，勃艮第人聚居在罗纳河流域以及瑞士南部，东哥特人则定居于意大利北部。甚至在被罗马帝国遗弃的地方也出现了日耳曼人，比如朱特人、撒克逊人、盎格鲁人都登上了当时被叫作不列颠的大岛，并将其改名为英格兰[1]。在西地中海的另一边当然也有了日耳曼人的存在。公元 5 世纪初，整个北非几乎都成了汪达尔人的领地。

这一时期的日耳曼分支大部分都有一个特点，这个特点很少被人们联系起来，那就是他们都是基督徒。只是历史中总有些鬼使神差的事。给他们布道的这位传教士所传播的教义一度是君士坦丁堡所认可的，但很快就被上面提到过的尼西亚大公会议判为异端邪说。这样一来，这些日耳曼人都成了阿里乌斯教派[2]的信徒。所以尽管他们也是基督徒，但却很难被他人所接受。所有政

---

[1]　遭到驱逐的凯尔特人后来逃到对岸的阿莫利卡半岛上，将该半岛改名为不列颠岛（Bretagne），即故乡的名字。此地今为法国境内的一个地区，法文仍为 Bretagne，中文译为布列塔尼。
[2]　该教派由亚历山大主教阿里乌斯创立，认为基督是一个超级先知，并不等同于圣父。

党都知道，异己往往比外敌更令人痛恨。日耳曼人的入侵本就引起了当地人民的强烈反抗，由于双方虽信仰同一个上帝但方式却不同，这种反抗就越发地猛烈而残酷了。

在所有这些部族中，我们还没有提到的只剩法兰克人了。法兰克人起源于今比利时图尔奈一带，后来逐渐发展到了今德国西部至法国北部一带。公元5世纪末，英勇的法兰克国王克洛维（Clovis，来自今天的比利时地区）连打胜仗，击退了最后的高卢罗马人、阿拉曼人、西哥特人，获得了从弗里斯兰到比利牛斯山脉的广袤疆土。他也因此得以在晚年时定居巴黎，在他看来，巴黎是最核心的城市。与其他蛮族相比，克洛维最大的优势在于他是异教徒。所以在公元496年（这只是推测的时间），他在兰斯接受了正统的洗礼，成为基督徒，仿佛他征服了当地人之后又反过来被感化了一样。这使他能够借助高卢罗马贵族的力量来执掌政权。由于教会——支撑着旧世界的最后一根支柱——也是高卢罗马贵族一手构建起来的，克洛维便获得了罗马主教的决定性支持。在接下来的历史中，罗马主教即将成为欧洲历史上举足轻重的大人物。

| 第二章 |
教皇与皇帝

旅程开始了。我来到了德国的最西端，距比利时与荷兰边界只有几公里的地方——亚琛（Aix-la-Chapelle）。这是一座战后重建的现代化城市，花园众多，以温泉和甜品而著名。但我将这一切统统忘掉，径直朝古城中心的殿堂走去。在那儿可以看到历史悠久的建筑、鹅卵石铺成的街道、古国库以及一座外表极其现代、里面摆放着各式精美中世纪银制品的小博物馆。我在旅游局领到了大教堂的门票。检票进去，拜占庭风格的装饰便映入眼帘。蓝色和金色马赛克构成的装饰画闪闪发光，引得不少游人驻足观看。我的心情倒还平静——那些装饰画是19世纪翻修后才有的。这座教堂仿佛是经过好莱坞打造的君士坦丁堡，走在里面，我全然不觉得自己身在德国的北莱茵—威斯特法伦州。璀璨的重金属吊灯并不能吸引我的目光——这盏灯是12世纪时弗雷德里克·巴巴罗萨（Frederick Barbarossa）皇帝和他的妻子一同送给教堂的。教堂的另一边也不是我此行的重点，那里摆放着通体包金的圣棺，里面存放着一些珍贵的圣物，如耶稣婴儿时的襁褓、耶稣被钉在十字架时用的缠腰布、圣母生产时穿的长袍以及两千年前包裹施洗约翰头颅的布料。导游满怀着热情为我们讲了不少，可我的德语只有初中水平，实在难以听懂。接着，她引着我们上了一小段楼梯，来到了建于公元9世纪的帕拉丁小堂。这座小礼拜堂是嵌在大教堂内的。在那儿，我终于看到了我想要找的东西。

帕拉丁小堂的中堂里搭着几个台阶，上面摆放着一尊简单无比却又圣洁肃穆的石座，这个石座便是 der Thron Karls des Grossen——查理大帝的宝座。其真实性与耶稣的襁褓差不多。据推定，它最早也只能追溯到公元 10 世纪，也就是比查理大帝逝世之年还要晚 100 年以上。不过我们至少可以保证，我们所在的这个城市确实是历史上的那座古城。在很长一段时期内，查理曾多次迁都——当时的君王都是如此——而他的都城通常都在水边：传记记载，他酷爱游泳。称帝后，他定都亚琛。在他看来，若要统治疆域如此辽阔的帝国，亚琛的地理位置是最理想的。我所在的这个小礼拜堂是旧宫殿仅存的遗迹之一，这一点也是可以肯定的。至于那个宝座，我们只能说，历史上，确实曾有 30 位君王先后走进这座教堂，坐在这个宝座上成为"罗马之王"，时间跨度长达六个世纪。在此加冕因此成为一些人从罗马远道而来的动力。

我想带您去看的正是这条漫漫长路。解锁欧洲历史的一把关键的钥匙就在罗马到亚琛的这条路上。（参见插图Ⅲ）

■ 欧洲的诞生

在公元 5 世纪蛮族大举入侵后，西罗马帝国被汪达尔人、勃艮第人、东哥特人建立的一个个小王国所取代。面对这种局面，一个伟大的人物试图扭转历史的洪流，这个人就是查士丁尼（Justinian, 482–565，527–565 年在位）。查士丁尼大帝执掌着君士坦丁堡的政权，他兴建的圣索菲亚大教堂是当时最高的建筑。为了重新建立起统一的罗马帝国，他派贝利萨留（Belisarius）和纳尔塞斯（Narses）两位大将率军出征。他们成功地从汪达尔人手中夺回了北非、从西哥特人手中夺回了西班牙南部、从东哥特人手中夺回了意大利。但是，仅过了十几年，所有这些疆土就又失陷了。这段插曲实在短暂。查士丁尼死后，东罗马帝国就再也没有参与过西方的历史，一心一意地驻守着东方。可东方也并不安宁。首先，经过与波斯一战，东罗马帝国元气大伤。随后，在公元 630 年至 640 年，阿拉伯人又汹涌而来。公元 632 年，伊斯兰先知穆罕默德去世，阿拉伯人便从他们的家园阿拉伯半岛出发踏上了出征之路。这些武士骑着并不高大的战马，首次亮相就改写了世界历史。在一百多年的时间里，他们的帝国从中国边境延伸到欧洲的比利牛斯山脚。整个北非以及西班牙的绝大部分地区都成为穆斯林的天下。

这里便引出了一个新的关键点。在整个罗马时代，地中海都是一条纽带。但从阿拉伯人占领北非（并顺手打下西班牙）开始，地中海就成了一条分界线。地中海以南全部成为伊斯兰地区，地中海以北则是一个新的实体。这个实体的名字就是欧洲。

这并不是一个新观点。比利时著名历史学家亨利·皮雷纳（Henri Pirenne, 1862–1935）在 20 世纪 20 年代最早提出了这一见解：阿拉伯人把拉丁民族的地中海归为穆斯林所有，从此切断了两岸的贸易往来。地中海以北的人不得不寻找其他的生意、进行其他的经济活动。就这样，默兹河与莱茵河流域成为新的平衡点，这里也就是欧洲历史的起点。一些历史学家对这个观点也有过批判，他们说，这种说法并不准确，因为东西方之间的贸易从来没有真正停止过……那么如果我们抛开经济不谈，皮雷纳的说法就是正确的，事实就摆在那里。公元 7、8 世纪，局势的变换又从新的角度将历史向前推进。

■ 罗马主教成为教皇

新政局的出现对一些人来说是有好处的，比如罗马主教就借这个机会权势大增。从中世纪前期起，人们就亲切地尊称其为"教皇"。当时的基督教会由五大牧首组成。起初，罗马教皇只是五大主教教座的首领（牧首）之一。西罗马帝国灭亡后，他与其他四位主教一样只能依附仅剩的东罗马帝国皇帝了。这种依附关系因时而异，大体上是不太紧密的。格里高利一世（Gregory I, 590-604 年在位，格里高利圣咏就是借用了他的名字）担任罗马教皇时几乎就是完全独立于皇帝的。他在自己的牧首区非常权威。在派遣坎特伯雷的圣奥古斯丁（Saint Augustin）带领四十名修道士赴大不列颠向盎格鲁人和撒克逊人传福音之前，他没有请示任何人。马丁一世（Martin I, 649-653 年在位）就没那么幸运了。当时的拜占庭皇帝屡次想要改变神学，他都强烈反对。这种做法触怒了皇帝。史书记载，马丁一世在拉特朗大教堂被捕，随后被押解至君士坦丁堡，被痛打了一顿后送入监狱，接着又被剥光衣服鞭打，最终被流放到黑海旁边的一个监狱，不治身亡。

按理说，罗马教皇和其他几位主教只要臣服于拜占庭皇帝，那么他们就会得到皇帝的帮助和保护。但在查士丁尼之后，拜占庭能做的就越来越少了。这正是问题所在。公元 7 世纪，亚历山大、耶路撒冷、安提阿三个牧首区的主教落入阿拉伯人手中。公元 8 世纪，罗马教皇也受到了意大利北部伦巴第人（日耳曼人的又一分支）的威胁。教皇知道，东罗马帝国已经指望不上了。于是，他将目光转向西方，与当时掌控西欧的强大民族——法兰克民族——再续前缘。

■ 查理大帝与教皇利奥

法兰克王国分为两个时期，克洛维及其子孙是墨洛温王朝的统治者，在其之后，发迹于默兹河流域的另一个家族建立了加洛林王朝。在加洛林王朝所有大人物中，第一个登场的名叫查理·马特（Charles Martel），他住在今天的法国梅斯。公元 732 年，他在普瓦提埃战役中成功击退阿拉伯人，收复了原高卢西南的全部领土。当时，他只是墨洛温王朝末期的宫相，但他的儿子矮子丕平

（Pepin the Short）想要称王。与罗马人建立起紧密联盟关系的正是丕平。刚登帝位的他需要利用上天的赐福使自己名正言顺。公元751年和754年，一位大主教和罗马教皇本尊分别为他举办了加冕仪式，由此，丕平成了法兰克王国历史上第一位神圣的皇帝。这种仪式效仿了《旧约》中的做法，最早可以追溯到大卫王时代，只是在丕平之前，只有西班牙的几位西哥特国王这么做过。为了报答教皇，丕平很快便率兵出征，从伦巴第人手中夺回了意大利北部的一些地区，并将其献给了教皇。教皇将这片土地收入囊中，建立了教皇国，承诺会将其长久地传承下去。教皇国后来一直延续至1870年。

丕平的继承者是他的两个儿子卡洛曼（Carloman）和查理（Charles）。按照法兰克人的传统，所有继承人都可以分得被继承人的遗产，为此兄弟反目也是常事。但卡洛曼很"识趣"，还没开战便去世了（公元771）。于是便只剩下了历史上的重要人物查理，后世也称其为查理大帝或查理曼。查理虽是帝王，但更是一位武士，他终年四处征战、开疆扩土，打败了今匈牙利附近的阿瓦尔人、今西班牙北部的伊斯兰人，解决了今意大利地区伦巴第人的问题，成了他们的王。查理也是一个懂得生活的人，他喜欢美食，喜欢游泳，热衷女色，兴致上来能一连娶好几个妃子。查理大帝还是一位伟大的基督徒，但他的信仰不免太过热忱。终其一生，他执着于让居住在今德国北部的撒克逊人改信基督教，为此，他不惜杀戮数千人，但这也使他得到了教会的更多垂青。

公元 795 年，利奥三世（Leo Ⅲ）成为罗马教皇。他的日子并不好过。当地的几个大家族操控教会，导致教皇之位多次易主。这些人想要置利奥三世于死地。人们纷纷控诉他，说他有不正当的男男关系和男女关系。在那个年代，控诉教皇的不过也就是这些罪名。公元 799 年 4 月，利奥三世在罗马街头被一群打手推倒在地，那些人想要戳瞎他。可怜的教皇惊慌失措，逃向了唯一能够帮助他的大人物——法兰克国王。在帕德博恩（Paderborn），二人相遇了。帕德博恩也是一座水城，当时查理就住在那里。我们不知道他们说了些什么、达成了什么协议。我们只知道在公元800 年 12 月，查理去罗马处理了这起教皇袭击案。随后，在当月的 24 日或 25 日，当查理在圣彼得大教堂跪地祷告的时候，利奥三世为他戴上了皇冠，立他为"西方之帝"。

古笛悠悠，军鼓激昂。这是屋大维与恺撒时代的再现，辉煌的罗马帝国重生了！然而，细心的读者会注意到，此时的帝国与之前灭亡的那一个并不完全一样。其地理位置发生了变化。在这个疆域上盛行的基督教已经离开了远在东方的发源地。帝国的领袖也不再是读过《荷马史诗》或西塞罗名篇的地中海人了，而是有着日耳曼血统的蛮族文盲（尽管查理曾努力过，但他一生都未能识字）。当新的统治制度建立起来，当宗教摆脱了束缚，当一个蛮族人戴上了罗马皇冠，欧洲历史的三块基石便凑齐了。这段历史从一开局就夹在了教皇与皇帝之间。

■ 神圣罗马帝国

为皇帝戴上皇冠的事实使罗马教皇成为核心人物。从这一天起，他就再也不想放下这个身份了。名义上，罗马教皇仍是五大牧首之一，但实际上，自立门户的种子已经发芽。从查理时代开始，教义方面的纷争就一直很激烈。有些分歧点在我们看来是很模糊的。东方人认为三位一体中的圣灵来自圣父，而西方人认为圣灵来自圣父及圣子。这场"及子之争"无休无止。另外，罗马人一时提出每周六要禁食一天，一时又提出神甫不能结婚，这些"创意"让拜占庭人觉得荒唐无比，越来越无法忍受。在两个世纪的时间里，罗马教皇与君士坦丁堡的牧首不时恶语相向。1054年，双方说出的话比以往还要刺耳。两位尊贵的主教把所有能想到的难听话说了个遍，最终相互开除了教籍。教会由此分立。东方的教会继续忠于东罗马帝国、忠于他们的皇帝、忠于各大牧首、忠于几个世纪以来确立的教义，后世称其为正教[1]。欧洲西部的另一个基督教分支则成了我们今天所说的天主教。它的一大宗旨就是将罗马放在核心位置。它的每一位主教都要以罗马的主教为首，视罗马主教为天主教的拱心石。从此，摆脱了东方对手的罗马教

---

[1]　也称东正教。——译者注

皇以基督教领袖自居，成了人间唯一能够合法代表上帝的人。

另一位核心人物是皇帝。在漫长的欧洲记忆里，有很长一段时间，人们都认为帝王就应该像查理大帝一样。我们可以看到，在所有的中世纪文学作品中，查理大帝都是一位公正睿智、英勇善战的君主。在真实的历史中，他在盎格鲁—撒克逊人阿尔昆等有识之士的辅佐下，促进了教育的发展，再度提升了大众的文学艺术品位，的确创造了"加洛林文艺复兴"，再现了罗马时代的辉煌。他唯一没能传承下来的是罗马帝国的国家观念，即国家应高于个人、应历经万代君王而长存。同所有日耳曼统治者一样，查理也认为他的土地一定要分给所有的继承人。他死后，仅剩的儿子虔诚者路易（Louis the Pious）继承了帝位。路易死后，查理的三个孙子开始了激烈的争夺。他们最终签订了《凡尔登条约》（843），将加洛林王朝纵向三等分，形成了西法兰克王国、东法兰克王国和中法兰克王国。因其国王名叫洛泰尔（Lothaire），中法兰克王国也被称为洛泰尔尼亚。关注国别史的人通常在这里就要夸大其词了，因为他们希望由此引出未来欧洲的蓝图：西边将孕育出法国，东边将诞生德国，而中间则是双方将要在漫长的岁月中争抢的土地。

在我看来，这种观点也未免太着急了些，因为此时的东西两方并非势均力敌。在西法兰克王国，加洛林王室的小国王们还在稳定局面，离强大的法兰西国王出世还差着好多代人呢。东法兰克王国则要迎来另一件大事——罗马帝国的复兴。查理大帝去世后，罗马帝国只经过几代人便销声匿迹了。公元 10 世纪，匈牙利人试图从东边入侵西欧。萨克森贵族奥托（Otto）率兵迎敌，大获全胜，成功阻击了敌军。这场战争使他威名赫赫，成为至尊。公元 962 年，他来到罗马。教皇亲自为他戴上了皇冠。而这位奥托大帝也没有辜负教皇的重托，他重新建立起了罗马帝国。

■ 日耳曼？

对于法国人、英国人、西班牙人来说，上文刚刚发生的一切都是德国的事，属于德国的历史。就拿大部分法国书籍来说，上文所说的罗马帝国会被称为"日耳曼民族神圣罗马帝国"。然而这是错的。奥托建立的帝国就叫"罗马帝国"。12 世纪，奥托大帝的一位继任者想要寻求宗教界的支持，人们这才开始称其为"神圣罗马帝国"，或简称为"神圣帝国"。15 世纪，帝国的疆域缩小至德意志一隅，人们便又为其加上了"日耳曼民族"一词。的确，自奥托大帝建国至 1806 年该国灭亡，其历代皇帝都属于日耳曼这个大民族，也都是由德意志贵族选举产生的。但在不同阶段，其疆域远不止德意志一隅。在神圣帝国时代，其国土包括今天的德国、瑞士、奥地利，后来又吞并了波希米亚地区、意大利北半部、比利时半部以及法国东边三分之一的领土。我们都觉得贝藏松和里昂是正宗的法国城市，可它们曾有几个世纪都在神圣帝国的版图内。自 11 世纪开始，"阿尔勒王国"也成了帝国的一部分，也就是说，普罗旺斯也曾属于帝国！在这片广阔的疆土上，我们除了能听到德语的各种方言之外，还能听到意大利语、捷克语、波兰语、法语以及奥克语，当然还有官方语言——拉丁语。

中世纪有许多伟大的皇帝。德国人最喜欢、了解最多的是腓特烈一世弗雷德里克·巴巴罗萨（Frederick I, Frederick Barbarossa, 1122–1190）。他出生在今德国巴登—符腾堡州，是霍恩斯陶芬家族的传人。作为施瓦本公爵，他一生都致力于巩固皇权和平定意大利北部的叛乱。十字军东征时，行至小亚细亚地区，他由于没有找到过河的路溺水而亡。中世纪有传说称他并没有死，而是和他的骑士一起回到了基夫豪塞尔山下（今德国图林根州）睡着了，等时机一到，他们便会出来光复德意志。如今，那里建起了高大肃穆的纪念碑，游人不断。这座纪念碑是 19 世纪末为纪念威廉一世（William I）而建的，而威廉一世自认为是巴巴罗萨的传人。借着这个传说，我们的腓特烈一世便很像是德意志人了。

他的孙子腓特烈二世（Frederick II, 1194–1250, 1220–1250 年在位）又怎样呢？他也能算是德意志人吗？腓特烈二世的父亲当然也来自霍恩斯陶芬家族。他的母亲是诺曼人，其家族打败伊斯兰人建立了西西里王国。腓特烈二世是在意大利安科纳附近出生的，小时候生活在巴勒莫，并在那里学会了阿拉伯语。此外，他还会讲拉丁语、希腊语、法兰克—诺曼语以及德语。同所有皇帝一样，他在亚琛加冕，但他的心里一直想着东方。后来他终于得到了耶路撒冷，戴上了耶路撒冷的皇冠。他率领的那次十字军东征没有引起任何冲突，这是史无前例的。他死后，遗体被运回童年的故乡巴勒莫，他的斑岩石棺至今仍存放于巴勒莫大教堂。

让我们再想想后来的查理四世（Charles Ⅳ, 1316-1378, 1355-1378 年在位）。他是卢森堡人，所以也来自德意志大家族。他修改了选举制度，在神圣帝国的历史中扮演了重要角色。在他之前，皇帝是由无数德意志贵族共同选举产生的，这样的选举当然会导致无休止的争论。查理四世的《黄金诏书》将选举权限制在七位选帝侯之间，这七人都是公爵或主教。《黄金诏书》颁布于今天的梅斯，这座城市当时还不属于法兰西。查理四世在法兰西宫廷长大，法兰西国王是他的教父。他的母亲来自波西米亚王室，他也因此承袭了波西米亚王位。在他的统治下，既讲捷克语又讲德语的首都布拉格成了当时全欧洲最美的城市之一。所有去过布拉格的人都知道著名的查理大桥，这座桥就是他命人修建的，而"查理"二字也正是源自查理大帝。

我们所认为的每一位日耳曼皇帝都怀揣着一个共同的梦想。作为天选之人，他们都觉得自己能够一统天下。有这样的野心并不奇怪，只要戴上他们的皇冠，任何人都会有同样的想法。中国帝王自称奉天承运，奥斯曼帝国的苏丹们自认为是上帝留在地上的影子，他们都曾想要成为世界之主。然而，与中国、奥斯曼帝国不同的是，西方还有另外一个位子上的人也做着同样的梦，那就是罗马教皇。

让我们再回到这段历史的开篇，回到公元800年圣诞之日的圣彼得大教堂。那一日，教皇为查理戴上了皇冠，立他为"西方之帝"。这是我在前面就写了的，但我还没有写后面的事。据其传记记载，查理大帝对加冕一事愤怒非常。他的确想当皇帝，但不是通过这样的方式。他首先应该像所有的日耳曼帝王一样在人民的欢呼声中当选，靠自己的力量获得合法地位，然后再得到上帝及其代理人的准许。但教皇却不这样认为。在教皇看来，只有他才有资格为现实世界任命帝王。究竟谁应该是基督教世界之主？是教皇还是皇帝？这成了接下来的几个世纪欧洲世界纠缠不休的大问题。这个问题的提问方式有很多种。主教由谁来选？是所在地区的最高上级——皇帝，还是所有神职人员的领袖——教皇？教皇可以插手皇帝的选举吗？皇帝又是否应该参与教皇的选举呢？历史学家将这场无休止的争吵称为"教皇与皇帝之争"。它从 11 世纪一直持续到 13 世纪，导致了很多让人无法想象的事情。1077 年，身为皇帝的亨利四世穿着忏悔服，在冰天雪地里跪在了格列高利七世（Gregory Ⅶ，1015-1085，1073-1085 年在位）的卡诺莎城堡前。如果他不这样公开悔过，教皇就拒绝为他恢复教籍。在这场较量中，教皇取得了胜利。正如格列高利七世高调宣称的那样，教皇才是所谓"神权政治"的主人。但亨利四世转身便改变了态度。后来，他另立新教皇，废黜了格列高利七世。

　　在后世所有皇帝在位期间，皇帝与教皇斗争、教皇将皇帝逐出教会、皇帝扶持"伪教皇"的戏码都一再上演。腓特烈二世死后（1250），重重危机之中的神圣帝国只剩了一副空壳，欧洲的新势力拿起接力棒，继续与教会做斗争。1300 年前后，法兰西国王美男子腓力（Philip the Fair）在位。为夺取对法兰西神职人员的控制权，他从未停止过与教皇的斗法。最终，在美男子腓力的支持下，一位法兰西大主教当选教皇并将教廷迁至阿维尼翁（今法国境内）。阿维尼翁当时属于神圣帝国，但离法兰西王国非常近。值得注意的是，他没有让教皇直接搬到巴黎去。这个小细节很重要。

　　世界上大部分大型宗教都不曾经历过这种政权与神权泾渭分明、互不相让的局面。在麦地那，伊斯兰先知穆罕默德既是精神领袖，也是政治领袖，他之后的哈里发们也是如此。中国的封建社会经常是多种宗教并存，但所有宗教通常都是受皇帝控制的。

基督教此前也没有出现过这种情况。今天的很多基督徒并不认可这一点。他们认为，耶稣本人是拒绝执掌政权的。"恺撒的归恺撒，上帝的归上帝"，这句话不正是出自耶稣之口吗？或许这的确是耶稣的真实想法，但最早的几位罗马皇帝并不这么想。在他们看来，只有听命于恺撒才能把上帝的事做好。君士坦丁大帝在确立基督教的地位时建立了一种政教合一的制度，即皇帝是"上帝在人间的代理人"，所有关于信仰、教义、教会的组织管理以及各种权力分配的问题，最终都要由皇帝定夺。在沙皇俄国等大部分东正教国家，这种传统一直延续了下去，神职人员都要服从于世俗政权。在皇帝所在的牧首区，这种从属关系就更容易建立起来了。在查理大帝的努力下，政教合一从他开始就再也没有出现在西方的土地上。政权与神权从此泾渭分明。教皇与皇帝（以及后来的国王）之所以产生前文提到的各种纷争，其中一个原因就是二者在地理上各据一方。但在我看来，这种地理距离倒是一件好事，因为正是政权与神权之间的鸿沟慢慢孕育出了政教分离的思想，尽管这是几个世纪之后的事了。

| 第三章 |
基督教与其他

我原本打算坐车到绿意盎然的山谷里参观古修道院的遗迹。如果向南走，一个小时便可以到达格兰达洛，人们都说那里的风光美极了。无奈雨下得很大，我便没了兴致，只好待在都柏林。品尝了当地特色的爱尔兰羊肉锅（Irish stew）和健力士黑啤（Guinness），我便向市中心走去。那里坐落着历史名校三一学院，我要去它的图书馆里看一看。

图书馆前几个展厅的橱窗里陈列着爱尔兰的一件国宝——《凯尔斯书》。这本福音书里满是镀金装饰，具有典型的凯尔特艺术风格，是在公元 800 年左右由爱奥那岛（苏格兰海域）上的修道士设计、绘制、抄写的。后来，为了躲避维京人的袭击，这本书被藏到了爱尔兰的凯尔斯修道院，一直存放了几个世纪。来自公元 9 世纪的彩色手稿并不容易阅读。我试着在每节福音前的人物画里找出谁是圣马可、谁是圣马太、谁是圣路加、谁是圣约翰。可是我认不出来。然而，尽管我什么都没有读懂，或笔直或弯曲的红色与金色线条还是令我如痴如醉。这倒也好，望着这些手稿，我可以想想欧洲如何成了基督教世界。

除了爱尔兰人之外，大多数欧洲人并不知道，爱尔兰在基督教走进欧洲的缓慢进程中发挥了至关重要的作用，其影响力一直持续到中世纪早期。爱尔兰被罗马人叫作希伯尼，它从未被罗马帝国征服过，公元 5 世纪初便成为一个基督教国家。给爱尔兰人传教的是著名的圣帕特里克（Saint Patrick）。直到今天，世界各地都有人在每年 3 月 17 日畅饮狂欢，庆祝圣帕特里克节。据其传记记载（由于年代过于久远，这一时期的所有圣徒传记都应谨慎对待），圣帕特里克的父亲是一位驻扎在不列颠（今天的英国）的罗马军官。一日，圣帕特里克被一群海盗绑架到了爱尔兰，在那里，他遇到了上帝。逃出来后，他不断经历神迹。后来他又回到了爱尔兰，通过三叶草给人们讲述三位一体的奥秘，使爱尔兰成了一个全心全意信仰基督教的国家。一座座修道院很快便破土而生，三叶草也成为爱尔兰的象征。公元 6、7 世纪，爱尔兰修道士纷纷燃起了传教的热情。他们一个接一个地离开故土，在风雨中开启了向世界传播福音的事业。

据说，圣高隆巴（Saint Columba, 521–597）带着十二个门徒在英格兰北部和苏格兰布道。我在三一学院看到的精美手稿就是在他修建的爱奥那修道院写成的。

最著名的传教士与圣高隆巴名字相近，叫作圣哥伦班（Saint Columban, 540–615）。他负责的是欧洲大陆。基督教在罗马时代就已经传到西欧了，但影响力非常小，当时人们信仰的仍是当地那些古老的观念，当然其中也可能融入了日耳曼人带来的一些思想。圣哥伦班从北爱尔兰的班戈出发，由今天的法国布列塔尼（原阿莫利卡）登上欧洲大陆，足迹贯穿了法兰克人的高卢地区。行至奥斯特拉西亚（今法国东部），他与那里的墨洛温国王结成了同盟，随后便在离孚日山脉不远的吕克瑟伊修建了一座修道院。爱尔兰

的修道士以戒律森严而闻名。他们经常要斋戒苦修。在一本名为
《天主教历史》的书中，作者写道，他们的教规竟然规定了弥撒时
"未忍住咳嗽之人"需要挨多少鞭子[1]。圣哥伦班也是这样严苛的
人。他在吕克瑟伊住下不久，就干涉起了当地的生活，甚至怒斥
了放纵荒淫的布伦伊尔德王后（Brunhilda）。在王后的驱逐下，圣
哥伦班再次上路，来到了博登湖畔。随后，他让自己的同伴圣高
尔（Saint Gall）去瑞士传教，自己则前往意大利北部。那里的伦
巴第国王原本是阿里乌斯教派的信徒，但圣哥伦班的虔诚之心深
深地打动了他，使他最终改派归宗。在国王的保护下，圣哥伦班
在一座偏僻的小山上又建了一座修道院，并在那里度完余生。修
道院周围后来形成了一座小城，就是今天意大利的博比奥。（参见
插图Ⅳ）

　　这一时期的福音传教士还有很多。这些人并不都是爱尔兰人。
坎特伯雷的第一位大主教圣奥古斯丁（Saint Augustin, 逝于604年）
原是罗马一座修道院的院长，我们在前面已经讲过，他是奉教皇
之命去英国南部传教的。"日耳曼人的使徒"美因茨大主教圣博尼
费斯（Saint Boniface, 约680–754）曾在包括图林根州在内的今德
国大部分地区传教，他后来被异教徒杀死在今荷兰弗里斯兰省，
成了殉道者，他其实来自今天的英国地区。

　　爱尔兰人圣哥伦班始终是最有名的传教士之一。意大利人将

---

[1]　Jean-Pierre Moisset, *Histoire du catholicisme*, Flammarion, 2006.

其奉为摩托车手的主保圣人，尽管圣哥伦班一生不是走路便是坐船，从未骑过摩托。20 世纪 50 年代，"欧盟之父"之一的罗伯特·舒曼（Robert Schuman）认为圣哥伦班更应该被视为欧洲一体化的守护神。这个头衔似乎无人反驳。

■ 东正教徒与天主教徒

公元 8 世纪至 11 世纪，基督教在欧洲大陆上的传播越来越广。在大多数情况下，信仰基督并不是圣徒传道的结果，而是出于别的原因。查理大帝就是凭借手中的利剑让撒克逊异教徒改信基督的，不过他却因此成为基督教的功臣。腓特烈一世非常崇拜查理大帝。12 世纪，他让自己一手扶持起来的伪教皇将查理大帝封为圣人。在接下来的几个世纪，教会又从圣人名册里除了他的名，以表示教会不赞成用如此血腥的方式劝人入教——但并没有不允许人们继续崇拜他。今天，在比利时、法国北部及德国北部，人们仍然会举行庆祝活动来纪念他。

大多数时候，信仰的颠覆都是自上而下的。如果一个国家的国王决定成为基督徒，那么整个国家就都得信奉基督教。正如我们在前文提到的克洛维，各国的大公们之所以改变信仰，地缘政治是很重要的原因。从公元 9 世纪开始，基督教世界就分为两极：一边是教皇与神圣罗马帝国，另一边是拜占庭帝国。为了增加自身的影响力，双方都盯上了不信这些教的君主们，将传教士派到了他们身边。公元861年，保加利亚大公鲍里斯一世（Boris Ⅰ）选择了拜占庭的基督教。同一时期，塞尔维亚大公也做出了同样的选择。波兰大公梅什科一世（Mieszko Ⅰ）的妻子来自波西米亚，本就信奉天主教，再加上神圣罗马帝国就是他的近邻，公元966年，梅什科一世接受了罗马基督教的洗礼。1000年左右，匈牙利国王伊什特万一世（Stephen Ⅰ）也加入了这一阵营。就这样，随着各国出于战略的考虑或结盟的需求做出选择，一道长长的"楚河汉界"在天主教与东正教之间形成了，它一直延续至今。

民间传说总是会把国王大公们的选择描绘成真诚的精神意愿，有的时候几乎都用到了市场营销学中的标杆分析法[1]。公元9世纪，一群维京人从斯堪的纳维亚西部来到今天的乌克兰。他们联合斯拉夫人建立了一个小国——基辅罗斯公国。这个公国被认为是今俄罗斯的摇篮。公元10世纪末，基辅大公弗拉基米尔（Vladimir）还没有信仰，他想选一种宗教。据说，他让人叫来了当时所有教派的代表：巴格达的哈里发派来了穆斯林，笃信犹太教的哈扎尔人从黑海附近赶来，教皇也派了使者。弗拉基米尔将这些宗教一一拒绝，因为伊斯兰教禁止饮酒，犹太教的信徒过于分散，罗马的基督教太过严苛。就这样，伟大的弗拉基米尔一世选出了最

---

[1] 即研究竞争对手的行为。

美好、最虔诚、最令人愉悦的东正教。至今，很多俄罗斯的东正教信徒依然在讲述着这样的故事。历史学家则更愿意指出另一个事实，那就是当时的基辅小国与拜占庭帝国在军事和贸易上都有往来，而且拜占庭帝国还为弗拉基米尔准备了一份他难以拒绝的皈依大礼。公元 988 年，弗拉基米尔接受了洗礼，随后，他不仅得到了一座城池，而且迎娶了皇帝的亲妹妹安娜·波菲罗耶尼塔（Anna Porphyrogenita）。Porphyrogenita 的意思是"出身皇族"。这场婚姻夯实了基辅罗斯与拜占庭帝国的关系，为几个世纪后俄罗斯的发展壮大奠定了基础。

国王大公皈依基督教后，他的整个国家又是如何改变自己的信仰的呢？这一点如今当然很难考证了。史书中通常都记载着一些集体受洗的奇闻，但实际上，世事总会有不那么顺利的时候。公元 10 世纪初，在今天的挪威有一位维京族的国王。他有几位姻亲兄弟在今天的英国地区当国王。受到他们的影响，这位挪威国王信奉了基督教。回国后，他就想让全国的子民都成为基督徒。这个想法为他的国家带来了数十载的动乱。教堂被烧毁，教士被驱逐，人们用尽各种方法来抵制这个他们极度排斥的宗教。但是到最后，挪威人还是成了基督徒。

其他地方是否也像这般阻力重重呢？我们不知道。在历史记忆中，这样的抗争即便发生过也早已被遗忘、早已被掩盖了。在人们的记忆中，国王大公们的战略选择都是天意，百姓一呼百应也归功于上帝的指引。随着时间的推移，弗拉基米尔这个受洗者成为整个俄罗斯的施洗者，伊什特万一世之于匈牙利，梅什科一世之于波兰，墨洛温王朝的克洛维之于法兰西，概莫如是。在所有蛮族中，法兰克人是最早皈依基督教的。在卡佩王朝时代，罗马教廷甚至称法国为"教会长女"。

■ 基督教世界的诞生

在政治事件被演变为宗教现象的过程中，从国家的角度看，精神选择就具有了民族色彩。这个把戏在 19 世纪末民族主义高涨的时候一再被使用，在如今的 21 世纪又大有回头之势。我一直不能理解，一个人怎么可以既是基督徒又是民族主义者？怎么可以把截然相反的两个原则混为一谈？《旧约》的确提到了选民的概念，但《新约》彻底打破了这种说法。自圣保罗以来，基督教就是面向世界的。基督教所推崇的上帝并不是在指引某一个民族，而是所有人。

基督教同所有宗教一样，它们都是在特定的地理环境中发展起来的，我们从本书的开头就一直在解释这一点。自从西罗马帝国的拉丁基督教（我们所说的天主教）与拜占庭帝国的希腊基督教（我们所说的东正教）分道扬镳，西欧就形成了一个新的空间：基督教世界。这个基督教世界并不是以民族的形式来组织的，因为我们现在的这种民族的概念当时还没有形成，甚至也不是以国家的形式来组织的。对于捍卫基督教的那些人来说，基督教世界就是以（至少经过罗马阐释的）福音为基础、以教皇为拱顶石的一个庞大而统一的教会组织。

要组织这个空间，教皇需要依靠神职人员。管理教徒的在俗神职人员并不一定是最可靠的。大公、侯爵们渐渐都以当地的统治者自诩，而各教区的主教们则越来越居于人下。底层神职人员，如普通的教士、乡村堂区的神甫，通常也都只有很小的权力。总之，在整个中世纪，每当人们提起这些人，就会说他们的布道有多么的无趣，他们的道德品行是多么的不堪。关于中世纪的书经常会出现两个词，一个是 simonie，意思是将圣物拿去交易的罪行，另一个是 nicolaïsme，意思是过姘居生活或生活淫乱。如果说教会里所有的人都是这样，那也未免太武断了。在他们的队伍里，当然也会有高尚之人。但我们注意到，中世纪由教皇召集的每一次大公会议都会产生杜绝此类恶行的决议，后世的大公会议大体上也都是如此。

尽管在俗神职人员不一定可靠，入了修会的神职人员却是值得教皇信赖的。中世纪，一座座修道院先后建成，修道士们就住在那里。

■ 祷告与工作

修道制度源自东方。公元 3、4 世纪间，埃及人圣安东尼（Anthony the Great）为了远离世人、接近上帝，独自奔赴沙漠。后来又有几个人也这么做了。虽然他们没有一同出发，但后来走到了一起。这几个人便成为聚居修士。他们想要像耶稣一样，忍受贫困，坚守贞洁，听从上帝及其使者的旨意。西方的修道主义之父是努西亚的圣本笃（Benedict of Nursia）。他是公元 6 世纪的意大利人，在拉齐奥的卡西诺山修建了一座修道院。在此修行的聚居修士都要遵守他订立的生活制度，其内容主要包括祷告与工作两部分（19 世纪，一位本笃会修士用拉丁语将其概括为 ora et labora，这句话广为流传）。有些人，如爱尔兰人，另有自己的修行方式。但中世纪的大型修道院大多都沿用了圣本笃的本笃会制度。其中最有名的修道院是公元 910 年在勃艮第建成的克吕尼修道院。两个世纪后，一位改革派修道院院长认为克吕尼修道院年久失修，便在向北 100 公里外的西托建造了新的修道院。最初建成的修道院渐渐地都有了各自的附属分支。这样，分散在各处的同门修士便形成了一个修会。比如克吕尼修道院形成了克吕尼修会、西托修道院形成了西多会等。这些修会都以严格、朴素而著称。

不仅男性可以进入修道院，女性也可以。女修道院设有修

女院长。中世纪最著名的本笃会修女院长要数宾根的希德嘉修女
（Hildegard of Bingen, 1098–1179）。她是一位神秘主义者，能够预
言未来，此外还从事医学工作。她创作的圣歌传唱至今。她的修
道院现位于德国西部，20世纪初曾被重新修建。现存的女修道院
还有很多。读者不妨去看一看葡萄牙的阿尔科巴萨修道院。这座
修道院位于波尔图和里斯本之间，其外墙在18世纪重建成了巴洛
克风格，但中殿仍是典型的中世纪风格。这座修道院所在的位置
原本是国王的土地，国王将其送给西多会。院内高耸的立柱、明
亮的空间、朴素的装潢正是西多会喜欢的风格。"死去的王后"伊
内丝·卡斯特罗（Inês de Castro, 1325–1355）之墓至今仍在修道
院内。她曾是葡萄牙王子佩德罗（Pedro）的未婚妻。佩德罗非常
爱她。但出于政治原因，国王派人将她杀害。佩德罗即位后，立
刻命人将爱人从墓中挖出。他让伊内丝的尸身和自己并排坐在宝
座上，并要每一位参与谋害她的人上前亲吻她的手。

　　也许阿尔科巴萨修道院承载了太多的世俗纠葛。如果您更喜
欢纯粹一些的修道院，可去的地方也有很多。从瑞典到加利西亚，
从波兰的波美拉尼亚到法国南部，到处都有西多会的修道院[1]。其
他的大型修会也都有自己的分布网。这有什么好奇怪的呢？普照
四方本就是它们的原则。修道院拥有大片田产，吃穿用度都不需
要依靠当地政府，因而修道士们得以专心修行。修道院就这样成

---

[1]　https://www.cister.net.

为整个基督教的支柱。克吕尼修道院从组建伊始就被明确定为教皇直属修道院。11世纪，为巩固教会在西方的势力，教皇格列高利七世等推行了"格列高利改革"，克吕尼修道院成为这场改革的中流砥柱。两个世纪后，西托修道院也扮演了同样的角色。这两座修道院如今都位于法国境内，但却并没有那么"法国"。西托修道院的第三任院长圣斯蒂芬哈丁（St. Stephen Harding, 1050–1134）生于英国，游历于苏格兰，求学于巴黎，朝圣于罗马，最终才定居于西托。与他同一时代的另一个圣人克莱尔沃的圣伯纳德（St. Bernard of Clairvaux）将西多会发展到了新的高度。之所以称其为克莱尔沃的圣伯纳德，是因为他在克莱尔沃同几位修士一同建立了西多会的小修道院。克莱尔沃的圣伯纳德是12世纪最重要、最著名的人物之一。同所有名人一样，他也具有两面性。一方面，作为西多会修道士，他主张谦卑、收敛，用苦修来平静浮躁之心。另一方面，他经常四处走访，凡事都要插手，到处都是他的声音。听说罗马教廷对教皇的人选争执不下，他便奔赴意大利去支持其中一方。回到法国，他又为国王出谋划策，对反驳他的人大发雷霆。就连罗马帝国的皇帝都要听他讲道。为了教导世人，他的足迹遍布欧洲大地。

当时的教会以福音书为名，将维护和平作为自己的使命，或者说至少是想让人们的道德行为变得平和一些。它逐步采取了一些措施来遏制战争，如规定每周有几天是禁战的，鼓励有武器的人保护弱势群体、保护平民免受战争之苦。"庇护权"的概念最早出现于古代，它使一些地方独立于战场之外不受侵犯。中世纪的教堂和修道院将庇护权用在了自己身上。人们可以在那里受到上帝的保护。就这样，在几个世纪的时间里，罗马基督教扮演了"文明传播者"的角色，尽管在我们今天看来，这种柔和的协调方式可能会是事倍功半的。

■ 朝圣之路

11 世纪，来自中亚的土耳其人逐渐在近东地区定居下来，当地阿拉伯人的生活被扰乱了。从此之后，基督徒去耶路撒冷朝圣不再受到保护，拜占庭帝国也受到了军事威胁。尽管与东罗马帝国一向不和，这一次，拜占庭帝国还是向罗马求援了，而教皇也决定伸出援手。1095 年，罗马教皇在克莱蒙提出，西方所有基督教骑士都应去拯救耶路撒冷。十字军东征由此开始。需要注意的是，在这个时候，十字军东征本质上是一场调停行动，但教皇组建这支队伍是想达到两个目的：一是提醒世人，欧洲的权柄掌握在他的手中；二是把基督教君王之间的暴力冲突转化为神圣而崇高的行动。远征圣地理应克制。然而，1099 年的第一次远征就残忍地超乎想象，史书多用血流成河来描述当时的场面。但当时的教皇恐怕只记住了另一个场景：成千上万的骑士在血洗耶路撒冷之后跪倒在圣墓前，感谢上帝允许他们"拯救了圣城"。

　　第二次十字军东征是圣伯纳德亲自促成的。他先到韦泽莱说服了法兰西国王，又到施派尔说服了罗马帝国皇帝。他的口才令所有人都激情澎湃。他还促成了圣殿骑士团的成立。作为最早的宗教军事机构，圣殿骑士团的使命是用武力捍卫圣地之上的基督教王国。信仰耶稣教义的人如何能拿起武器呢？圣伯纳德给出了答案。如果面对一个异教徒，杀掉他便不是"杀人"，而是"除恶"，这是"以实际行动为耶稣复仇"，是可以上天堂的善举。利用人们对上帝的爱，他创造出了"圣战"这个危险的概念。

　　另一些圣地是真正太平的。除了去耶路撒冷，人们还可以沿着意大利的一条古道前往罗马朝圣，或者也可以去西班牙。公元 800 年左右，人们在西班牙西北的加利西亚意外发现了耶稣的十二门徒之一大雅各（James the Great）的遗骨。大雅各原是太巴列湖的渔民，性格暴烈。《使徒行传》（12∶2）写道，公元 44 年，大雅各在犹太省的某个地方被斩首。传说他的门徒后来将他的遗体带到了加利西亚。后来，一位隐士称自己在那里感受到了遗骨的存在，而人们又发现此处（音译为孔波斯）正对着一颗耀眼的恒星（音译为斯特拉），便更对隐士的话深信不疑。于是，人们就在此地建起了教堂，并把教堂以及教堂所在的这座城市叫作圣地亚哥德孔波斯特拉。

圣地亚哥德孔波斯特拉一度沉寂，直到 20 世纪末，去那里朝圣的人才又多了起来。朝圣当然得徒步，人们通常一副中世纪朝圣者的打扮，帽子上挂着扇贝，手里握着手杖。手杖略沉，既可以支撑身体，遇到流浪狗或是坏人还可以防身。对现代人来说，朝圣的最后几公里是很难走的：郊区了无生趣，仿佛永远也走不到头。可一旦走到了，朝圣者们就都会觉得不虚此行。他们不仅会看到依然美轮美奂的老城区和大教堂，还能够跟随朝圣的队伍绕到祭坛后面，拾级而上，从背后亲吻圣雅各闪闪发光的雕像。随后，他们会下楼进入地下室，祭拜圣雅各的遗骨。做完这些，朝圣的任务便圆满完成了。心满意足的朝圣者们会带着一张朝圣证书踏上归途。

我知道的所有曾去朝圣的法国人至少都学会了一句西班牙语：camino francés，它的意思是法国之路。古时的法兰西朝圣者们走的就是这条路，历经千年，这条路已经贯穿了法国。经由别的路线也可以到达圣地亚哥德孔波斯特拉，比如英国之路（从西班牙北海岸港口登陆）和葡萄牙之路。从神圣罗马帝国出发也有两条路线，一条从亚琛出发，途经布鲁塞尔、巴黎、比利牛斯山，另一条从德国南部出发，途经瑞士。另外还有一条路线是从斯堪的纳维亚出发的。总之，同中世纪基督教的其他事情一样，朝圣也是在欧洲范围内展开的。

经过这漫长的论证，想必您很容易就可以得出一个结论了吧？我们究竟应不应该说"基督教是欧洲的根基"呢？近二十年来，人们在这个问题上纠缠不休，其背后的想法有时是单纯的，但更多的时候并不那么慈悲为怀：其目的并非在于强调欧洲曾是一个基督教世界，而是要排挤那些不信仰基督教的人。在我看来，世人完全不必在 21 世纪的政治辩论中为这个问题寻找答案，历史早已告诉了我们一切。"基督教根基"这种说法本身就是不合适且错误的。

它首先错在将基督教视为欧洲的唯一宗教。罗马基督教对于欧洲政局的形成起到了至关重要的作用。但为什么就要无视为欧洲做出过贡献的其他宗教呢？去西班牙北部朝圣的人之所以络绎不绝，其中一个原因正是当时的这个地区是基督教世界的边陲重地，再往南一点就是穆斯林的地界了。所以，人们去那里是为了捍卫自己的信仰，祈祷它的传播能够越来越广。穆斯林于公元 711 年在西班牙定居下来，摩尔人在此建立的最后一个王国——建造了阿尔汗布拉宫的格拉纳达王国——于 1492 年灭亡。也就是说，这里独有的辉煌而灿烂的文明一直延续了八百年。不仅如此，这些摩尔人还曾在西西里岛生活过两个世纪。面对如此长的时间跨度，很多学者仍然将这些地方视为"穆斯林占领区"。这样做真

的合适吗? 那么美洲岂不是"基督教的占领区"? 所以, 基于这
段历史, 从中世纪起, 伊斯兰教也是欧洲历史的一部分。

早在古罗马时期就有犹太人定居于欧洲了。因此我们有理由
认为, 犹太人生活在欧洲的时间至少和基督徒一样长。在巴塞罗
那、奥斯蒂亚挖掘出的犹太教堂可以追溯到公元 3、4 世纪, 甚至
可能是公元 1 世纪。现存最古老的犹太教堂建于 1094 年, 位于德
国的爱尔福特, 现已被改建为博物馆, 不再用于宗教活动。英国
林肯的犹太教堂建于 1150 年。在至今仍正常开放的犹太教堂中,
年代最久远的一座位于布拉格, 建于 1270 年。20 世纪 70 年代,
人们在鲁昂挖掘出一座"崇高之家", 之所以叫这个名字是因为墙
壁上刻着《圣经》中一句类似的话, 我们并不知道这座房子当时
是用来做什么的, 但可以肯定的是, 房子的主人是犹太人。这座
房子建于 1100 年。

提到中世纪的犹太人, 我们总是会想到他们所遭受的迫害。
这一点不可否认。墨洛温王朝的国王达戈贝尔特 (Dagobert, 公元
7 世纪) 认为自己是非常虔诚的基督徒, 他对犹太人的迫害极为
残酷。西班牙的西哥特人甚至想要将犹太人赶尽杀绝, 这就解释
了为什么犹太人后来将穆斯林当作了救星。

我们还要注意的是, 在相当长的其他时间段, 生活在西欧的
犹太人与其他民族的关系是很和谐的。查理大帝曾任用过犹太大
臣, 其中就包括出使东方、后来带着巴格达哈里发送给查理大帝

的白象独自归来的艾萨克（Isaac）。著名的《塔木德》阐释家拉什（Rachi）生活在历史的交汇期。一方面，1090 年前后，即将奔赴第一次十字军东征的狂热分子来到莱茵河畔，大肆残杀了与他同时代的犹太人。另一方面，他本人一直居住在法国香槟省特鲁瓦，终日研究犹太经文、打理酒庄，一生都过着平静的生活。

最后，我们再来说说从本章开始就不断被提到的异教徒。欧洲传教的本义就是征服这类人。这件事花了不少时间。最后一批异教徒生活在立陶宛，他们一直坚持到了 15 世纪。在法语中，人们将异教徒称作 païen，这个词其实是有贬义的。它是从拉丁语 paganus 一词派生而来的，意思是"农民"。农民，那便是在田间耕种的人，是乡下的粗人，是没有受到城市文化熏陶的人。但我们由此可以看出，如果要寻"根"，那么"根"显然是在异教徒这一边。将基督教与根源联系在一起是很荒谬的。若说基督教是根，人们就会觉得基督教是在一片没有开垦的土地上成长起来的，会把它当作源头、当作起点。但实际上，基督教更像是在 ·片已经耕作了很久的土地上新长出来的树苗。它让上帝取代了其他的神圣，成为唯一的至尊。几千年前，这些被取代的神圣也是用同样的方法站稳脚跟的。然而在很多时候，仅凭上帝自己是取代不了那么多神圣的。像所有其他宗教一样，基督教之所以被人们接受，并不是因为它将此前的崇拜方式铲除了，而是因为它成为集大成者。在罗马，中世纪时期极具影响力的圣徒崇拜代替了多神教，而被广泛接受的圣安妮和圣母玛利亚其实是取代了异教的几位女神。基督教堂是在古代寺庙的基础上建成的，基督教节日也仿效了四季祖先崇拜的旧例。其中的很多细枝末节到现在都没有整理清楚。我们的日历就是一个例子。在法语中，星期日（dimanche）是属于主（Dominus）的日子，但星期四（jeudi）却是属于罗马神话中的众神之王朱庇特（Jovis）的日子。英语也是一样，星期四（Thursday）是日耳曼神话中的雷神托尔（Thor）的日子。在一片有着几千年历史的土地上，根在何方？我们能找到的恐怕也只有你中有我、我中有你的灌木丛了。

| 第四章 |
骑士与国王

要讲述骑士与国王的历史，我该带您去哪里呢？去温莎城堡吗？这座城堡在征服者威廉（William the Conqueror）的统治下建成，被认为是至今仍有人居住的欧洲城堡中最古老的一个，每年都会吸引英国王室的很多粉丝前去参观。或者去欧洲大陆的另一边，到今天的波兰北部、原来的普鲁士看一看？那里有气势恢宏的红砖建筑马尔堡，当年，条顿骑士团的大团长就住在那里。还是去西班牙阿拉贡的洛阿雷城堡呢？它的塔楼从 11 世纪起就耸立于平原之上了。特兰西瓦尼亚的胡内多阿拉城堡更是比洛阿雷城堡还要美，它建于 15 世纪，建造它的是当时一位富有的摄政王。这个地区历经世事变迁，如今是罗马尼亚的一个省。

我也可以试着从历史的后半叶入手，直奔德国巴伐利亚的新天鹅堡。新天鹅堡是游客量最大的德国城堡。无论其塔楼及牢固的尖顶与中世纪的城堡有多么相像，它并非是中世纪建成的。它的设计源自路德维希二世（Ludwig Ⅱ）对中世纪的幻想。路德维希二世深受瓦格纳（Wagner）和浪漫主义的影响。在他的脑海中，中世纪就是这个样子。后世依然有人做着与路德维希二世一样的梦。20 世纪 50 年代，在美国佛罗里达州的迪士尼乐园建成的睡美人城堡就是仿照了新天鹅堡的风格。

一座又一座的城堡遍布欧洲内外。锯齿状的围墙、凸出的城垛、吊桥、骑士、美人——这便是欧洲人想象中的中世纪。这个迷人的神话已经融入了欧洲人的血液，我们又怎能避而不谈呢？

走，让我们一探究竟！

查理大帝确实接过了恺撒的皇冠，但是他没能延续使罗马帝国几个世纪屹立不倒的国家体系。到中世纪时，这种用税收、法律、军队来组织政权的行政管理制度已不复存在。公元 950 年至 1050 年，欧洲建立起了另一种管理制度——封建制。

西方世界在查理大帝死后经历了一段艰难的时期。一股又一股的侵略势力搅乱了欧洲大陆的宁静。维京人从北疆袭来，匈牙利人从东方攻入。战争无处不在，威胁接二连三。保障安全成为封建制度的首要任务，它的实现依靠的是人与人之间制定的契约。两人之中较强的一方为主，较弱的一方为仆，仆人承诺在主人需要的时候为其出谋划策、提供帮助，作为交换，主人将一小块田地作为封地赐予仆人。仆人靠着他的封地不仅可以满足自己的生活所需，还能有余力置办武器、购买马匹。骑士的雏形由此诞生。渐渐地，为了增强防御能力，封建君主们建起了一座座的城堡。法语中的"城堡"（château）一词来自拉丁语 castrum，其字面意思是指有堡垒保护的地方。最初的城堡是用木头搭成的，后来才变成了有塔楼、有射击口的防御工事。

今天法国的政治制度建立在众人一律平等的原则之上，全体公民都有自己的权力。他们将自己手中的一部分权力委托给了代表他们的政府首脑，构成了国家的权力。封建社会的结构是金字塔式的。每位仆人都要服从于一位主人，而每位主人又要附庸在地位更高的人之下。对于整个社会而言，在全部人口中占大多数的农民并不属于一个整体，而是依附于各自的庄园主。他们要把自己的劳动产品交给庄园主，还要交税，以此来换取庄园主的保护。然而，农民与庄园主的关系同骑士与庄园主的关系并不一样，因为他们所属的社会等级不一样。封建社会并非人人平等，全社会共分为三个等级。每个人的等级从一出生就决定了，而且几乎是不可逾越的。公元1000年前后的拉昂主教阿德贝龙（Adalberon）对封建等级做出了精辟的总结。他提出，社会最下层的是劳动者，即提供食物和服务的农民和百姓；最上层是祈祷者，即负责拯救灵魂的神职人员；在二者之间的是战斗者，即那些手握权力、享有土地的骑士和贵族。

■ 骑士

最初，在中世纪早期战火纷飞的几个世纪里，骑士这个群体是很粗俗的。他们经过很长时间才变得文雅起来，具有了今天骑士一词所蕴含的彬彬有礼、勇识不凡的风范。教会在其中扮演了重要的教化角色。其实，很多封建仪式的庄重恭顺之感都是从教会借鉴而来的。比如在授予骑士称号、兵器和盔甲的仪式上，或是在效忠仪式上，骑士都要跪在主人面前，将合在一起的双手放在主人手中。而基督徒祷告时也将双手合在一起，象征的是将手放在上帝的手中。我们说过，教会一直在倡导保护弱小，以此来减少世间的暴力，但有时，它也会将暴力行为转变为正义行动——持续了两个世纪（1095-1291）的十字军东征就是一个例子。法兰克骑士们从今天的法国北部、德国、比利时出发，参加了第一次十字军东征，当时的下洛林公爵布永的戈弗雷（Godefroy de Bouillon）就在其列。后来，法兰西、英格兰的国王，神圣帝国的皇帝，匈牙利、奥地利、阿基坦、图卢兹的大公都加入了这个队伍。威尼斯的总督是最让人错愕的一个，他打着"拯救圣城"的旗号，花着威尼斯的军费，走到君士坦丁堡便停了下来（1204），最终把这个基督教城市掠夺了一番。

在十字军东征的同时，教皇们仍然在四处说教，让欧洲其他地方的骑士们发起了另外一些征讨行动，例如将穆斯林赶出西班牙的收复失地运动，在奥克西塔尼、波罗的海地区讨伐异教徒的行动等。

这些行动当然不是一帆风顺的。在与"撒拉逊人"[1]、"希腊人"（虽然是基督徒但通常被蔑视）、异教徒抗争的过程中，骑士们对自己的身份有了更深的认识，人们也逐渐建立起了理想骑士的形象。骑士成为为耶稣而战的勇士。文学作品为这个形象的诞生做出了贡献。11 世纪末、12 世纪初，在今天的法国南部、西班牙以

---

[1] 中世纪欧洲人对东方、非洲或西班牙地区的穆斯林的称呼。——译者注

及意大利的北部先后出现了一群行走于城堡之间的行吟诗人。他们的活动范围越来越广，后来渐渐扩展到法国北部和日耳曼世界。这些行吟诗人通过长篇诗作来歌颂骑士们的英雄气概，比如《罗兰之歌》就讴歌了查理大帝的丰功伟业以及他远征西班牙的英勇事迹。骑士文学的传播遍及了整个欧洲。亚瑟王与其骑士们的传奇故事起源于英国，法国诗人克雷蒂安·德·特罗亚（Chrétien de Troyes，1135–1183）将其进一步丰富。在骑士兰斯洛特的故事里，他加入了原作中所没有的女性和爱情元素。兰斯洛特是一位无所畏惧的忠诚斗士，但他爱上了亚瑟王的妻子桂妮维亚。从此，令骑士为之而战的爱情成为文学作品的一大主题。这一主题在相当长的一段时期内经久不衰。19 世纪，人们将其命名为"骑士之爱"。虽然政权的组织形式发生了变化，但人们在文学作品中对骑士的赞美并没有停止，他们的英雄壮举和动人爱情依然为人所歌颂。16 世纪诞生了几部非常著名的骑士小说，比如葡萄牙的《英格兰的帕尔梅林》、西班牙的《高卢的阿玛迪斯》、意大利的《疯狂的罗兰》和《被解放的耶路撒冷》等。我们再一次看到，这些作品依然来自不同国家。

从严格意义上讲，骑士构成了贵族阶级的第一阶层。在他们之上，我们耳熟能详的头衔构成了贵族的其他阶层，如男爵、伯爵、侯爵、公爵等。男爵一词 baron 是从日耳曼传来的，而其他词大多来自罗马帝国，从它们各自的词源上，我们还能够看出这一职位最初的职责是什么：伯爵是陪伴皇帝之人、皇帝的随从人员；侯爵是负责守护边境地区之人；公爵是首领、将军。所有这些人都在主仆关系之中。他们形成了一个金字塔。位于金字塔顶端的人就是国王。

■ 国王

中世纪的西方历史实际上是国王争权夺势、努力争取自主的历史。各个政体就是这样产生的。这个过程漫长而复杂。按照基督教世界的理想，所有国王都应服从于皇帝。事实上，皇帝只是在形式上至高无上。尽管人们从未停止过斗争，但教皇才是真正的掌权者。如果教皇反对一位大公，即便是在私人问题上，他也可以将其逐出教会。不仅如此，他还可以对其大公国下达"褫夺职权"的命令，使当地所有的圣礼、婚礼、葬礼统统无效。例如在 1193 年，教皇便对法兰西王国下达了这个命令，原因是一直与他相抗争的法兰西国王菲利浦·奥古斯都（Philip Augustus）在婚礼的第二天毫无理由、未经允许就抛弃了新婚妻子丹麦公主。教皇的这一招非常有效。1194 年，菲利普就向罗马低了头，并与可怜的丹麦公主进行了和解——至少在表面上是这样。随后，法兰西的宗教活动终于恢复正常。

12 世纪 60 年代，英格兰国王亨利二世（Henry Ⅱ）更是想彻底铲除教会的干预。他与坎特伯雷大主教托马斯·贝克特（Thomas Becket）多年不和，大主教指责他妄图控制神职人员、削弱教会的权力，他便通过前所未有的暴力终结了这场争吵。1170 年 12 月 29 日，亨利二世的几个拥护者来到教堂，在祭坛前将大主教暗杀了。这次行动究竟是国王授意的，还是这几个人为了取悦国王擅自决定的？我们只知道其结果是引起了轩然大波，亨利二世不得不公开忏悔，重新审视自己的改革决定，而托马斯·贝克特在去世三年后获得了圣徒的尊号，成了这一时期最有名的圣徒之一。

国王们不仅要与教皇抗衡，更要与自己手下的封建主做斗争。起初，封建社会的金字塔结构决定了国王在任何事情上都要依赖于各位领主。打仗得靠他们，办案得靠他们，需要钱也得靠他们。经过几个世纪的发展，国王们逐渐有了自己的军队、自己的司法、自己的政府、自己的税收。通过削减封建主的权力，或是通过建立制衡联盟，国王们的权力日益得到巩固。

■ 王位之争

我们先来看看伊比利亚半岛。从公元 8 世纪开始，这里几乎到处都是穆斯林。到了公元 10、11 世纪，北部的基督徒开始了收复失地运动。这些基督徒原本来自不同的小王国、小伯国，如阿斯图里亚斯、莱昂、卡斯蒂利亚、阿拉贡、加泰罗尼亚等。随着战争的推进，各地的边界不断变化，不同的封建政权相互重组。经过三四个世纪的时间，我们今天所熟知的政权分布基本形成。

在西面，波尔图在 11 世纪时只是莱昂王国的一个伯爵封地。后来，这里的阿方索伯爵（Afonso）在对抗穆斯林的战斗中取得了辉煌的战绩，从此便有了称王的权力。12 世纪初，葡萄牙王国诞生。

半岛的另一边却没有走分裂之路，而是开启了缓慢统一的进程。东北部的小政权首先团结起来，形成了加泰罗尼亚公国。1137 年，加泰罗尼亚伯爵迎娶了旁边阿拉贡地区的继承人，由此两地合并，形成了一个新的大联盟——阿拉贡王国（巴利阿里群岛、西西里岛、意大利南部很快也加入了进来）。1469 年，伊比利亚半岛又迎来了第二次大联姻——阿拉贡的王位继承人迎娶了邻国卡斯蒂利亚的王位继承人。西班牙由此诞生。

伊比利亚半岛以北的情况就大不一样了。在三分查理曼帝国的时候，所谓的法兰西是只占其三分之一的西法兰克王国。公元987 年，法兰克武士雨果·卡佩（Hugh Capet）成为国王，建立了卡佩王朝。卡佩王朝的历代国王不断加强王权。为了摆脱罗马帝国的控制，他们想出了在兰斯加冕的办法，这让他们既有了上帝的保护，又成为克洛维的传人。卡佩王朝的统治范围起初只包括小小的法兰西岛，也就是今巴黎附近的区域。为了扩大领地，他们在接下来的几个世纪里同几个附庸国展开了旷日持久的斗争。

法兰克王国的西面是诺曼底。1066 年，诺曼底公爵征服了英格兰，从此他便有了双重身份：既是附庸在法兰克国王之下的诺曼底公爵，又是居于人上的英格兰国王。这种令卡佩王朝担心的失衡在一个世纪后进一步加剧。当时，一位名叫亨利·普朗塔热内（Henry Plantagenet, 1133–1189）的法兰西封建主既是诺曼底公爵，又是安茹伯爵、曼恩伯爵、都兰伯爵。1152 年，刚刚与法兰西国王离婚的阿基坦女公爵、普瓦图女伯爵埃利诺（Eleanor of Aquitaine）嫁给了他，嫁妆是今天的法国西南部全境。1154 年，经过一系列纷争，这位亨利又继承了英格兰的王位。此人就是我们在前面提到过的亨利二世。作为附庸，亨利二世拥有的土地却是法兰西国王的好几倍，这让法兰西国王如何接受得了？为了打破这种局面，在接下来的几十年里，法兰西国王，特别是菲利浦·奥古斯都，与亨利二世及其继任者展开了不懈的斗争。13 世纪初，法兰西一方取得了胜利，菲利浦与他的继任者成功打败了英格兰国王，收回了卢瓦尔河以北的所有领土。

一个世纪之后，一切又都重新开始了。13 世纪末、14 世纪初，卡佩王朝在美男子腓力（Philip the Fair）的带领下成为欧洲最强大的王国。在美男子腓力之后，他的儿子们相继继位，但都没有留下嫡系后代。法兰西贵族便拥戴卡佩家族的旁支瓦卢瓦家族的后代登上王位。海峡另一边的英格兰国王提出了异议。他承袭了法兰西王国的爵位，拥有法兰西西南部的土地，因此也有权参与法兰西的事情。另外按照他母亲的血缘，他还是美男子腓力的外孙。因此，他也有权登上王位。就这样，1337 年，著名的百年战争开始了。在这场漫长的争夺中，最精彩的一个片段发生在战争的后期。15 世纪初，英格兰国王亨利五世（Henry V）想要从法兰西手中夺回属于自己的权力，而当时在巴黎执政的法兰西国王查理六世（Charles Ⅵ）患有精神病。英军发起了进攻。他们从诺曼底登陆，在阿金库尔战役中大败法军（1415），并与法兰西达成了一项理应带来和平的协议。根据约定，亨利五世与瓦卢瓦家族之女结婚，他们的继承人将同时继承英法两个国家的王位。这个"双肩挑"的办法让所有人都满意了，除了查理六世的儿子王储查理。他认为自己才应该是王位的合法继承人。在洛林农家少女让娜·达克（Jeanne d'Arc，即圣女贞德）的支持下，王储查理开始了收复王权的斗争。他在兰斯加冕，成为查理七世（Charles Ⅶ），后来又经过数十年的努力，终于将英国人逐出了法兰西（至 15 世纪末仅加莱一地尚未收复）。总之，查理七世在位时期，英吉利海峡一边是英格兰一边是法兰西的局面就基本形成了。如今，所有的法国人都被教育要感谢查理七世和圣女贞德所创造的奇迹。可是这个奇迹究竟妙在何处？英法联姻，将两个王位加在一个人身上又有什么不好呢？几乎在同一时期，西班牙正是这样形成的。

　　我并不想重写历史，我只是想将历史从民族主义的金钟罩里解放出来。从 19 世纪开始，民族主义便禁锢着历史，试图将一切都记在人民大众名下，而有些事其实都是贵族一手决定的。

确实，15 世纪出现了民族情感、民族语言、民族文化的萌芽。但这只是萌芽，只在一些边缘性的小事上有所体现。随着王权的加强，我们现在所知道的这些民族国家逐渐出现在了中世纪基督教世界。它们的形成丝毫无关民意。那时的人民并没有"自决权"，他们什么都没有。在他们周围形成的界限是一小部分人权力较量的结果。与其认为欧洲自古便形成了界限清晰的民族国家、人民从一开始就有了民族观念，倒不如想想封建时期欧洲的样子。封建的欧洲不过是属于贵族阶级的大富翁游戏，是贵族成员相互交易、竞技角逐的舞台。

我们总是将这一点忘在脑后，然而以家族名字来命名的朝代却一直在提醒着我们。我们在前面提到过葡萄牙王国的第一位国王阿方索伯爵。他的父亲其实来自勃艮第家族。我们还提到过安茹伯爵。13 世纪，承袭安茹伯爵的是法兰西国王的儿子。后来此人成为西西里国王，而西西里岛是诺尔曼领主早前从穆斯林手中夺来的。到了 14 世纪，他的后人又坐上了匈牙利、波兰的王位。

这个圈子里最具代表性的一个人是中世纪的传奇人物之一：阿基坦女公爵埃利诺。她出生于 1120 年前后。其祖父是威廉公爵（William Ⅸ），很喜欢资助文人、艺术家，自己也是一位行吟诗人。他在波尔多和普瓦提埃建了宫廷，埃利诺就在那里长大。在祖父的熏陶下，埃利诺一生都热爱音乐、诗歌，对自己的语言奥克语有很深的造诣。很快，她就嫁给了法兰西国王的儿子。在法兰西看来，富饶的阿基坦已经成为自己的囊中之物。然而这场婚姻并不幸福，特别是在十字军东征之后。当时，埃利诺的丈夫已经当上了国王，他们夫妇二人一同踏上了征程。我们不知道其间具体发生了什么，总之他们一回来，国王就提出了离婚。离婚后，埃利诺嫁给了不久就坐上英格兰王位的亨利·普朗塔热内。

就这样，埃利诺来到了王位纷争的中心。我们在上文提到这段历史时，讲述的是英法两国之间的较量。但实际上，这更是一场家族之间的战争。在领地归属的问题上，首先是亨利二世与自己的几个儿子产生了争执，其中包括著名的狮心王理查（Richard the Lionheart），后来发展为狮心王理查与法兰西国王菲利浦·奥古斯都一生的对抗。

狮心王理查！罗宾汉与艾凡赫忠心辅佐的英雄国王！英格兰哪一位国王能比他的名字更响亮？也许他的确是最有名的一位，但他一生在英国停留的时间加起来也不会超过六个月。他的母语是奥克语，去世时身在利穆赞，从小就与后来的死敌菲利浦·奥古斯都往来密切。有人甚至认为，他们二人早年是情人关系。

我小时候的历史教科书通常都会将 1214 年的布汶战役作为中世纪早期英法之战的辉煌代表。这次战役是菲利浦·奥古斯都的伟大胜利。书中写道，在距里尔不远的小镇布汶，法兰西国王迎击了两位反叛臣子组成的联盟。这两位叛贼一位是英格兰国王无地王约翰（John Lackland, 狮心王理查之弟），另一位是德意志皇帝奥托四世（Otto Ⅳ）。这仿佛是一战的预演。事实上，这次战争也是一个小圈子的纷争。这些人早就互相认识，彼此都非常了解。就连奥托四世也包括在内。他的父亲是巴伐利亚公爵，母亲是埃利诺的女儿。所以狮心王理查是他的舅舅。他从小在舅舅身边长大，二人关系非常好。狮心王理查想让奥托成为约克伯爵，后来又试图让他当上苏格兰国王，最后把普瓦图的爵位给了他。等到神圣罗马帝国选他做"罗马人之王"的时候，他才回到了日耳曼世界，迈出了走向帝位的第一步。

　　人们都说维多利亚女王是 19 世纪时"欧洲的祖母"，埃利诺也一样，她是 12 世纪的欧洲祖母。她的一个女儿嫁到西西里成了王后，丧夫后又嫁给了图卢兹伯爵。她还有一个孙女当上了卡斯蒂利亚王后。埃利诺晚年有一次出行就是去找她的这个孙女，回去时带走了一位小公主——卡斯蒂利亚的布朗什（Blanche of Castile）——后来的法兰西王后。旅途的奔波让年岁已高的埃利诺疲惫不堪，1204 年，她在普瓦提埃去世。临终前，她要求将自己埋葬在索米尔附近的丰特弗洛修道院。她那朝三暮四的丈夫亨利二世（逝于 1189 年）和儿子理查（逝于 1199 年）都长眠在此。她的儿媳无地王约翰之妻、英格兰王后昂古莱姆的伊莎贝拉（Isabella of Angoulême）后来也埋葬在这里。这个修道院值得一去。我们在离泰晤士河不远的温莎城堡开始了这一章，没想到结束时却来到了卢瓦尔河畔。（参见插图Ⅴ）

| 第五章 |
商人与城市

如果您在巴黎，想去很远的地方旅行却又不想花太多钱，那就去巴黎东站坐一个小时的火车去普罗万（Provins）吧。一眼看去，这个小城并没有什么特别。出了火车站就能见到的下城（Ville-Basse）颇像 20 世纪 50 年代的法国外省。如果再下点小雨，简直可以翻拍西默农（Simenon）的侦探小说了。要想看不一样的风景，那就得继续往前走，爬过山丘到上城（Ville-Haute）去。一下子您便来到了八九个世纪之前。教堂依然是这里的最高点，古城墙也还保留着不算短的一段，四处散落的房子也是中世纪遗留下来的。城中各处的小型教育展再现了这座城市在 12、13 世纪的辉煌。在那个时候，普罗万与相距不远的马恩河畔拉尼（Lagny-sur-Marne）、奥布河畔巴尔（Bar-sur-Aube）以及特鲁瓦（Troyes）有着香槟地区最有名的集市。

在那个遥远的年代，香槟地区还没有以美酒而闻名世界。但它有另一个优势——地理位置。它坐落在从佛兰德斯去往意大利北部的路上，而这两个地方是当时的两大生产中心和贸易中心。香槟地区的伯爵们于是有了每年组织几次商贸活动的想法。他们为商人们提供了很多便利条件，比如提供住宿和仓库、保障货物安全、维持良好的治安、维护公平正义、制定合理的交易规则等。后来还出台了具有合约性质的《集市操行》，各地的商人若想在受到骚扰或利益被侵犯时得到伯爵的保护，就要签署这份契约。各种珍稀佳品从水路、陆路纷至沓来。北边有波罗的海的鲱鱼、皮草、蜂蜜，佛兰德斯的布匹，南边则带来了意大利的物产，其中既包括从东方运来的丝绸、香料、香水，也有意大利北部自产的华美面料。集市的运行有一套完整的程序。首先由商人们展示自家的商品，即"开市"；然后是交易、结算；最后会组织一系列活动庆祝大家满载而归，即"闭市"。每项活动通常都会持续几周的时间。当地的伯爵会提前筹划，将一年的集会活动分散在不同时间段，涵盖四座城市，这就使商人们的收入能够更高。最有名的香槟地区伯爵因此得了一个绰号：大方亨利（Henry the Liberal, 1127-1181）。他参加了十字军东征，还赞助了文学艺术事业，是这一时期的一位重要人物。他的妻子是埃利诺的一个女儿，名叫法兰西的玛丽（Marie de France）。法国诗人克里廷·德·特罗亚（Chrétien de Troyes）的很多作品就是以她为灵感创作的。是的，中世纪是个小世界。

　　这些集市并没有持续很长时间。它们在 12 世纪末盛极一时，13 世纪中叶便走向了衰落。1230 年，圣哥达高地的山路修通了，从佛兰德斯去往意大利从此可以取道德国。1277 年，热那亚的战船又打通了从直布罗陀海峡经过的海上通道，由此，从大西洋也可以去往英格兰和佛兰德斯了。尽管如此，香槟省的辉煌岁月在历史上依然留下了深深的印记。直到今天，在英语世界，人们仍将金衡制盎司（troy ounce，缩写为 ozt）作为黄金的计量单位。一些纽约股民可能以为其中的 troy 一词是指希腊神话中的古城特洛伊，但实际上指的是今天法国香槟地区奥布省的城市特鲁瓦（Troyes）。从这里启程，我们将进入中世纪的另一个世界。我们已经见过了皇帝与教皇、修道士与修道院、骑士与国王的世界，现在不妨再去商人的世界看一看。他们的城市、他们的生活同样是中世纪浓墨重彩的一笔。

■ 从威尼斯到汉萨同盟

公元 1000 年，西方开始了转变。大环境更加和谐。乡村地区不断出现新技术、新工具。耕地的牛换成了马，套在马脖子上的夹板极大地增加了耕地的牵引力。三年轮作制取代了之前的两年轮作制，土地利用率更高了。森林、荒野纷纷变成农田。从 12 世纪开始，各地还建起了大大小小的风车磨坊。根据地域的不同，这些风车磨坊起到了磨面、榨油或排涝的作用。

人口也逐渐多了起来，他们离开村庄，涌入城市。这些人渐渐成为手工艺人。为了有更多的东西可以交换，他们的产量越来越大，这就带动了交通与贸易的繁荣发展，促进了资金的流动。

欧洲北部形成了以波罗的海和北海为中心的广阔商贸区。商人们会沿着海岸溯流而上，采买斯堪的纳维亚半岛的鲱鱼，最远甚至会到诺夫哥罗德（俄罗斯城市）去收购蜂蜜、木材、皮草等。这些货物最远可以卖到佛兰德斯或英格兰，同时商人们会从英格兰带走羊毛、波尔多葡萄酒等——此时的波尔多仍属于英格兰。在几个世纪的时间里，商人们在海岸边建起了小贸易站，或者在港口定居下来，形成了一个个街区。今天德国北部的吕贝克、基尔、维斯马，挪威的卑尔根，波兰的格但斯克/但泽，都是这样产生或发展起来的。13世纪，这些商人相互结盟，外出时以商队的形式结伴而行，商谈时也更加人多势众。后来，结盟不仅发生在邻里之间，而且跨越了城市。随着吕贝克与汉堡形成了第一个跨城联盟，由商人统治的城市纷纷组成商会，即"汉萨"。1346年，"汉萨"发展为强大的"汉萨同盟"，领导核心仍设在吕贝克。汉萨同盟的活动范围从伦敦一直到诺夫哥罗德，有自己的一套定价、法律和管理规定。很少有人敢与其对抗。就连掌控着波罗的海入海口的丹麦王国都不能不经汉萨同盟的允许擅自选立新王。

在欧洲的另一边，另一些城市也在蓬勃发展，威尼斯是其中最著名的一个。这是一座历史悠久的城市，据说是在蛮族大入侵的时候建成的。当时的蛮族骑兵无处不在，唯有沼泽是他们到不了的地方。一些人就在这里躲了起来，后来建成了威尼斯。尽管威尼斯与君士坦丁堡的关系非常淡薄，但这个地方从一开始就是东罗马帝国的附庸国，而且东罗马帝国使其成为联系东西方的天然纽带。著名的威尼斯兵工厂从12世纪初开始以疯狂的速度建造和修理船只，因此有了庞大的船队，成为世界贸易之都。今天威尼斯很多金碧辉煌的建筑其实最初都是商馆，也就是商人住宿、存放货物的地方。曾经的德国商馆（Fondaco dei Tedeschi）在 2016 年改为商场，曾经的土耳其商馆（Fondaco dei Turchi）如今已成为博物馆。意大利语中的"商馆"（fondaco）一词来自阿拉伯语 foundouk，是指穆斯林世界的沙漠旅行客栈。这个词便将我们引向了东方。跟着驼队走上几个星期，沿丝绸之路穿过中亚，我们便可以到达中国——或者印度。那是个遥远而奢华的世界。各种奇珍异宝——中国的丝绸和瓷器、遥远海岛的香料、印度的布匹和象牙、大马士革的香水和锦缎——最终都会登上威尼斯的码头。这些货物首先会抵达君士坦丁堡或叙利亚海岸，随后，穿梭于地中海东部和亚得里亚海的威尼斯商船会将其接走。威尼斯人在这些地方就像回到家一样：他们的商行遍布希腊岛屿，整个达尔马提亚的海岸几乎也都成为威尼斯人的世界。

　　威尼斯的对手并不多，它们就是比萨和热那亚。这两个地方同威尼斯一样富有、独立且盛气凌人，都有强大的海上力量，也都想争夺海上霸权。它们借助十字军东征巩固了各自在地中海的势力范围。热那亚的势力从地中海一直延伸到黑海。依附于东罗马帝国后，为取代威尼斯在地中海的地位，热那亚不断挑起纷争，使海上贸易充满危险。尽管今天已经很少有人提起，但这几座意大利城市曾经历了几十年惨无人道的疯狂海战。13 世纪，热那亚战胜比萨，只剩下了威尼斯一个对手。而比萨尽管在海上受挫，但仍与热那亚抗争了很长时间。

西方的贸易之所以能够蓬勃发展，是因为西方有东西可卖。那里有谷物、盐、葡萄酒，还有从矿山里提炼出的各种金属。佛兰德斯和意大利北部的布料也特别受欢迎。商业的崛起带来了货币的繁荣，这更使黄金成为热门。13 世纪，佛罗伦萨诞生了弗罗林金币，威尼斯用起了杜卡托金币。我们今天的一些经济手段正是在这里逐渐孕育出来的。比如为了避免金币被盗，远行的商人们带上了"汇票"，也就是支票的祖先。最早的银行也是这一时期出现的。"银行"一词来自 banca，是指伦巴第货币兑换商的工作台。如果货币兑换商破产或弄虚作假，人们就会砸了他的工作台，让他无法继续营业。在所有的欧洲语言中，倒闭、破产这个词都来自意大利语 banca rotta（被砸碎的工作台），如法语的 banqueroute、德语的 Bankrott、西班牙语的 bancarrota 等。货币业务从意大利流传到了佛兰德斯，这一事实在我们今天的词汇中也有所体现。法语 bourse、意大利语 borsa、德语 Börse、荷兰语 beurs 都有"证券交易所"的意思，而这些词可能都来源于布鲁日一位旅店老板范·德·比尔斯（Van der Buerse）的姓 Buerse。他的旅店开在一个大广场上，商人们都约在这里谈生意，他也因此成了富豪。

（参见插图Ⅵ）

■ 都市化的中世纪

本章伊始，我们从普罗万出发，经过了吕贝克、米兰、佛罗伦萨、布鲁日等城市。其实我们还可以绕个远路去其他的中世纪城市看一看。那些城市也保留着很多中世纪的遗迹，尽管有些经过了加工，比如法国的卡尔卡松（19世纪全部经过修复）、意大利的锡耶纳、英国的约克、德国的纽伦堡（二战后恢复了老城原貌）以及罗腾堡等。城市的出现，更准确地说应该是再现，是欧洲中世纪历史中非常重要的一点。

罗马时代就已经有很多城市了，但这些城市在蛮族大入侵时遭到了灭顶之灾。罗马的人口一度达到百万，在查理大帝时却只剩不到3万人，仿佛被打入冷宫的皇后。就连亚琛——皇宫所在地——也沦为小村落。公元9世纪，欧洲唯一能称得上是大都市的地方只剩下了安达卢西亚的穆斯林都城科尔多瓦。其他城市都成为受城堡保护的村落。

11世纪，人口的快速增长带来了城市的复苏。由于农村人口过多，很多人离开村庄来到人烟稀少的城市。当然，农民依然是欧洲人口的绝大多数，而且在19世纪末之前都是这样，但城市的扩张带来了翻天覆地的变化。

高大、宽敞、能够容纳很多人的哥特式大教堂无疑是这一时期最明显的变化。本书的目的在于指出欧洲有共同的历史，而哥特式教堂正是人们普遍能够意识到的例证。这种教堂遍布欧洲大陆：英国的林肯大教堂、法国的巴黎圣母院、奥地利维也纳的圣史蒂芬大教堂、捷克布拉格的圣维塔大教堂、苏格兰爱丁堡的圣吉尔斯大教堂、西班牙的布尔戈斯大教堂、瑞典的乌普萨拉大教堂、德国的科隆大教堂、意大利的米兰大教堂……哪个欧洲国家没有夸耀过自己教堂里的彩绘玻璃、教堂外的开阔广场？哪个欧洲国家没有赞美过高耸的塔楼、宏伟的中堂还有仿佛能够通向天堂的立柱？哪个游客看不出这样的建筑风格从出现到后来的三四个世纪都为整个欧洲所共有？哥特式建筑唯一的问题就是人们将哥特这个名字一直延续了下来。法兰西岛的工匠最早将交叉穹隆、拱扶垛等出现在其他地方的建筑元素结合了起来，造出了既高大又灵巧的建筑，形成了这种美学风格。采用这种风格的第一座教堂是法国的桑斯大教堂。后来，应法兰西国王路易七世的重要谋士、修道院院长叙热（Suger）的要求，又建成了圣丹尼修道院附属教堂。1144 年 6 月，这座教堂举行了祝圣仪式，成为圣地。国王的妻子埃利诺参加了这个仪式。是的，依然是那位埃利诺，欧洲历史无法回避的女人。这种建筑风格很快便征服了整个基督教世界，在不断发展的过程中一直风靡到 16 世纪。由于最早出现在法兰西岛，当时的人便称其为法兰西岛式作品（francigenum opus）。"哥特"一词是文艺复兴时期才出现的。那时，意大利艺术家不喜欢这种风格，想要另辟蹊径。因此他们便想出了一个主意，那就是将法兰西岛的风格归为哥特人、日耳曼人的风格。这些人都是蛮族，是"黑暗时代"的象征，他们的风格当然也就是"黑暗"的了。哥特式建筑明明对光情有独钟，"哥特"之名倒是弥补了它的不足。

　　城市的繁荣发展也有政治因素的作用，人们很少想到这一点，我却要强调它。中世纪城市的历史颇有些自由的意味在其中。

■ 公社时期

　　封建秩序诞生在由封建主、城堡和农民组成的农业世界。这个世界让城市中的新族群感到格格不入。渐渐地，为了保护或发展自己的手工业或商业，城镇居民联合起来，要求他们所依附的封建主或君主将他们与农民区别开来，给予他们一些特权，允许他们不再缴纳向农民征收的各项费用。为了得到重视，他们聚在一起达成了属于"公众"（commun）的协定——"公社"（commune）一词正是来源于此。

　　这一现象发生于 11 至 13 世纪，法国历史学家称为"公社运动"。事实上，公社运动涉及整个西方世界。由于各地的权力构成方式不同，公社运动的形式也不同。这些运动成为欧洲历史的一部分。

　　意大利半岛的北部属于神圣罗马帝国，但离皇帝很远，另外皇帝还受到教皇的牵制。于是，这一地区的城市就巧妙地利用了二者之间的竞争关系，逐渐从二者手中摆脱出来。这个过程充满了危险。1162 年，米兰因拒绝向帝国缴纳税金惹怒了腓特烈一世，整个城市成为废墟。然而这一地区的其他城市却没有乱作一团。它们在罗马教会的支持下形成了伦巴第联盟。这个联盟的力量十分强大，1176 年击退了神圣罗马帝国的军队。20 世纪末，意大利出现了一个想要把意大利北部独立出去的大型民权运动。他们不仅沿用了"联盟"一词，给自己取名为"北方联盟"，而且还把年度会议的地点定在了伦巴第联盟最初创立时所在的城市蓬蒂达。

13 世纪，教皇与皇帝的对抗引发了内战。意大利北部的所有大城市都爆发了教皇派与皇帝派的冲突。但这场冲突却为这些城市带来了自由，它们基本上彻底挣脱了两种权力的束缚。佛罗伦萨、曼图亚、费拉拉、热那亚以及米兰所建立起来的政治制度大相径庭。其政权有的由大封建主掌握，有的由贵族议会掌握，有的已经相当民主。事实上，这些地方都已经独立了。

与意大利北部相反，在日耳曼人控制的地方，另一些城市反而借助皇帝之力与当地的封建主（通常是有侯爵封号的主教）抗争，成为"帝国自由城"。法国的贝藏松、梅斯、牟罗兹、汉萨同盟的核心城市德国吕贝克、纽伦堡等都在此列。

同样是在国王的帮助下，法兰西——以及英格兰——最早的公社从封建主手中获得了特许权，从此受到保护，可以按规定开展生产生活、进行行政管理。而国王也借助这些城市的力量巩固了自己的行政和司法，使城市成为其政权中的一环。

有时，国王与公社也会出现冲突。13世纪，在佛兰德斯二者就产生了分歧。按照封建秩序，此地是附庸在法兰西王国之下的伯爵国。但这里的繁荣发展靠的是纺织，而纺织所用的羊毛都来自英格兰。这让人们分成了两派。伯爵要依靠纺织工人，所以他站在纺织工人这一边，希望与英格兰自由通商。贵族们站在法兰西国王这一边，不同意这样做。13世纪末，法兰西国王美男子腓力提出对英格兰商品征收进口税，冲突便爆发了。遭到残酷镇压的城市起义很快发展为一场公开的战争。法兰西国王由此知道了与人民对抗会付出多么大的代价。1302年7月11日，手持长矛的佛兰芒公社武装在科尔特赖克大败狂傲的法兰西骑兵。19世纪，人们将这场战役命名为"金马刺之战"，因为佛兰芒人在地上捡到了许多被法国骑兵丢在地上的金马刺，总量之大甚至足够把战场附近的一座教堂装饰一新。今天，比利时的佛兰芒人依然在纪念这场战役，7月11日也成了官方纪念日。

■ 东扩运动

最后，我们来谈谈人口的大繁荣如何改变了欧洲部分地区的人文地理。事实上，东扩运动就是人口增长所导致的。西方人大多不知道这件事。多数德国人、波兰人、波罗的海人宁愿忘掉这段历史。始于中世纪的东扩运动在 20 世纪的血与泪中刚刚画上了句号，它在人们心中留下的伤疤至今还没有平复。

我们在前面提到过一座有着双重名字的城市：格但斯克 / 但泽。这两种叫法会让欧洲人在脑海中浮现出完全不同的画面。在人们的印象中，但泽是"波兰走廊"尽头通向波罗的海的那个港口，是希特勒不惜一切代价都要得到的地方，1939 年二战正是因此爆发。格但斯克则会让人想起一家家的造船厂，想起瓦文萨（Wałęsa）在 20 世纪七八十年代创立的波兰团结工会。然而这两个名字所指的却是同一座城市，一个是波兰语的叫法，一个是德语的叫法。几百年间，这座城市同整个欧洲东北部一样，被两个世界拉来扯去、战乱不宁。

日耳曼人自 12 世纪起在这个地区定居下来，这在一定程度上是出于经济原因——当时在波罗的海沿岸做生意的工匠、水手和商人许多都来自德意志。宗教也在其中起到了一定的作用。波罗的海附近的广阔大地上当时还没有统一的宗教，而此地恰好就在东正教世界旁边。教廷看到了扩张的机会。13 世纪初，罗马教廷提出对波罗的海地区发起"十字军北征"，把这里的小羊带到上帝身边。这项任务很快就被交给了宗教军事机构，其中包括创建于巴勒斯坦的条顿骑士团。在这些修道的战士看来，传福音基本等同于种族净化。他们以极其野蛮的方式攻打了当地的部落。普鲁士人最为不幸，几乎被赶尽杀绝。大获全胜的刽子手们在这片土地上创立了一个神权国家，称其为普鲁士——真是徒有其名。就这样，骑士成了普鲁士的统治者，建于 1226 年的城市格尼斯堡成为首都。今天，格尼斯堡改名为加里宁格勒，是俄罗斯的领土。

在波兰北部、波罗的海地区、神圣罗马帝国东部，凡是荒无人烟、需要开垦、耕种、建立村落的地方，都有德意志人的身影。就这样，直到 20 世纪，多种语言并存、多民族聚居成为东欧大部分地区的共同特点。这一局面在二战的血泊中结束了，上千万德意志人为了躲避国内惨无人道的恐怖大兵离开了他们居住了几个世纪的家园。经过漫长的岁月，德意志民族从庞大变为所剩无几。12 世纪，匈牙利国王曾让一些撒克逊农民迁至王国最东边的特兰西瓦尼亚地区定居。1918 年，该地区成为罗马尼亚的一个省，至今那里还生活着撒克逊人的后裔。2014 年当选罗马尼亚共和国总统的克劳斯·约翰尼斯（Klaus Iohannis）就是其中之一。听起来，他讲的德语同德国人没有什么不同。

| 第六章 |
中世纪的光明与黑暗

我从马德里出发，经过阿维拉，黄昏时终于到达了萨拉曼卡。泛着紫红色的蓝天映衬着宏伟的赭色大教堂，美得令人惊叹。随后，我当然去了著名的马约尔广场（Plaza Mayor），那是18世纪的明珠。广场的四周是卡斯蒂利亚式的建筑，建筑的底层是游廊，顺着游廊可以绕广场一周，很是凉爽。第二天一早，我终于可以探索真正让我感兴趣的东西了，这座城市也正是因此而闻名，那便是这里的学校。对于西班牙人来说，萨拉曼卡如同英国的牛津、葡萄牙的科英布拉、德国的海德堡，是一流的大学之城。这里的大学始建于1218年，到今天已经有八百多年的历史了。

当年的建筑都已不复存在，但我依然怀着激动的心情参观了一间老教室。那是文艺复兴时期著名神学家、法学家弗朗西斯科·德·维多利亚（Francisco de Vitoria）讲课的地方，查理五世本尊曾坐在这间教室里听他上课。我看到了"传声筒"——一种由托架支着的圆锥状的东西——老师的声音就是靠它传到教室里的每个角落。离开教室，我和每一位游客一样在外墙前放慢了脚步，试图在墙上众多的雕刻中找到一只小小的石蛙。当年的学子似乎都相信，能够找到石蛙就预示着这一年的学业一定会取得成功。我还仔细观察了周围的墙壁，看看是否还有红色的铭文留下来：过去有一个传统，优秀的学子为庆祝自己毕业都会蘸着公牛的血在墙上写下象征胜利的"V"并签上姓名。的确，我刚刚所看到的一切——教室、建筑、外墙、石蛙、公牛血——都新得很，最早也不过 16 世纪，但它们却保存着历史的灵魂。这便足以让我们去探寻中世纪的又一件大事：大学的诞生。

■ 求知若渴

萨拉曼卡大学建于 13 世纪初，是欧洲最古老的大学之一。根据排名方式的不同，它有时排在第三，有时排在第五。排在第一的是博洛尼亚大学，它在 11 世纪末首创了大学这种机构。在此之前，学知识都要到修道院去。"高层次"的"教堂学校"由主教负责，主要作用在于为各教区培养后备神职人员。1088 年，博洛尼亚的一些学生实在无法忍受这种平庸的教育，便凑钱请来了一些高水平的教师，与当地的教会力量脱离开来。他们像商人一样，组建了由教师和学生构成的"行会"，大学由此诞生。12 世纪中叶，皇帝肯定了大学的地位。很快，各地便都出现了类似的机构，如 13 世纪的牛津、巴黎、剑桥、帕多瓦、那不勒斯、图卢兹、蒙彼利埃、科英布拉，14 世纪的布拉格、维也纳、海德堡、克拉科夫等。

大学从创建之初便是独立于当地政权的。这样的需求可能是自下而上的，比如博洛尼亚这种情况，但实际上往往是自上而下的，皇帝、教皇、国王都曾提出过这种要求。大部分大学都有自己的专长：萨勒诺大学以医学闻名，蒙彼利埃大学强于医学和法律，博洛尼亚大学也擅长法律，巴黎大学则专攻神学。起初，课程有的分散在城市各处，有的集中在特定的地点。渐渐地，一切都走上了正轨。许多学生加入了城市中新出现的宗教团体托钵修会，分为方济各会与多明我会两个派别。这些学生便住在各自的修道院里。其余的学生住在"学院"，在那里睡觉、吃饭，后来也在那里上课。1257 年，法兰西国王路易九世的朋友，即罗伯特·德·索邦神父（Robert de Sorbon）创立了一所学院，最终得名索邦大学，是最著名的学院之一。

各地的学生都分为很多"族群"，一般是按照家乡或语言来划分的。今天瑞典、芬兰的老学校仍然有这样的传统。美国大学的"兄弟会"（fraternity）、"姐妹会"（sorority），法国的各种协会（assoce 或 corpo），德国的大学生联谊会（Studentenverbindungen）都是由此而来。

各个族群的凝聚力显然来自对本族群的归属感，当然这也意味着对其他族群的排斥。他们之间经常会发生对抗，族群间的关系由此得到调整。尽管如此，族群的划分与如今的国界划分并没有什么关系。在巴黎大学，"法兰西族群"既包括布尔日、桑斯、图尔、兰斯、里昂等地的人，也包括日内瓦人以及巴塞尔人。如今荷兰的学子在当时要归入"皮卡第族群"。14 世纪，维也纳大学的族群是这样划分的："意大利人属于奥地利族群，斯拉夫人属于匈牙利族群，法兰西人属于莱茵河族群，所有的斯堪的纳维亚人和英国人都属于撒克逊族群。"[1] 由此我们也可以看出，早在六百年至八百年前，欧洲学生就已经开始在本国之外的学校学习了。

中世纪的大学和今天不一样，它们并不属于各个国家，也不是由政府部门来管理的。所有的学校都在教会（教皇）的监管之下，共同组成了一个欧洲教育网。无论在何处，学校里讲的都是拉丁语——这个如今被我们忽视的美丽语言促进了教育的统一。各地的学校所采用的课程体系都是一样的。首先是通识教育，学生要学习从古代传承下来的七门课程。前三门为文法、修辞学、辩证法，旨在提高表达能力和思维能力。后四门为算术、音乐、几何学、天文学，目的是让学生掌握数字科学。在完成了这些基础教育之后，学生开始学习专业课程。法律、医学、神学是最主要的三个专业。

学生可以申请的学位包括学士、硕士和博士。读完博士学位需要十年到十二年，这需要很大的勇气。获得硕士学位的人就有资格任教，或者也可以通过考取教学执照的方式成为教师。教学执照和其他证书一样，都是由罗马教会管理和发放的，不受报考学校的限制。一些传统名校的教师甚至不需重新参加考试就可以到任何学校任教。这个特权起初仅限于几所古校，后来逐渐放宽了条件。中世纪的学生通常都在外地接受高等教育。他们之所

---

[1]　摘自 Julien Benda, *Discours à la nation européenne*。

以远走异乡，有的是为了追随名师，有的是想学习不被本地允许的学科。教师们也四处讲学。就这样，中世纪的大学构建了一个庞大的运转系统，让欧洲人能够尽情地学习知识，促进了知识的传播。

■ 经院哲学时期

人们常常认为中世纪是一个黑暗闭塞的时期，百姓愚钝蒙昧，修道士狂热无知，直到启蒙运动的出现才终于有了光明。然而对于专门研究中世纪的学者来说，没有什么比这样的偏见更令人发指了。事实上，中世纪也有自己的光明。我们在第二章提到过"加洛林文艺复兴"。自从美国的一位历史学家[1]在20世纪20年代提出这种说法，学者们便也学着他说起了"12世纪的文艺复兴"。这一时期一方面碰撞出很多思想的火花，另一方面也产生了一些被后世不断诟病的观点。有一个词能够很好地将这两方面概括在一起，那便是"经院哲学"。今天看来，人们总是在批判它的时候才会称其为"经院哲学"，伊拉斯谟、路德以及笔调很是辛辣的拉伯雷都是这样做的。这些人生活在人文主义诞生的时代，对于他们来说，经院哲学是腐朽的、僵化的、过时的，是一群老态龙钟

---

[1]　查尔斯·霍默·哈斯金斯（Charles Homer Haskins, 1870-1937）。

的教师用不严谨的拉丁语颠来倒去地讲些没用的知识，是原地踏步又没完没了的神学辩论。经院哲学到 16 世纪已经走到了尽头，被新一代学者嗤之以鼻也属正常。但它辉煌时的样子我们又怎能忘记呢？

从词源来看，经院哲学严格来讲是指教堂学校所采用的教学方法，后来发展为大学的教学方法。其引申义也包括当时的教学内容，特别是在各个学科中地位最高、在这一阶段获得了极大发展的神学。当时的欧洲充满了对知识的渴求，人们想了解一切、探索一切，这就使信仰与理性的冲突成为当时的一个大问题。如果违背了教条，那么我还能继续研究吗？我是否可以研读古代哲学家的著作，尽管他们并不是基督徒？究竟祷告和思考哪一个更能让我接近上帝？从 12 世纪到 14 世纪，先是在修道院里，后来在教育机构里，学者们从各个角度对这些问题进行了反复讨论，他们通过书面和口头的方式不断交流，时而主动出击，驳斥他人的观点；时而奋起防守，论证自己的见解，这几乎算得上是第一场欧洲大辩论了。这场辩论没有任何遮遮掩掩，一切都是公开的，言辞也非常激烈。在经院哲学的教学方法中，既有阅读课，由教师领着学生一句一句地研读文本，也有辩论课，由学生对某一问题进行辩论，然后由教师得出最终结论。在争论最激烈的时候，教师们会在城市的广场上公开授课，任凭各个层次的听众提问。在 12、13 世纪，这种方法带来了一些精彩的辩论，几位重要的思想家从中脱颖而出。

神学新思想的开创者是坎特伯雷的安塞姆（Anselm of Canterbury, 1033–1109），他出生在奥斯塔（意大利），是本笃会修士，起先在诺曼底的贝克修道院学习、从教，后来成为坎特伯雷的大主教。他是第一个提出先有信仰、后有理性的人："我并不是理解了才能相信，而是相信了才能理解。"他的一位弟子欧坦的奥诺里于斯（Honorius of Autun）后来定居在雷根斯堡（德国）附近的一座修道院，他说过一句至今听来都非常经典的话："人类的流放之地叫无知，他们的家乡叫科学。"

在之后的一代人中出现了著名的阿伯拉（Abelard, 1079–1142）。他之所以有名，很大程度是因为他有非常不幸的遭遇。当时，他与他的一个学生埃洛伊兹（Héloïse）坠入了爱河，学生的叔叔非常愤怒，便派手下人将他阉割了。事实上，阿伯拉也是 12 世纪最伟大的思想家之一。他参加了当时知识分子的所有辩论，最著名的是古希腊哲学家都没有讨论出结果的"共相之争"。具体的辩论过程有些复杂，我们暂且略过 [1]，但阿伯拉在这个过程中展现出了自己的辩论天赋，成为一部分青年人的偶像。他的思想非

---

[1] 大体是这样的："共相"是万事万物的普遍性概念。例如所有的人都属于"人类"这个一般概念，所有的猫都属于"猫科动物"这个一般概念。但这些一般概念是否确实存在于某个地方，我看到的每一个人、每一只猫是否都只是它的一种表现、一个影子（此为实在论的观点）？还是说我看到的每一个人、每一只猫都是确实的个体，他们所属的一般概念只是一个标签、一个名字（此为唯名论的观点）？阿伯拉认为自己找到了一种折中的观点。

常自由，这是中世纪所少有的。他所提出的道德观念引发了思想上的大变革。他最先指出不应把行为作为唯一的评判依据，而应更加关注行为背后的意图。"意图的道义性"在现代法律体系中具有核心地位。阿伯拉甚至在一本书里研究了不同教皇对某些教义的解读存在哪些矛盾之处，这实际上是对宗教根本的批判。所有这些观点都太过离经叛道，其结果必然是令阿伯拉坠入深渊。克莱尔沃的圣伯纳德关注着这一切。他认为阿伯拉亵渎了宗教（可能也讨厌他抢了自己的风头）。他在二十年间前后两次召开主教会议，唯一的目的就是让这个无耻之徒闭上嘴巴。在 1140 年的桑斯会议上，阿伯拉连辩解的机会都没有，就被逐出了教会。他生命最后的日子是在克吕尼修道院度过的。那里的修道院院长是他的老朋友，也是少数几个仍不放弃他的人之一。

■ 从雅典到巴格达，再到耶路撒冷

12 世纪末、13 世纪初，关于信仰与理性的大讨论再度兴起，激烈程度有增无减，其原因是亚里士多德的著作在这一时期全部从阿拉伯语翻译过来，进入了西方世界。这导致了新的狂潮、新的对抗。到底该怎么做？从这个不曾受到神的感召的人身上，真的能学到各门各类的知识吗？面对《圣经》的真理，应该将亚里士多德的学说摆在什么位置？在我们的印象中，教会总是很教条的，但这一次，教会犹豫不决，迟迟没有表明立场。托马斯·阿奎纳（Thomas Aquinas, 1225-1274）帮教会做出了决定，他把所有敞开的大门又重新关上了。托马斯·阿奎纳也是欧洲的一位重要人物。他出生在意大利南部的一个贵族家庭，就读于蒙特卡西诺修道院。令他父母懊恼的是，他加入了多明我会——西班牙贵族圣多明我刚刚创立不久的派别。随后他前往巴黎继续学习，后来又去了科隆追随自己的德国老师大阿尔伯特（Albert le Grand, 1193-1280）。学成后，他回到巴黎大学任教，并在那里完成了著作《神学大全》。这本书总结了两个世纪以来的所有思想。托马斯·阿奎纳承认了理性的伟大，但又将信仰置于理性之上，从而解决了理性与信仰的冲突问题。他说，哲学应当是神学的仆从。人们都说他"让雅典与耶路撒冷握手言和了"。

与他同时代的另一些人则在探寻其他的道路。人们对知识的渴望并不仅限于神学领域。方济各会的罗杰·培根（Roger Bacon, 1214-1294）毕业于哈佛大学，也曾在巴黎大学任教，后来又回到了哈佛。他在科学的各个领域都很有建树，如光学、天文学、数学等。他还尝试了当时非常热门的炼金术。他的见识和创造力为他赢得了"奇异博士"的美名。他最早倡导了实验法，被认为是自然科学的先驱。他曾写道："任何话语都不足为信，一切都要靠实验来证实。"在教义为上的时代，他的这种思想是很难被世人所接受的。培根被囚禁了很多年，他的文章遭到查禁，他的成就在多年后才得到认可。培根之所以会有那么多的灵感,一方面是因为他一度不再阅读拉丁语书籍,而开始学习"智慧语言",即做学问必不可少的希伯来语、阿拉伯语、希腊语以及迦勒底语;另一方面是因为他所有的方法都受到了学者阿尔哈曾(Alhazen, 965-1039)的启发。阿尔哈曾生于巴士拉(今伊拉克),逝于开罗,是东方文明的杰出代表。

中世纪的东西方文明存在明显的差距:当西方终于踏上求知之路的时候,其他的文明已经在这条路上走了很久、很远了,这一点我们始终不应忘记。从公元后的前几个世纪开始,中国人就已经发明出了改变人类历史进程的指南针、造纸术、印刷术以及后来的火药,这是他们的骄傲。印度人则擅长数学。公元8世纪,阿拉伯人攻入罗马帝国,他们逐渐将所有知识融入他们所推崇的希腊文化。在阿拔斯王朝统治时期(公元8世纪至13世纪),阿拉伯穆斯林世界的思想和科学获得了极大的发展。他们在那个时候就一手拿着《古兰经》、一手拿着亚里士多德的著作,开始了关于信仰和理性的哲学讨论,这比西方早了几个世纪。此外,他们在天文学、光学、医学、数学领域也取得了诸多成果。所有这些知识都在阿拉伯世界从一个图书馆传播到另一个图书馆,最终普及到穆斯林世界的边缘地区,为西方世界创造了学习的机会。

西西里岛便是其中的一个地区。诺曼骑士从穆斯林手中夺取了这片土地之后,在1130年建立了西西里王国,很快便有一些阿拉伯学者来到这里工作。随着收复失地运动的开展，西班牙更是成为北方基督徒获取知识的重要阵地。尽管城市沦陷了，但图书馆里的珍贵手稿却没有完全沦陷。例如，在1085年，托莱多被基督徒占领。但从12世纪中叶开始，在卡斯蒂利亚国王阿方索十世（Alfonso X, 1221–1284）等明君的领导下，这座城市成为基督徒、穆斯林、犹太学者的研究中心，他们将一部部著作从阿拉伯语翻译为拉丁语，对知识与技术的传播做出了非常了不起的贡献。

哲学便是他们传播的内容之一。我们已经讲过，由于亚里士多德的著作进入西方，经院哲学的地位在13世纪时受到了极大的影响。在这件事里，波斯人阿维森纳（Avicenna, 980–1037）对亚里士多德的学说进行的研究以及科尔多瓦人伊本·路世德（Ibn Rushd, 1126–1198）的诠释发挥了相当大的作用。伊本·路世德的影响尤其大，以致巴黎大学曾经开设过一门名叫"伊本·路世德学说"的课程。自然科学也是这样传播到西方的。西方人从阿拉伯学者那里学来了所有的医学知识，当然还有数学。不过从今往后再也别拿"阿拉伯数字"来举例了。"阿拉伯"数字之所以得名是因为在公元1000年左右，人们在伊比利亚半岛上向阿拉伯人学来了这些数字，但它们实际上是印度人发明的。阿拉伯人的数学成就更多地体现在代数领域。代数学这个概念源自一本书。这本书的书名包含有 al jabr 两个词，字面意思为"简化"，西方语言根据这两个词造出了代数一词（如英语 algebra，法语 algèbre）。该书成书于公元 820 年左右，作者是出生于今乌兹别克斯坦、逝世于巴格达的数学天才阿尔·花剌子模（Al-Khwarizmi）。他的名字在中世纪以拉丁文的形式传入西方，也融入了西方语言，今天英语中的 algorithm、法语中的 algorithme（算法）就是由他的名字演变而来的。没错，时隔千年，如今这个现代信息技术的重要工具、搜索引擎完成所有工作所要使用的计算系统——算法——竟与这位波斯学者、阿拉伯穆斯林世界的数学天才有直接的关系。（参见插图Ⅶ）

■ 异教徒时代

12、13 世纪并不是启蒙运动的预演。启蒙运动的根本特征在于具有摆脱宗教思想的能力，但在中世纪，宗教思想总是凌驾在所有思想之上。我们已经看到，不当的言论可能会招来严格的惩治。教会有的时候很封闭，有的时候又会出现各种思潮，而其中一些观念，比如接近上帝以求与上帝契合为一体的神秘主义，是与经院哲学的观念截然对立的。我们在前文提到的圣伯纳德——曾向阿伯拉开战的那一位——认为，爱上帝的唯一办法是祈祷，而不是自以为是地思考。13 世纪末，连大学都退缩了。包括巴黎大学校长在内的多位大学校长都曾出手扼制已经出格了的辩论。但是，我们不应因此就将此前畅所欲言、百家争鸣的盛大景象统统忘记。我们在前文刚刚对此进行了回顾，改变了中世纪在我们印象中的形象。然而中世纪的确也有黑暗、冰冷的一面，在本章的最后，我们认为有必要将另外的一面也如实地呈现出来。

基督教世界对所有"不符合要求"的小教派开展了大规模的清除行动。以清洁派为例，这个教派曾盛行于今法国南部，敢于揭露教士的恶行，提倡守贫、守斋，后来遭到了基督教会的残酷镇压。再如13世纪初，正当各地开始兴办大学的时候，教皇下令讨伐主要活跃在阿尔比地区的"阿尔比派"，目的是将其彻底铲除。一位骑士首领在攻占贝济埃前下达了一道命令，这道命令可以很好地概括当时的情形："格杀勿论。上帝自会分辨出哪些是自己的信徒。"这句话是在事情发生很长时间后才被人引用的，因此可能有杜撰的成分，但它与当时的思想是一致的。为了将骑士们的工作进一步完善、继续抓捕异教徒，教会决定创立一个专门的司法机构，并准许其在调查、审讯的过程中想抓谁就抓谁、想抓多少人就抓多少人。这个机构便是令人闻之色变的宗教裁判所。宗教裁判所的工作由多明我会负责。多明我会又叫布道兄弟会，此时刚创立不久，创始人是西班牙贵族多明我·古斯曼（Dominique Guzman）。多明我·古斯曼之所以有名，是因为他坚持多年劝说清洁派教徒改信基督，但他的方式都是非常缓和的。托马斯·阿奎纳生前也是多明我会的信徒，不知道他又会对宗教裁判所作何感想。

解决清洁派的问题并非一件易事。1215 年，在第四次拉特朗大公会议上，人们讨论这个问题用了很多时间。这次会议还产生了其他决定，其中包括犹太人和穆斯林必须在衣服上做特殊标记，以区别于高尚的基督徒。从此之后，犹太人的衣服上就都缝上了一个小圆环，这可以说是后来的黄色六角星的祖先了。也就是说，正当知识分子崛起之时，中世纪版的种族隔离登上了历史舞台。

对于犹太人来说，日子变得难过起来。我们已经提到，即将奔赴第一次十字军东征（1095–1096）的狂热分子在莱茵河畔大肆残杀了犹太人，这是最早的大屠杀。在此之后，民间反犹太教的情绪也越来越高涨。1144 年复活节前后，在诺维奇（英国）发生了第一起关于宗教仪式的指控案件。有人控告犹太人谋害了一名儿童，其目的是要用他的鲜血举行见不得人的宗教仪式。下层人民的仇恨当然与上层的政策脱不了干系。除了在服装上要有所区别外，犹太人还受到了诸多限制。许多行业都将他们拒之门外，留给他们的空间小之又小，很多人只能做些借贷生意，因为基督徒是不可以以此谋生的。1242 年，人们围绕犹太教展开了公开论战，犹太教教士勇敢地为自己辩护，而基督教会却认为犹太教"有所冒犯"。最终，人们在巴黎烧毁了犹太教法典《塔木德经》。从13 世纪末开始，英格兰、法兰西、神圣罗马帝国纷纷发布了驱逐令，犹太群体一个接一个地被迫离开了生活了几个世纪的家园。

对于西欧的犹太人来说，这还不是最糟糕的。1348 年，欧洲暴发了"黑死病"，人们都说是犹太人在井里下了毒。只有教皇和几位贵族试图保护他们，但人们对他们的话充耳不闻。这时，一位大公伸出了援手。波兰国王卡齐米日三世（Casimir Ⅲ, 1309–1370，1333–1370 年在位）决定接纳这些流离失所的犹太人，让他们在波兰南部定居下来。这位国王是一位伟大的开创者，克拉科夫大学也是他创立的。波兰人提到他时总说："他接手波兰时，波兰还是块木头；从他手中离开时，波拉已成为坚石。"人们用他的名字卡齐米日命名了一座小城，后来改建为克拉科夫的一个街区。16 世纪开始，许多犹太人在那里定居，卡齐米日从此成为波兰犹太人的聚居地。我曾在本世纪初去过那里。那时，整个街区依然满目疮痍，还没有从二战的创伤中恢复过来。那里的一个犹太人区曾是纳粹关押囚犯的地方。同所有的犹太人区一样，成千上万的可怜人进了那里便失去了生的希望。今天，整个街区似乎已经得到了重建，到处都是时尚的餐厅、热闹的酒吧。和波兰其他地方一样，这里大概也喝得到上好的啤酒。那么就让我们点一杯皮亚斯特（Piast）吧。这个品牌借用了皮亚斯特王朝的名字，卡齐米日三世正是这个王朝最后一个国王。让我们举杯，向他致敬！

| 第七章 |

巡回闹剧

费奥多西亚是克里米亚的一座城市，位于黑海沿岸。2014 年，为把克里米亚半岛并入国土之内，俄罗斯派兵包围了费奥多西亚的军事基地（当时还属于乌克兰），这个地方由此受到了媒体的关注。网络上至今还流传着当时拍摄的一段采访。画面上的军官十分慌张，不知道是该奋起反击、按兵不动还是缴械投降。可以想见，要降服这样的敌人，俄罗斯人一定不必像 670 年前一样借助致命性武器了。

1346 年，费奥多西亚港口还被叫作卡法（Caffa），是热那亚的领地，建有热那亚人的商行。这一年，从 13 世纪起就掌控了整个亚洲的蒙古人从远东赶来，将卡法团团围住。他们的队伍里隐藏着一个可怕的敌人：瘟疫。有一种说法认为，这种病是从中国带过来的。望着近在眼前的卡法城，蒙古人想出了一个主意，他们把染病的尸体当作炮弹从城墙上投了过去。在短短几周的时间内，卡法内外尸横遍野，战争已经没有任何意义了。交战各方签署了休战协议，热那亚商船恢复了海上贸易。只是，可怕的瘟疫也随着病人和老鼠扩散开来，君士坦丁堡、比萨、墨西拿、热那亚、马赛，凡是有热那亚人停泊的港口都出现了疫情。

历史上真的出现过人肉炮弹吗？一些历史学家认为，这可能只是流传了几个世纪的市井传说，因为几只从墙洞里钻过去的老鼠就足以把病毒传播过去了。不过这都不影响最终的结果。几个月后，中东、北非、欧洲都遭了殃，谁也无法抵御这种疾病。上一次大规模瘟疫还是公元 6 世纪的时候。从那以后，尽管欧洲不时会有战乱、饥荒，各种灾难接连不断，但这一次是人们始料未及的。1347 年至 1348 年，瘟疫使人口减少了三分之一至一半。死亡笼罩着一座座空城，乡村变成了荒地。直到几个世纪后，这些地区才从瘟疫的浩劫中恢复过来。

我们已经提到，这次疫情（当时叫作"大瘟疫"，后来被称为"黑死病"）不仅发生在欧洲。它从遥远的亚洲传来，北非和中东都未能幸免。在西方的历史上，黑死病有重要的意义。它是一个转折点。从此，西方世界便沉浸在一种世界末日的气氛中。神秘主义逐渐占了上风。艺术家开始对死亡着迷。死神之舞风靡一时。鞭挞派的教徒们集体走上街头，用鞭子抽打着自己以求赎罪。"时代之不幸"成为 14 世纪文学的一大主题，甚至到 15 世纪偶尔还能看到这样的字眼。事实上，西方遭遇的不幸远不止这些。

■ 阿维尼翁、康斯坦茨、罗马

说到第一个不幸，我们得去阿维尼翁看一看。这座城市在今天法国的普罗旺斯。1309 年，强大的法兰西国王美男子腓力将教皇安置在这里便于掌控。当时的阿维尼翁虽然还属于神圣罗马帝国，但它与法兰西只隔着一条罗纳河。随后的教皇大多都是法兰西人，他们在阿维尼翁建起了豪华的宫殿。这座宫殿现在依然对游客开放。从 1947 年起，闻名遐迩的阿维尼翁戏剧节就在这里举办。红衣主教也有自己的宫殿。高级神职人员都过起了骄奢淫逸的日子，这对教会可没有任何好处。许多基督徒对这种奢华之风深恶痛绝。他们认为，既然教皇都声称自己是圣彼得的传人，那么就不应该将圣彼得的殉难地弃之不顾。于是，神秘主义者纷纷登场。瑞典的彼利日大（Bridget of Sweden, 1302–1373）、锡耶纳的凯瑟琳（Catherine of Siena, 1347–1380）先后蒙召，她们都称上帝要求回到罗马去。1367 年，当时的教皇开始了尝试。然而此时的意大利并不平静，几个大家族为了争夺领地正兵戈相向，教皇无功而返。在他之后，又一位教皇上路了，但他刚到罗马便与世长辞。于是，罗马的红衣主教选出了新教皇，而不想离开阿维尼翁的另一些红衣主教也选出了新教皇，这样就产生了两位教皇。这还不算多，后来还有过三位教皇共存的时候。几十年间，这场纷争不仅没人出来平息，反而愈演愈烈。宗教之争体现出了欧洲强权之间的地缘政治之争。各个王国都支持着自己的教皇，而教皇不过是他们斗争的傀儡。这场斗争使基督教世界受到重创，后世将其称为"西方教会大分裂"（1378–1417）。要结束这个局面，就必须得召开大公会议了。会议在康斯坦茨召开（1414–1418），神圣罗马帝国皇帝、各个王国的国王均派了代表出席。经过一系列较量和筹谋，各方终于达成了一致。

教会恢复了一位教皇的制度，并安排其定居于罗马。为了避免日后再次出现多位教皇共存的情况，他们还提出了"大公会议至上主义"。从此以后，宗教事务的最高权威将是所有主教共同参加的大公会议，就连教皇也要服从于它。然而，15 世纪的教皇们狡猾得很，他们并不想失去权力。这条本可以改变宗教历史的教义很快就被摒弃了。

康斯坦茨大公会议还处理了另外一个问题。一段时间以来，布拉格混乱不安。当地出现了一位名叫扬·胡斯（Jan Hus，约 1371–1415）的神学家，他是大学的校长，很快还将升任大学区区长。此人很有胆量。他公开谴责教会的种种劣行，呼吁教会回归到耶稣的教义中去。不仅如此，面对强大的日耳曼势力，他还坚持站在捷克一边。1411 年，他被逐出教会。1414 年，他去了康斯坦茨，打算在那里阐述自己的观点，并且很天真地认为皇帝给他的安全通行证足以保自己平安。到了康斯坦茨一个月后，他就被关起来了并被判为异端。1415 年 7 月 6 日，他被处以火刑。权贵们本以为快刀斩乱麻就可以了结此事，然而他们的一把火却烧出了更多的斗士。听说胡斯被处以火刑，胡斯党人立即在波西米亚地区发动了"胡斯战争"。教会派去了十字军，但他们的讨伐是不彻底的。就在胡斯遇难一个世纪之后，另一位修道士路德（Luther）接过了他的火把，沿着他的路继续走了下去。今天，扬·胡斯依然被视为捷克民族的伟大烈士。

■ 向君士坦丁堡进军

要想了解西方遭遇的最后一次大冲击，那就得去伊斯坦布尔看看了。我们要关注的不是那里的清真寺，也不是托普卡帕宫。我们得往海边走一走，沿着金角湾或马尔马拉海一路走下去，一直走到高高的城墙下。这里残存的城墙是很容易找到的，它有几公里长，塔楼也还在，有的地方还能看出城门的样子。有的城墙已经修复好了，有的还是废墟，但是不用担心它会塌下来。这些城墙从公元 4、5 世纪就在那里了。近千年来，君士坦丁堡的高墙化解了数十次围攻，一次又一次地见证了东罗马帝国的实力。可惜的是，到十五世纪，这个伟大的帝国大势已去，疆域越来越小。

12 世纪，土耳其人来到了小亚细亚，他们一点一点地扩大着自己的地盘。13 世纪末，一位名叫奥斯曼的首领率领着自己的部落征服了众人。他的后代建立了奥斯曼帝国。奥斯曼帝国打赢了一场又一场战争。他们起初定都在离马尔马拉海不远的布鲁萨（今土耳其工业城市布尔萨），后来版图扩张至欧洲。迁都阿德里安堡（今土耳其埃迪尔内）以后，他们又接连打败了塞尔维亚人和保加利亚人，占领了巴尔干半岛。面对像潮水一般汹涌而至的土耳其人，西方发动了三次十字军东征。然而接连三次，基督徒骑士都被战无不胜的土耳其近卫军打败了。拜占庭皇帝绝望之至，做了最坏的准备。1447 年至 1449 年，他和他的主教一同参加了佛罗伦萨大公会议。这次会议决定放下五个世纪以来的积怨，将拜占庭教会同罗马教会合并。在拜占庭皇帝看来，这是唯一能搬来救兵的办法。然而，当皇帝与主教拖着疲惫的身体回到君士坦丁堡的时候，迎接他们的却是百姓的一片骂声——拜占庭人对拉丁人恨之入骨，拒绝与其结盟。于是他们便没有了援军。1453 年，奥斯曼人再次发起进攻。这已经不是他们第一次包围君士坦丁堡了，但这一次他们终于冲了进去。5 月 29 日早晨，土耳其近卫军在城墙的某个地方——我们现在所在之处——发现了一道无人看守的城门，这里便成为毁掉千里之堤的那个蚁穴。君士坦丁十一世（Constantine XI）——君士坦丁大帝之后的第九十二位罗马皇帝——最终战死沙场。奥斯曼帝国的苏丹穆罕默德二世（Mehmed II）因为这一仗获得了外号"法提赫"，意为征服者。他以胜利者的姿态走进君士坦丁堡，并在同一天命人在圣索菲亚大教堂诵读伊斯兰教经文——这座教堂在一天前还是基督教世界的掌上明珠。西方拉丁世界受到了极大的冲击。

■ 重返佛罗伦萨

这一次次的不幸是否意味着末日即将来临？历史是周而复始的。瘟疫、宗教危机、君士坦丁堡沦陷都不代表着全世界的终结，而是某一个世界的终结。与此同时，另一个世界正在萌芽。1447

年至 1449 年的大公会议起初在费拉拉召开，但因为新疫情的暴发不得不更换会议地点，最终在佛罗伦萨闭幕。不知道参加会议的诸位神父和君士坦丁堡的主教是否有时间像今天的游人一样在佛罗伦萨四处漫步，细细领略宫殿、教堂、画作的风采，慨叹令人心驰神往的复兴景象。我们在前文已经见到了查理大帝时期以及 12 世纪的几次"复兴"，但 15 世纪的文艺复兴才是人们心中最实至名归、最正宗、最负盛名的那一个，而佛罗伦萨正是这场文艺复兴的中心。文艺复兴一词 rinascita 就是后来的艺术家、艺术评论家瓦萨里（Vasari）专为佛罗伦萨创造的，他想借此向佛罗伦萨的大师米开朗基罗、拉斐尔等人致敬。他曾说，这几位大师通过作品和才智重现了古时的辉煌，终结了晦暗的时代。几位大文豪在其中扮演了开路者的角色，他们用托斯卡纳方言写作，是意大利语的开创者，但他们与佛罗伦萨的关系其实并不好。但丁（Dante, 1265-1321）因为在教皇派与皇帝派的斗争中站错了队，为了免遭火刑被迫远走他乡，最终在很远的异乡逝世。彼特拉克（Petrarch, 1304-1374）的父亲与但丁关系密切，因此他本人也遭到了追捕。尽管满心厌恶，他还是逃到维奈桑伯爵领地跟随阿维尼翁的几位教皇学习，度过了数年的时间。薄伽丘（Boccaccio, 1313-1375）将《十日谈》的背景设定在佛罗伦萨暴发瘟疫之时，这也是很有意思的。在接下来的一个世纪里，银行家美第奇家族掌握了政权，在他们的统治下，乌云终于消散，佛罗伦萨成为新艺术之都，这种艺术至今依旧惊艳。

让我们一同去看看布鲁内莱斯基（Brunelleschi）为圣母百花大教堂设计的圆形穹顶吧。这个穹顶不仅完美地展现了当时流行的希腊与拉丁风格，还借鉴了罗马万神殿的设计。大教堂于15世纪30年代末期建成，被认为是"文艺复兴风格"的第一座建筑。走进教堂，由下至上欣赏教堂内的壁画，难免会感到一阵眩晕。这种由激动而导致的眩晕并不只出现在圣母百花大教堂：在乌菲齐画廊，您会看到波提切利（Botticelli）的《维纳斯的诞生》；在美术学院画廊的尽头，您会看到米开朗基罗（Michelangelo）的《大卫》，五个世纪以来，这座完美的雕像都是男性之美的最高象征。这座城市又哪有不让人眩晕的地方呢？精神病学甚至专门列出了一种名叫"佛罗伦萨综合征"[1]的疾病，常见于在欣赏大量艺术品前没有做足准备的游客。当然，意大利的文艺复兴不只发生在佛罗伦萨一地，威尼斯、米兰、阿西西、帕多瓦也都参与其中，乔托（Giotto）在这些城市都创作了著名的壁画。罗马自然也是必不可少的。在教会大分裂之后，重新回到罗马的教皇们便让人开展修建工作，他们不仅使古代的杰出技艺得到了再现，还请来新派艺术家建造、装饰他们的宫殿。外来思想依然起到了非常重要的作用。同13世纪一样，希腊典籍的重现冲击了当时的思想。

---

[1]　也称为"大卫综合征"或"司汤达综合征"。——译者注

这一次，这些典籍不再是从阿拉伯人那里传来的了，而是来自从土耳其人手中逃出来的拜占庭学者。他们中的一些人跟随拜占庭皇帝和主教到费拉拉参加大公会议，因而得以来到意大利。后来会场转移，他们便又前往佛罗伦萨。著名的让·贝萨里翁（Jean Bessarion）就是其中一位，他原是君士坦丁堡的修道士，后来成为红衣主教。

为了更完整地展现这个特别的时代，我们得离开托斯卡纳地区，走出意大利，到德国西部的小城美因茨去看一看。走在这座城市里，很容易便能知道当地有一位名叫古腾堡（Gutenberg）的大人物——广场、雕像、博物馆以及众多的街道、场馆都以他的名字命名。古腾堡在 1400 年前后出生于美因茨。他在斯特拉斯堡做了很长时间的金银匠，后来回到美因茨发明了印刷术——或者说又一次发明了印刷术。早在几个世纪以前，中国人就已经发明了这一技术。但与火药、指南针、造纸术等其他发明不同，中国的印刷术没有传到欧洲。因此，欧洲的印刷术确实应该归功于伟大的古腾堡。他可能是受酒庄压榨葡萄的启发，发明出了印刷机；又用金属浇制出活字，根据需要对其灵活排列；此外，他还发明了油墨。1452 年，西方第一本印刷品《圣经》在他的车间里诞生了。印刷术的革新与意大利文艺复兴带来的思想革新共同开启了欧洲历史的新篇章。在传统历史年表中，人们将这一篇章称为"现代"。

■ 新政权的产生

在翻开新的篇章之前，我们不妨先看看 15 世纪的欧洲政局。在遥远的东方，一个新的国度已然出现。13 世纪，东欧曾在蒙古大军的铁骑下遭受重创，而这个骁勇善战的民族当时已经征服并瓜分了整个亚洲。从那时起，俄罗斯的各个公国都由蒙古帝国的一个汗国来管理。这个汗国雄踞在伏尔加河流域，叫作"金帐汗国"。在所有城市中，莫斯科的势力越来越大，它负责将其他附属国的税收统一交给汗国，也正是莫斯科结束了欧洲这段屈辱的历史。1480 年，莫斯科大公伊凡三世（Ivan Ⅲ，1440–1505）在对蒙古作战并大获全胜之后，公开撕毁了附庸书，终结了这份被俄罗斯人称为"鞑靼枷锁"的条约。另外，莫斯科大公国此时已统一了多个公国，因此伊凡三世被认为是俄罗斯的创立者。事实上，他的决定早已预示了俄罗斯的命运。他娶了拜占庭帝国最后一位皇帝的侄女。这样，当这位皇帝在君士坦丁堡辞世之后，伊凡三世便认为自己应当继承他的衣钵。在他看来，莫斯科必须要成为基督教正教的新首都。16 世纪，一位神学家修道士这样回顾这段历史：奥斯曼帝国的君士坦丁堡成为恺撒的第二故乡，在其崩塌后，莫斯科又成为"第三个罗马"，这都要感谢伊凡三世和他的拜占庭公主。

在西方，基督教的核心仍然在神圣罗马帝国。15 世纪中叶，哈布斯堡家族登上帝位，为帝国带来了新的转折。这个家族本是德意志贵族。早在 13 世纪，家族中的鲁道夫（Rodolphe）就已经成为神圣罗马帝国的皇帝，只是他的继任者来自另一个王朝。从腓特烈三世（Frederick Ⅲ，1452 年称帝）开始，哈布斯堡家族就一直把持着帝位（中间仅有一次短暂的间歇），直至 1918 年。这一家族最初来自瑞士和阿尔萨斯，定居于奥地利公国，这也就是人们称其为"奥地利家族"的原因。腓特烈三世登上帝位后，很快就将一串元音字母作为座右铭：AEIOU——Austriae Est Imperare Orbi Universo——让奥地利统治世界，其野心表露无遗。

其他大国也日渐成型，联姻为它们的壮大起到了重要作用。14 世纪末，波兰女王与立陶宛大公结合，由此形成了波兰立陶宛联邦。其疆域从波罗的海一直延伸到黑海，十分广阔。这个王国经历了多种政治制度，一直持续到 18 世纪末。

14 世纪 80 年代末，丹麦女王成为挪威女王，随后又成功控制了瑞典，这让她有了掌控整个波罗的海的机会。人们将这三国组成的联盟称为卡尔马联盟。没过多久，瑞典人不愿意继续被掌控。从 15 世纪中叶开始，叛乱接二连三，镇压行动越来越残暴。1520 年，丹麦国王及其盟友处决了 80 名瑞典头领。这场"斯德哥尔摩血案"彻底激怒了众人。瑞典英雄古斯塔夫·瓦萨（Gustav Vasa）认为有必要一雪前耻。他带领瑞典获得独立，成为瑞典国王。挪威与丹麦组成的联盟则一直坚持到 19 世纪初。

当然还有 1469 年的那次大联姻。我们在前文已经提到过，卡斯蒂利亚的王位继承人伊莎贝拉（Isabella of Castile）嫁给了阿拉贡的王位继承人斐迪南（Ferdinand of Aragon）。斐迪南后来还成了马略卡岛、撒丁岛、西西里岛、加泰罗尼亚、意大利南部等地的主人。他们二人的婚姻促成了西班牙的诞生。

不可否认，我们现在所熟知的欧洲版图正在一点点地成型。15 世纪中叶，法兰西国王取得了百年战争的胜利，并成功夺回了诺曼底地区，后来又得到了被英格兰占领了三个多世纪的圭亚那。除加莱之外（1558 年被法兰西夺回），英格兰在欧洲大陆已经一无所有了。它成了一个岛国。英格兰人民的身份认同感与日俱增。从 14 世纪末开始，英语便成为法庭语言。作家乔叟（Chaucer）通过作品《坎特伯雷故事集》（1387）开辟了用英语进行文学创作的先河。15 世纪对于英国来说无疑是不平静的一百年。在被法兰西打败之后，英国又爆发了 30 年的内战"玫瑰战争"（1455-1485），约克家族（York）与兰开斯特家族（Lancaster）为了争夺王位展开了流血冲突。最终，兰开斯特家族的都铎（Tudor）结束了这场战争，建立了都铎王朝。他不需要与任何人分享他的胜利果实，因为所有的大封建主经过漫长的战争都已疲惫不堪，无法对他造成威胁了。

■ 勃艮第的伟大与苦难

15世纪，各地的中央集权程度基本上都得到了加强，这也就意味着真正意义上国家的诞生。在圣女贞德的推动下获得加冕的法兰西国王查理七世（Charles Ⅶ，1403–1461，1422–1461年在位）最早拥有了基本的国家机构。他建立起了一支听命于自己的常规军。他的儿子路易十一（Louis Ⅺ）虽然是出了名的阴险无耻，但仍然非常热爱法兰西的传统，他在开疆扩土方面贡献最大。他即位时只得到了曼恩、安茹以及普罗旺斯。但通过战争和计谋，他打败了强大的勃艮第公爵。如果勃艮第公爵没有战败，欧洲很可能是另一个样子。

要想了解勃艮第的这段历史，我们得把时间再往前推一推。14世纪下半叶，法兰西国王好人约翰（John the Good）将富庶的勃艮第赏赐给了他的儿子勇敢者腓力（Philip the Bold）。为了让这份礼物更加完美，也为了避免此地最终落在英格兰手中，国王又让儿子迎娶了佛兰德斯伯爵的女儿——随之而来的当然还有佛兰德斯的其他宝贝。就这样，腓力拥有了欧洲最肥沃的两块土地，而这只是开始。在几十年的时间里，几位勃艮第公爵通过购买、联姻、计谋以及适时的征战获得了不可小觑的财富。向南，他们获得了毗邻勃艮第的弗朗什—孔泰地区以及夏罗尔地区。向北，他们拥有从索姆河到弗里斯兰的所有省份，几乎涵盖了今天荷比卢三国的所有地区以及法国的北部。这些土地有的属于法兰西王国，有的属于神圣罗马帝国。可以想见，这种特殊性定然会使勃艮第大公越来越不认为自己是任何一方的附庸。在历任勃艮第大公中，最有才华的要数好人腓力（Philip the Good, 1419–1467年在位）。他在第戎、布鲁塞尔、里尔都设有都城，还集欧洲各座宫殿之美，打造出华丽无比的宫廷，举办豪华盛大的宴会。他让最伟大的艺术家为自己效劳，例如画家凡·艾克（Van Eyck）。由于自己并非国王，他便满足于让人们称自己为"西方大公"。他的儿子大胆查理（Charles the Bold）就浮躁多了。正如查理大帝的孙子洛泰尔（Lothaire）曾拥有从今天荷兰的北部一直延伸到地中海的洛泰尔王国，大胆查理也梦想着能有自己的王国。要实现这个目标，他需要将继承来的两个领地衔接起来，也就是说，他需要获得两地之间的地区，特别是洛林。路易十一密切地关注着这一切。他怎么能容许自己王国的东面出现一个新的强敌呢？路易十一是个精明的战术家，他发动了各方力量一同来对抗查理，尤其是瑞士人。幸运之神恰好站在他这一边。1477年，查理在南希城下战死沙场。路易十一很快便收复了勃艮第及其附近地区，称这些地区都属于法兰西王国。被历史学家称为"勃艮第美梦"的宏图大业就此破灭。从此，在法兰西以及后来的德国之间再无大国。法德两国在几个世纪后饱受民族主义的蹂躏。按照民族主义的思维，勃艮第时代的百姓是不是也应该高举民族主义旗帜复兴洛泰尔王国呢？还是说这片区域不过是维系和平的缓冲带？

　　大胆查理只留下了一个继承人——勃艮第的玛丽（Mary of Burgundy）。她以布鲁塞尔或她最爱的城市布鲁日为中心，统治着尼德兰地区。她的表亲法兰西国王令她惴惴不安。为了保护自己，她需要在欧洲的大家族中寻找一个靠山。就这样，她嫁给了哈布斯堡家族的马克西米连（Maximilian），此人后来成为神圣罗马帝国的皇帝。通过这次联姻，野心勃勃的哈布斯堡家族终于从奥地利迈向了西方。

| 第八章 |

欧洲的远眺

有些古城宏伟壮观，让人一眼望去就能感受到它所承载的历史。另一些历史名城则给想象留下了广阔的空间。我现在所在的位置是葡萄牙最南端的小城萨格里什。阳光耀眼，海风呼啸，这个海角仿佛顷刻间就会被大海所吞噬。尽管我站在这里思绪万千，但这个地方看起来却并不怎么样。导游夸张地说这里是"要塞"，可我看到的不过是几处城墙，一座摇摇欲坠的小教堂，一小块覆盖着尘土、隐约能看出罗盘刻度盘的石板，两座恰好没开门的现代建筑以及一座巨大的混凝土十字架。十字架前的牌子告诉我，它是 20 世纪 60 年代被一个美国军团摆在那里的，是新世界送给这座旧世界小城的礼物。

那又怎样？这个海角本身就壮美无比。只要走上几十米登上陡峭的悬崖，就能看到无边的大海，这才是本章的幕布。大约在六个世纪前，葡萄牙亲王航海家亨利（Henry The Navigator）不正是站在此处望着他的舰艇在这片大海上扬帆远航、胜利归来？不正是他派出的这些船只发现了新大陆、改变了世界的命运？

15 世纪初，欧洲无论在哪个方面都还只是"亚洲大陆的小尾巴"——很多年后，诗人保罗·瓦莱里（Paul Valéry）就是这样写的。欧洲人心中的珍奇宝物，如丝绸、香水、漂亮的棉布，还有很多生活必需品，如书中经常提到的"香料"（其实香料的药用需求远大于食用需求），都来自中国、印度或是遥远的海岛。这些物品穿过东方，一部分抵达热那亚，大部分则会来到海上贸易主要集散地威尼斯。唐恩里克（Dom Henrique, 1394–1460），也就是我们的航海家亨利，向西方和南方远眺着。他让欧洲有了新的追求。

亨利也许从未意识到自己在世界历史中所扮演的角色。他的小王国先是赶走了阿拉伯人，有了自己的领土，后来又获得了独立，13世纪完成了收复失地运动。同他那个时代的大多数葡萄牙贵族一样，在教皇的鼓动下，不断开疆扩土是他唯一的心愿。既然基督徒已经把穆斯林赶出了葡萄牙，为什么不再接再厉将他们赶出北非？1415年，亨利亲自出兵攻打摩洛哥海滨城市休达，这里地处直布罗陀海峡入海口，攻下后即可成为本次战争的据点。这是他一生参加的唯一一次战役。这次战役让他想出了一个长期战略。他认为，将摩尔人赶出摩洛哥的唯一办法就是绕过他们的海岸，到更南边的黑非洲寻找黄金贸易的源头，从而切断摩尔人的财路。若是沿途碰到了其他的基督教王国，与其联手就更容易消灭敌人了。

由于"要塞"上的遗迹太少，我们无法确定亨利究竟在哪里坐镇指挥，也许是在萨格里什的城堡里，也许是在海岸上的其他地方。他一生都不曾亲自出海，但几十年间派出了许多批探险队。每个探险队都在前人的基础上走得更远一些。他们探索新的海岸、研究新的洋流、开辟新的航线并带回大量宝贵的资料，使后续船队得以继续探险。就这样，通向世界的道路一条一条地被开辟出来。1427 年，葡萄牙船只最早发现了亚速尔群岛；1434 年，另一艘船绕过了博哈多尔角（人们一直以为博哈多尔角是最远的地方）；1441 年，又一艘船到达了布朗角；1444 年，佛得角进入人们的视野……

亨利去世后，葡萄牙国王们继续沿用着亨利开辟的航线，但也都根据时局做出了调整。1453 年，土耳其人攻下了君士坦丁堡。他们对过境的货物征收了新税，以此来对货物流通进行管理，这使东方商道再也不像从前那样吸引人了。葡萄牙人想出了一个新办法，那就是开辟一条属于自己的新路。几个世纪以来，货物要转手几十次才能到达他们的手中。这一次，他们计划依靠自己，绕过非洲直接走海路前往印度和中国。

就这样，他们踏上了新的征程，获得了新的伟大发现：1488 年，迪亚士（Dias）到达了非洲大陆南端的海角，将其命名为"风暴角"。葡萄牙国王约翰二世（John II）将其改名为"好望角"。为什么不乐观一点呢？这时的葡萄牙汇集了欧洲最出色的地图绘制大师和水手，是海洋探索领域的佼佼者。它的确"大有希望"。

但葡萄牙国王也应该保持警惕。耀眼的进步正引着他的国家走向不幸。这是历史的悖论，也是摆脱这种悖论的一把钥匙……

■ 热那亚人的好主意

15 世纪 80 年代，一位名叫克里斯托夫·哥伦布（Christophe Colomb）的热那亚人认为自己想出了一个绝妙的主意。既然地球是圆的——与传说不同，当时欧洲接受过教育的各界人士都已经接受了这个真理——那么为什么不试着一路向西开辟出一条通向中国的路呢？哥伦布带着他的计划来到了海上探险者心中的麦加——里斯本。问题在于，他的直觉虽然是对的，但计算出错了。他在计算时使用的地球周长比实际长度要小得多，所以他认为中国并不远，是到得了的。葡萄牙的专家们则不会犯这样的错误。他们否定了哥伦布的计划，认为不切实际。哥伦布坚信自己的判断，他不仅没有打退堂鼓，反而转身去其他地方寻求支持。经过数年的坚持，哥伦布在一次次碰壁后终于说服了卡斯蒂利亚女王、天主教徒伊莎贝拉（Isabella of Castile）。

1492 年 8 月 3 日，被正式任命为"舰队司令"的哥伦布率领三艘小吨位快帆船从安达卢西亚的小港口帕洛斯港起航。10 月 12 日，世界航海史上最著名的错误将他引向了一片陆地。哥伦布自豪地认为自己成功了，他相信自己就在中国附近，而船队停靠的岛屿就是印度旁边的小岛。我们今天知道，他想错了。我们也知道，他的这个大错误为渺小的欧洲创造了无法估量的价值。哥伦布以为自己为欧洲找到了通向旧世界的新路。事实上，他为欧洲开辟了一个全新的舞台。

从那开始，令人难以置信的大扩张以极快的速度出现在这片土地上。哥伦布一生四次出航，其中一次甚至到达了委内瑞拉海岸，但他自始至终都不知道自己发现了美洲（他去世于 1506 年）。四十年后，美洲几股在人们印象中很有威胁性的势力被一小撮西班牙殖民主义者用火枪轻松打败，如阿兹台克人（1519–1521）、印加人（1533–1542）等。就这样，西班牙获得了美洲大陆近一半的土地。

虽然被哥伦布的舰队迎头赶上，但葡萄牙人在 1498 年还是扳回了一局：瓦斯科·达·伽马（Vasco de Gama）一路沿非洲航行，穿越了印度洋，最终抵达印度。1500 年，另一位葡萄牙人卡布拉尔（Cabral）到达了巴西。十年后，新一代航海家占领了马六甲（今马来西亚），控制了东南亚的所有贸易。葡萄牙人在阿拉伯半岛或锡兰（斯里兰卡的旧称）开设商行，也来往于日本和中国。

其他国家也跟上了他们的脚步。17 世纪，英国人开始在美国东海岸殖民，同时与法国人一起瞄准了印度。此外，法国人还来到了今加拿大和美国路易斯安那州。尼德兰人跟随着葡萄牙人，在非洲南部建立了开普敦，势力范围一直扩展到印度尼西亚。就连瑞典人也在美洲占据了一席之地。丹麦人则在印度开设了商号。

我们在前文已经讲述了 15 世纪欧洲的局势，现在，再让我们一起简要地回顾一下 18 世纪末的欧洲。一些旧势力仍然存在：首先是庞大的中国，它自认为同过去一样强大；然后是日本，它采取了闭关锁国的政策，禁止外国商船靠岸，以此来进行自我保护；此外还有奥斯曼帝国、波斯以及撒哈拉以南非洲——尽管欧洲在非洲的海岸附近购买了很多奴隶，但并没有深入非洲内陆。其他国家呢？美洲已经成为伊比利亚人或盎格鲁—撒克逊人的天下，印度几乎归了英国，澳大利亚和和新西兰也很快会成为英国的另一个乐园。欧洲无处不在，它的影响力甚至体现在一些地名上。"毛里求斯"（Mauritius）是尼德兰水手为了纪念他们的总督纳所的莫里斯（Maurice of Nassau）而起的名字。西班牙人为了向他们的国王腓力二世致敬，以他的名字命名了菲律宾。美国的弗吉尼亚州是英国人在美洲的第一个殖民地，这个州名（Virginia）源自英国的童贞女王（The Virgin Queen）伊丽莎白一世。

我们从一直延续到今天的一些错误中也能发现欧洲的身影。美洲之所以今天仍被叫作美洲，是因为第一位将其绘制在地图上的制图师把阿梅里戈·韦斯普奇（Amerigo Vespucci）错认为是发现美洲的第一人。这位制图师来自今天的法国孚日地区。还有美洲的"印第安人"之所以得名其实也只是因为哥伦布错把他们当作了印度人[1]。

（参见插图Ⅷ）

---

[1]　印第安人与印度人在法语（以及英语）中是同一个词。——译者注

■ 胜利的反思

15世纪末的历史是翻天覆地的。欧洲从世界的一隅变成了世界的中心。

历史上不乏其他的帝国——15世纪之前、15世纪之后都是如此。这些帝国的大部分征讨活动都集中在本国附近。波斯人、罗马人、阿拉伯人、中国人、蒙古人无一不是通过收复邻近地区的失地得以扩大领土范围，成为泱泱大国。

历史上也出现过海上扩张的例子。其中规模最大的一次被历史学家称为"太平洋殖民"。当时的船只大约从今天的中国台湾地区出发，运载的人口逐渐定居在了大洋洲的各个地区。他们到达的最远处是复活节岛，距台湾岛10000公里。旅行途中，勇敢的水手们也可能会用巨大的独木舟载着整个部落以及一些家畜到达其他的岛屿。理论上，他们所做的事与哥伦布、达·伽马几乎是一样的，但他们的活动分散在几个世纪的时间里，而且他们发现的土地当时都是荒无人烟的。

几乎在欧洲的航海家亨利指点江山的同一时期，强大的中国也开始了海上探险。15世纪初，封建社会的中国第一次出现了想要向海洋进军的皇帝。从1405年到1422年，一位名叫郑和的杰出航海家奉皇帝之命七次出海，足迹遍布东南亚海域、印度沿海，甚至到达了东非。他的舰队规模每次都达到两万人以上，比欧洲小吨位快帆船组成的船队要壮观得多。据说郑和七次下西洋每一次都是非常成功的，但出于某种至今尚不明确的原因——可能是因为宫廷内斗，也可能因为西北边陲出现动荡需要调用出海官兵——新皇帝在 1425 年登基后就停止了一切海上活动，就连谈论前朝的航海活动也遭到了禁止。封建的中国又成为陆上国家。如果郑和之后又有人率领庞大的舰队出航，如果 15 世纪末他们在印度洋遇到达·伽马小船队，会发生什么呢？如果东方的船队在热那亚人到达加勒比海地区之前率先抵达秘鲁或智利沿岸，今天的世界又会是怎样一番景象呢？

19 世纪末，面对西方的压迫，这些几个世纪以来被中国人抛在脑后的问题又开始萦绕在他们的脑海。15 世纪的中国明明是世界之首，为什么放任这些蛮族抢占先机？他们为什么能够取得成功？

■ 多个中心

无论对于中国人还是欧洲人来说，这都不是一个容易回答的问题。过去，为了解释欧洲神话般的海上扩张，人们总是将重点放在个人勇气以及水手的冒险精神上，技术进步当然也是一个原因，例如地图更加准确详尽、星盘的使用让水手能够根据天体辨认方向、小吨位快帆船既能够迎接大海的风浪也能够在沿海地区自由穿梭，等等。但这些都只是一部分原因：在技术上，当时的中国和西方不相上下，甚至比西方更加发达；在人才上，中国肯定也不缺少勇气过人、甘愿冒着生命危险完成使命之人。

今天，人们往往会更加强调欧洲的另一个特点，那就是它的"多领导中心制"。多个王国共存的局面使国与国之间展开了富有成效的竞争。这一事实是不可否认的。封建时代的中国是一个中央集权的帝国。皇帝一声令下，航海大业就被画上了句号。但在欧洲，当哥伦布在葡萄牙国王面前碰了壁，他只需要换一个国家、游说另一位君王，直到有人支持他为止。而后来的英格兰、法兰西、尼德兰等欧洲各国之所以都开始了海上扩张，正是因为他们都不允许自己的竞争对手一家独大。

因此，欧洲国家瓜分世界的行为在很大程度上要归因于中世纪末以来欧洲的分裂。反过来，瓜分浪潮的高涨也使这种分裂进一步加剧。从此之后，欧洲一些强大的王国便不只拥有欧洲的土地了，它们还拥有了只属于自己的"大后方"。在那里，它们发展着自己的语言、自己的文化。从16世纪开始，西班牙不仅统治着西班牙本土，还控制了南美洲。英国则从17世纪起控制了北美洲的大部分地区。法国也得到了北美洲的一小部分土地。

尽管如此，这种现象只涉及欧洲国家，竞争也只在欧洲人之间展开。当葡萄牙人试图开辟海上通道绕过摩洛哥时，摩洛哥人并没有派舰队去寻找能够绕过葡萄牙的海上航线。当葡萄牙的早期舰队驻扎在马六甲海峡，中断了几个世纪以来马来人对此地的贸易垄断时，不知是否有马来人动过绕道非洲进驻里斯本以报复葡萄牙人的念头。为什么欧洲人会这样做？这可能是由欧洲当时的几大需求所导致的：一是经济需要（寻找新商路），二是物质需要（哥伦布之所以执着于出航，一大原因就是想要寻找金子，其他航海家对金子的痴迷程度比哥伦布有过之而无不及），三是宗教需要（欧洲人都坚定地认为将自己的宗教、自己的上帝、自己知道的真理传播到世界各地是他们的使命）。这里的宗教因素不可小觑。

就拿不可思议的《托尔德西里亚斯条约》为例。1494 年，在教皇的主持下，葡萄牙国王同西班牙的天主教国王及女王签署了该条约。这一条约旨在避免两国产生冲突，它在世界的中间画了一条线，规定分界线两边分别归葡萄牙与西班牙统治，包括尚未被发现的地区。如果我没有弄错的话，这应该是世界上第一份对未知地域进行分配的条约了。没过多久，欧洲的其他君主便对此提出了质疑。当然，他们也借助了超现实的力量。16 世纪初，弗朗索瓦一世（Francis Ⅰ）大胆地开启了法兰西王国探索世界的征程。针对《托尔德西里亚斯条约》，他高调宣称，"我很想看看《圣经》里哪一条规定了我不能分享这个世界"。对于今天的我们而言，我们也应该问一问，上帝的哪份文件将世界交给了欧洲，因为在那之后的三个世纪，欧洲人都理所当然地这样认为。

新大陆的发现标志着欧洲历史上的一次非凡飞跃。欧洲人获得了大量财富。若想有一个大致的概念，您只需要去看看葡萄牙那一座座镀金的教堂，或是去奢华的塞维利亚走一走——西班牙国王曾特许这座城市全权负责与殖民地的贸易往来。在数十年里，满载金银（银子居多）的武装商船不断地从大西洋彼岸向这座城市驶来。古话说，多多益善，但过多的财富却是有害的。人们常常认为，从长远看来，从天而降的财富反而为西班牙和葡萄牙带来了厄运。两国的人民在短期内暴富，从此无须辛苦劳作，变得懒散起来。从 17 世纪末开始，这两个国家都开始走向衰落，这与百姓的普遍懒惰是脱不了干系的。

法兰西则没有这么幸运——或者说不幸。它虽然在 16、17 世纪征服了一个庞大的帝国，但不仅没有找到黄金，而且由于迁去的人口过少，在 18 世纪时就被英国全部夺去。英国人和西班牙人一样，特别善于利用海上财富。到 18 世纪末，英国已经成为名副其实的海上王者。

在这个过程中，宗教也获得了极大的发展。15 世纪，从北非到中国边界到处都有穆斯林，伊斯兰教的地位在世界上首屈一指，相比之下，天主教无足轻重。然而在短短几十年后，天主教就走向了世界。新教——基督教大家庭的一个小分支——后来也成为世界性的宗教。

■ 败者的悲歌

在欧洲盆满钵满的同时，世界上的被征服地区可以用悲惨来形容。在美洲，人口缩减的程度前所未有。西班牙人最致命的武器是他们带来的疾病，例如天花的肆虐就造成了数百万人的死亡。失败还导致了价值观的丧失和信仰的沦陷，当地的人民沦为奴隶，饱受摧残。由于没有可靠的数据，我们很难做出准确的评估。有人认为，印第安人的数量在一个世纪的时间里减少了90%。

也许有人会说，所有的帝国都是在暴力中建成的，这没错。亚历山大帝国、罗马帝国以及蒙古人建立的帝国都充满血腥。但这些帝国在成立后都对当地原有的信仰表示了尊重，能够与其和平共处。罗马军团的确杀害了成千上万甚至上百万的人。但当局势稳定下来后，当地人崇拜的神灵立即就被供奉在了万神殿里，其元老院向高卢人、非洲人以及东方人的后代都敞开了大门。然而我们在美洲城市中却从来没有见过羽蛇神的牌位，也从未在议会里看到过印第安人的身影。欧洲强国对美洲败者的碾压是完全的、彻底的、全方位的。

这些胜利者在踏上那片土地的第二天便打着上帝的旗号用自己的价值观来解释自己的胜利——我们之所以成为胜者是因为他们都是野蛮人。

阿兹台克人难道没有用活人来祭祀吗？印加人的专制政权难

道没有给人民带来苦难吗？欧洲的胜利者，尤其是和他们一同踏上美洲的教士们都说，他们为黑暗中的众生带去了福音之光。

哪个福音？这是一个关键的问题。16世纪的天主教与21世纪的天主教可大不一样。今天的教会宣扬的是和平的、充满爱的宗教，而当时的教会却成立了宗教裁判所这样沉重的机构。既然说到这里，我们不妨开个小差，去看看当时究竟发生了些什么。

■ 西班牙对血统的痴迷

哥伦布说服卡斯蒂利亚女王、天主教徒伊莎贝拉是在1492年4月，而这一年对于西班牙人来说是"关键的一年"。是年1月，伊莎贝拉女王和她的丈夫以胜利者的姿态进入了穆斯林在伊比利亚半岛上的最后一个小堡垒——格拉纳达。3月31日，她签署法令，下令将犹太人从祖祖辈辈生活了几个世纪的家园中驱逐出去。当时的西班牙对犹太人特别执着，顺带将穆斯林也一并处理，就连已经不再信仰伊斯兰教的人也没有幸免。在此前的两个世纪里，随着收复失地运动的发展，当地不少人都已经改信了基督教，当然或多或少都是受形势所迫。从15世纪下半叶开始，人们便萌生了一种可怕的想法：这些皈依的人会不会在背地里仍旧保留着旧日的信仰呢？随着这种猜忌不断加深，西班牙宗教裁判所成立了，它的任务是清除那些惺惺作态、玷污真正宗教的"伪基督徒"。

这个杰出的司法机构在执行公务时不受任何约束。它最常用的办法是二话不说便把一个人抓进监狱，因为这种方法能够让人在很短的时间内主动地认罪伏法。没过多久，整个西班牙都被笼罩在了偏执的空气中，很多省份都对"血统纯净"提出了要求：若想谋到某份公职，或是申请去某个地方工作，不仅得证明自己是基督徒，还得证明祖上几代人都是基督徒。这些法令看似维护了基督教，实际上却否认了教会创立之初便定下的一条原则。从这以后，单凭一场洗礼已经不足以让一个人成为基督徒了。一种新的逻辑在人们的思想中建立起来。在征服美洲的时代，这种逻辑成了主流。

当然，在卡斯蒂利亚或阿拉贡发生的事情不会被全部照搬到大西洋彼岸去，因为在美洲大陆上恐怕很难找到类似犹太人或穆斯林的群体了。传教士们让很多印第安人皈依了基督教。有时，他们按照教皇的意思采用了温和的方式，但更多的时候，他们靠的是胁迫与诡计。在殖民地社会的大都市，"血统"秩序同样明显。当地人被按照种族截然分开。在新西班牙的基督教堂里，仁慈的神父宣扬着所有的基督徒都是平等的。然而在被西班牙殖民的美洲大陆上，有的人却比别人享有更多的平等。指挥、压迫、剥削别人的都是白种人，苦不堪言的是印第安人，混血人夹在二者中间。

值得注意的是，新教徒在17世纪登上了北美洲的海岸，而他们的表现也并没有多好。这些新教徒中有许多都来自受到迫害的教派。他们同"五月花"号搭载的"朝圣者神父们"一样，因为宗教原因被赶出了欧洲。他们手持着十字架、怀揣着信仰来到美洲，但想法却与西班牙人不一样。在他们看来，他们脚下的这片土地不是征服来的，而是上帝赐予他们的礼物。上帝用盛产牛奶和蜂蜜的土地来奖赏他们正确的信仰，而这片土地上的人类只可能是恶魔。一般来讲，人们不会想要让恶魔改邪归正，而是会弃之于不顾。

■ 人口贩运

没过多久，无论在新教群体还是在基督教群体中，无论在美洲的北部还是南部，在印第安人之下又出现了一个等级更低的群体：黑人。

本章伊始，我们来到了萨格里什。现在，让我们沿着海岸向东，前往几公里外的美丽古城拉古什。它的市中心至今依然保留着一座古老的商行，导游解释说，历史上的奴隶市场就是这里。这是欧洲第一个贩卖非洲奴隶的地方，开放于1444年，也就是航海家亨利的时代。这类贸易给他带来了不小的财富，奴隶贩卖生意随之便快速兴起。

在欧洲的历史上，奴隶制由来已久，它在罗马帝国时期尤为兴盛，到中世纪依然没有彻底覆灭。对于非洲来说，奴隶制也不是什么新鲜事。当信仰伊斯兰教的阿拉伯人踏上北非的那一刻起，他们便开始了所谓的"东方"贸易，这种贸易活动主要集中在东非地区，甚至穿越了撒哈拉。当时的非洲王国还相互劫掠人口，后人将此称为"非洲内部的贩运"。葡萄牙人到达非洲海岸后，很快就带领欧洲融入了这种可怕的传统，而新主人的加入也使人口贩运迅速发展为一种产业。

早期的奴隶有的被送往亚速尔群岛收割甘蔗，还有的被送至里斯本成为佣人。16 世纪初，西班牙人萌生了将奴隶带到美洲的想法，因为在他们看来，黑人比印第安人更加强壮。新大陆的所有欧洲人当然都紧随其后。由此便产生了第三种人口贩运：大西洋贩运。在四个世纪的时间里，黑奴贸易涉及的人口超过 1000 万人，其中不乏妇女和儿童。

| 第九章 |

文艺复兴时期的伟大君王

16 世纪是文艺复兴的世纪，是蓬勃激荡的世纪，是思想与艺术大革新的世纪。开启这一世纪的是四位年龄相仿的伟大君王。如今五百年已然过去，但他们四人依旧屹立在史上最著名的君王之列。第一位是亨利八世（Henry Ⅷ，1491-1547，1509-1547 年在位），他是都铎王朝的第二位国王，统治着英格兰和爱尔兰。第二位是弗朗索瓦一世（Francis Ⅰ，1494-1547，1515-1547 年在位），他来自瓦卢瓦家族的一个旁支，是法兰西国王。第三位是苏莱曼大帝（Suleiman the Magnificent，1494-1566，1520-1566 年在位），他是奥斯曼帝国的苏丹，也是这四人中唯一的外来户。他的帝国疆域辽阔，不仅覆盖了欧洲东部三分之一的土地，还一直延伸到美索不达米亚地区以及非洲北部。最后一位君王最难介绍，他有太多头衔，我们实在不知道究竟该用哪个头衔来称呼他。西班牙人称其为卡洛斯一世（Carlos Ⅰ），德国人叫他卡尔五世（Karl Ⅴ），在尼德兰人眼中他是卡雷尔五世（Karel Ⅴ），法兰西人则把他称为查理五世（Charles Quint，1500-1558，1516 年成为西班牙国王，1519 年成为神圣罗马帝国皇帝，1556年退位）。对于自认为是欧洲公民的人来说，这位皇帝绝对是他们的最爱。（参见插图Ⅸ）

他们每个人都创造了自己的神话和价值。我们真的应该去他们生活过的地方看一看，踏着他们的足迹走一走。

要想寻找亨利八世的足迹，那就不妨到他最喜欢的汉普顿宫去。这座城堡离伦敦不远，原是红衣主教沃尔西（Wolsey）的住所。这位老臣失宠后，他的住所也就充了公。汉普顿宫经历了多次改建，我们要关注的是建筑的主体。锯齿状的砖墙高高耸立，古老的吊桥似乎已锈迹斑斑，宽阔的走廊格外阴凉，地下室的厨房宽敞无比，这一切无一不暴露出亨利八世的欲壑难填。他被认为是一位残忍、可怕的暴君，无论作为国王还是作为丈夫，他都是一个让人难以忍受的人。因为他的第二任妻子安妮·博林（Anne Boleyn）一定要与他结成合法夫妻，亨利八世便提出与第一任妻子阿拉贡的凯瑟琳（Catherine of Aragon）离婚，为此竟然脱离了罗马教廷。而这位安妮·博林同亨利八世的第四任妻子一样，最终都死在了断头台上，充分说明没有人可以信任。亨利八世一生共娶了六任妻子，这六个人的命运如同过山车一般。英国小学生为了记住她们编出了一句顺口溜："Divorced, beheaded and died. Divorced, beheaded, survived."[1]这六任王后都曾在汉普顿宫居住过，有的人甚至一直都没有离开。关于汉普顿宫一直有个传闻，说宫里有鬼，这为汉普顿宫闻名天下立了头功。在英国网络上，点击量最高的一段视频据说是汉普顿宫的监控录像。在画面中，我们可以看到一个壮硕的身影，很像是亨利八世。他的身边还有一位古装打扮的神秘女子，可能是哪位不幸的王后。这段录像至少能够证明，亨利八世的人气在技术如此进步的今天依然不减。

---

[1]　离婚、砍头、死掉了，离婚、砍头、活下来。

　　弗朗索瓦一世是文艺复兴时期王公贵族的典型代表，他风度翩翩、热衷文艺、宴会不断、高朋满座。这样一位君主当然也需要自己的城堡。哪一个呢？他有很长一段时间都流连于卢瓦尔河畔的城堡中：昂布瓦斯城堡、布洛瓦城堡，当然还有香波堡。其中的香波堡精致而奢华，是他为了狩猎小住和震撼宾客专门命人建造的。城堡内著名的双螺旋楼梯由达·芬奇亲自设计。达·芬奇在晚年与弗朗索瓦一世来往密切，甚至被弗朗索瓦一世称为"吾父"。弗朗索瓦一世并没有在香波堡生活太久，只有短短的七十天。

　　巴黎地区的城堡同样值得一去，比如维莱科特雷、圣日耳曼昂莱或是枫丹白露的城堡。弗朗索瓦一世对它们也是钟爱有加。这里面最主要的是枫丹白露，弗朗索瓦一世想要把它打造成另一个佛罗伦萨——当时的艺术圣地。这里至今还保留着很多美丽的历史遗迹。

　　在我看来，如果时间允许，将这一座座城堡依次看个遍是最好不过的了。弗朗索瓦一世就是这样生活的。欧洲的王室从很早以前就有巡游执政的传统，这个做法一直持续到 17 世纪。通过四处出巡，国王们得以近距离接触他们的臣民和封建主，从而确保这些人忠心不二。弗朗索瓦一世在位时，每每带着整个宫廷外出，规模极大。据说上万人要带着所有的动产从一个住所转移到另一个住所，可能还会带上一些家畜、家禽以解决大队人马的吃饭问题。他们一路上经过的村落会有怎样的遭遇可想而知。

　　苏莱曼大帝身后的大军大概也同样令人生畏，但一定没有那么多的花花绿绿，也不会那么喧闹。土耳其近卫军组成的精英部队之所以能够战无不胜，正是因为他们作风严谨。在他们的队伍里大概也看不到多少女性，至少地位高的女性是很少露面的。众所周知，苏莱曼大帝的后妃都被关在托普卡帕宫里。这座辉煌的宫殿俯瞰着金角湾，全年游人不断。苏莱曼大帝在那里生活了很长时间，皇宫内很多地方都是他命人修建的，但这座宫殿本身则要追溯到他的曾祖父穆罕默德二世，也就是夺取了君士坦丁堡的那个人。若想缅怀苏莱曼大帝，您可以移步到几百米外的苏莱曼清真寺。这座清真寺在伊斯坦布尔最为有名，专为苏莱曼大帝而建，他和他最爱的妻子罗克塞拉娜（Roxelane）的陵墓都在那里。但我们不得不指出一个事实，那就是这里埋葬的并非苏莱曼大帝的全尸。苏莱曼大帝是在 72 岁左右围攻匈牙利的西盖特瓦尔时在营帐中去世的，可能是因发烧而病故，也可能是寿终正寝。据说为了避免涣散军心，他的大将没有将他的死讯传出。为了保证在他的遗体被运回国都之前不至于腐烂，这位大将让人将苏莱曼大帝的内脏取了出来就地埋葬。这个墓地在很久之前就找不到了。2010 年前后，匈牙利考古学家称发现了它的位置，后来不断有人去那里展开调查。如今，那里还建起了一座"土耳其—匈牙利友谊公园"。苏莱曼大帝与他的匈牙利对手的两座硕大的头像摆在那里，很是醒目。

　　查理五世的足迹又在哪儿呢？他是我们这一章最重要的人物，也是我们最不知道该去哪里寻找的一位。他究竟是在佛兰德斯，还是在德意志？是在西班牙、意大利，还是法兰西？所有地方都有他的身影。这正是问题所在。查理五世同其他三位君主不一样，他不仅是某个王国的主人，更是将整个欧洲握在手中。

　　查理五世的祖母是大胆查理的女儿勃艮第的玛丽。我们在前文已经提到，在其父亲去世后，勃艮第的玛丽面临着法兰西国王路易十一的威胁。为了保护自己，她嫁给了奥地利的继承人、哈布斯堡家族的马克西米连。马克西米连后来成为神圣罗马帝国的皇帝。他们的儿子腓力一世（Philip Ⅰ）同西班牙天主教国王的女儿疯女胡安娜（Joanna the Mad）结婚，查理五世由此诞生。

　　在命运的安排下，查理五世两边的长辈很早就都去世了，同辈的兄弟姐妹也纷纷早夭。他从年少时起便一个接着一个地得到了这个大家族的一切胜利果实。六岁时，他成了勃艮第公爵，获得了当时的尼德兰十七省（大致相当于今天的荷比卢外加法国北部）以及弗朗什—孔泰地区。十六岁，他成为卡洛斯一世，将西班牙、卡斯蒂利亚、阿拉贡以及随之而来的撒丁岛、那不勒斯王国收入囊中，新大陆的无数金银当然也都流向了他。十九岁，他成为奥地利大公，同时被推举为神圣罗马帝国的皇帝。由于他是继查理大帝之后的第五位查理，所以被法国人称为查理五世。

　　除了继承家族的遗产，查理五世还征讨了很多土地。据说他站在广阔的领土上，曾说过这样一句话："我的帝国没有太阳的故乡，它永远不会落山。"那么他自己呢？他的故乡又在哪里？从他的出生地和童年来看，查理五世应该算是比利时人，在当时应当叫作勃艮第人。他出生在根特的佛兰德斯伯爵府，身边围绕着讲法语的佛兰德斯贵族。今天，伯爵府的遗迹几乎已经没有什么了。

布鲁塞尔在他心中是很有分量的。如果您有机会在7月初到这座城市去，您就会领略到几分帝国的排场。每年，这里都会举行中世纪节（Ommegang），古装打扮的游行队伍走上街头，再现查理五世在1549年来到这座城市时的欢腾景象。他的儿子，也就是后来的西班牙国王腓力二世（Philip Ⅱ）也在队伍当中。要想找到查理五世生活过的地方可就难了。在他的一生中，很多大事都发生在布鲁塞尔城中央的柯登堡宫，但这座宫殿被18世纪的一场大火摧毁，现在能看到的只有宫殿的地下室，而查理五世应该是很少到那里去的。

在西班牙，查理五世曾出现在托尔德西里亚斯、巴利亚多利德，他还多次前往国会和各地议会发表讲话。论及各个机构旧有的特权和手中的权柄，他总是疑虑重重。今天的西班牙依然保留着一座"查理五世宫"。这座庄严的宫殿是一座文艺复兴风格的建筑，俯瞰着格拉纳达的阿尔罕布拉宫，现在已改为博物馆。尽管它以查理五世命名，但查理五世从未到过这里。他没有时间。他还有很多别的地方要去。1520年，他在亚琛大教堂加冕称帝。十年后，他成为继查理大帝之后最后一位被教皇戴上神圣罗马帝国皇冠的人。但这次加冕仪式并不是在罗马举行的，而是在博洛尼亚大教堂。

查理五世还曾在突尼斯小住过几个星期——1535年，他从奥斯曼帝国手中夺得了这一地区。借着与弗朗索瓦一世短暂和解的机会，他还曾到过法兰西王国。此外，查理五世也去过英格兰几次。

其余的时间，查理五世都是在意大利和德意志的路途中度过的，他长年累月地四处奔波。终其一生，他睡得最多的地方就是军营大帐。也许每天晚上，当他筋疲力尽地躺在行军床上时，他都在做着同一个梦，那就是结束这炼狱般的奔波生活，建立起一个永远和平的帝国世界。

■ 四人的角逐

在讲述这段时期的欧洲历史时，人们往往会说这是四位君主之间的一系列对立、联盟、开战与停战的过程。然而在这四人的角逐背后，实际上是两场一对一的对抗。

第一场对抗在查理五世与弗朗索瓦一世之间展开。若想明白他们二人的矛盾所在，只要看一眼地图就够了。查理五世的领土——西班牙、尼德兰、弗朗什—孔泰、神圣罗马帝国——将弗朗索瓦一世的法兰西围得严严实实。弗朗索瓦一世一直试图打破这种局面。而作为尼德兰的儿子，查理五世对收复勃艮第很是执着，因为这是孕育了他的父系家族的摇篮。他认为，勃艮第是在大胆查理死后被法兰西人以不正当的手段窃取的。

1519 年，弗朗索瓦一世为了击败他的对手采取了一种大胆的做法。他参加了神圣罗马帝国继任者的选举，为了拉拢有选举权的几位公爵，他不惜挥金如土。但查理五世得到了富格尔（Fugger）家族几位大银行家的帮助，在台面上获得了更多的支持——或者说在台面下破费得更多——最终胜出。这两个人后来便开战了。

自 15 世纪末以来，法兰西国王一直在以家族的名义追讨意大利的部分土地。首先是来自瓦卢瓦家族的查理八世。他在 1494 年将目光投向了那不勒斯王国，那是他的祖先安茹家族的领地。弗朗索瓦一世则觊觎着米兰公国，因为他有一位曾是意大利贵族的曾祖母。这两个地方都属于查理五世，他的不同头衔——西班牙国王和神圣罗马帝国皇帝——让他成为这里的主人。弗朗索瓦一世与查理五世的大部分对抗因而都成为"意大利战争"的一部分，以前的历史教科书上都有这一节。除了这两位主角，这场战争还有很多位重要的配角——瑞士、罗马教皇、佛罗伦萨、威尼斯——他们在两个阵营间跳来跳去、背叛再背叛。以前，一代又一代的小学生们需要把发生在意大利的一场场战役烂熟于心，但记住的也只是名字，根本不明白究竟是何人在战、为何而战。

就拿帕维亚战役（1525）来说吧。弗朗索瓦一世在这场战役中惨败，被查理五世囚禁起来，关在马德里长达一年。为了重见天日，弗朗索瓦一世只好答应将勃艮第还给查理五世，并娶他的妹妹为妻。但一回到法兰西，他便什么都不承认了。于是战争再次爆发，其间又有了新的转折点，发生了更多戏剧性的事件。1527 年，教皇与弗朗索瓦一世建立了同盟。为了给教皇一点颜色看看，查理五世的军队向罗马进军，史称"罗马之劫"。最初率领这支队伍的人是来自波旁家族的陆军统帅，他本是法兰西贵族，后来叛变了。为了让他们的皇帝实现成为基督教现世领袖的梦想，军队在全城展开了数日的劫掠、屠杀与破坏。事实上，这种做法是很令人费解的。

面对这场决斗，亨利八世非常巧妙地周旋着。他该支持谁呢？1520 年，弗朗索瓦一世筹备了一场异常奢华的盛会。他邀请亨利八世来参观他的金缕地营地。这个地方如今在法国境内，离加来不远，当时还属于英格兰。弗朗索瓦一世大肆炫耀，偏偏亨利八世也是一个狂妄自大的人，而且还特别敏感，弗朗索瓦的所作所为让他非常不快。离开的时候，亨利八世怒气冲冲，没有许下任何诺言。十天后，他在格拉沃利讷（距加来只有 20 公里左右，当时属于勃艮第）会见了他的外甥查理五世[1]。这场会见促成了一个

---

[1]　亨利八世的第一位妻子阿拉贡的凯瑟琳是西班牙天主教国王的女儿，是查理五世之母、疯女胡安娜的妹妹。

非常不稳固的联盟。在接下来的几十年里，亨利八世的阵营一变再变。

这一时期的另一场较量发生在查理五世和东方的苏莱曼大帝之间。奥斯曼帝国向欧洲东部的扩张着实令人担心。1521 年，贝尔格莱德沦陷。1526 年，莫哈赤战役又让苏莱曼大帝获得了匈牙利的半壁江山。1529 年，维也纳受到了土耳其人的围攻，但在天气的帮助下"奇迹般地"获救了——土耳其近卫军在严冬面前士气大减。

地中海地区也不平静。这里既有查理五世偶尔会亲自指挥的西班牙舰队，也有希腊人或是阿尔巴尼亚人那些令人畏惧的海盗船。这些海盗来自基督教世界，后来却投奔了奥斯曼帝国。这一次，法兰西扮演了催化剂的角色。弗朗索瓦一世做出了一件令基督教世界所不齿的事情：为了与神圣罗马帝国抗衡，他与苏莱曼大帝结成了同盟。

查理五世认为，基督徒怎么能与抵制基督教的人结盟呢？弗朗索瓦一世认为，只要能有利于自己的国家，与谁结盟又有什么关系？欧洲历史中一个非常重要的理念由此诞生。

■ 两种权力观

我们可以把 16 世纪上半叶的历史说成是四位君王的角逐，但这种看法会引出一个错误的观点。这是因为，在这场角逐中，相互对立的并非四位君王，而是两种不同的权力观。基督教世界的查理五世同穆斯林世界的苏莱曼大帝一样，他们都希望在全欧洲进而在全世界建立起一个大一统的君主政体，使所有人都沐浴在各自宗教的恩泽之下。这个梦想最早可以追溯到查理大帝。16 世纪初，受到文艺复兴时期人文主义的影响，这个梦想又被赋予了新的生命力。全人类和谐相处不正是人文主义的美好希冀吗？人文主义最杰出的代表伊拉斯谟（Erasmus, 1469–1536）是这一时代的伟大荣光。他在一生中写下了许多名篇，睿智的思想启发了诸多王公贵族、教士、学者。伊拉斯谟出生在鹿特丹，在欧洲四处游历之后，最终定居于巴塞尔。他见识广博。为了让更多的人能够读懂他的作品，他的书都是用拉丁文写成的。他的思想对后来的查理五世产生了极其直接的影响。在查理五世还是孩子的时候，伊拉斯谟就为他写了一本教材，名为《基督教君主的教育》，这本书为查理五世指出了一条走向世界的道路。

时代的主流观念反映到政治上有时会带来截然相反的结果。同查理五世一样，弗朗西斯一世与亨利八世都深受人文主义的影响。他们也都对古代文明心怀敬意，都读过伊拉斯谟的作品，都希望能够将伟大的思想家、诗人、艺术家聚集在自己的身边。然而，他们二人却建立起了一种与查理五世不同的执政模式。这种模式我们都很熟悉，因为它就是很快便席卷了整个欧洲的集权制君主政体，是通过政府来管理各自的国家。

在整个封建时代，国王的权力变得越来越小，因为他的一切都依赖于他的附庸。从15世纪开始，一些国王——尤其是势力庞大的法兰西王国的国王——不断地加强自己的特权，建立起了听命于自己的行政机构、财政机构、司法机构和军队，也就是我们今天所说的国家政府。弗朗索瓦一世是政府的重要推动者。他将大封建主组织集中起来，凡是反对他的都会遭到打击。他想要把统治权握在自己手中。他将宫廷建得富丽堂皇，成为交际、生活、娱乐的中心，这也是充分展示权力尽在自己手中的一种方式。在某种程度上，亨利八世更胜一筹。借助1534年的《至尊法案》，他将自己奉为"英格兰教会的至尊"——这一举措的公开目的是与其第一任妻子离婚，因为教皇不允许他这样做——由此导致了英格兰教会与罗马教会的分裂，也使他成为大不列颠岛上除上帝之外的唯一主宰。教士听命于他，修道院充公，之前的附庸依然听他差遣。就这样，他掌控了一切——不仅有肉体，还有灵魂。

不可否认的是，在君主政体出现的同时，人们的民族认同感也在不断加强。在中世纪的时候，人们只觉得自己是某个城市的居民、某位大公的臣民、某位庄园主的农民。再往上数，他们属于的是"基督教世界"。渐渐地，至少是受过教育的少数群体开始有了另一种意识，他们觉得自己还是法兰西人、英格兰人、卡斯蒂利亚人，认为自己所属的这个群体有独特的文化、历史和语言。

官方文书的语言也开始固定下来。1539 年，弗朗索瓦一世颁布了著名的维莱科特雷法令（Ordonnance de Villers-Cotterêts），规定之后的所有公文统一采用法文，不再使用拉丁文以及各地的其他文字。与弗朗索瓦一世相反，查理五世通晓多种语言。有很多名言据说都是出自他之口，最著名的一句莫过于"我对上帝讲西班牙语，对女人讲意大利语，对男人讲法语，对我的马讲德语"。这句话很可能是杜撰的。另一句拉丁文谚语倒更像是他的话：Quot linguas calles, tot homines vales。这句话的意思是说，掌握多少语言，就可以拥有多少天下。这的确是一句至理名言，尤其是在民族语言得到广泛认同的时代。查理五世对此是有切身体会的。他在法语的环境中长大，也会一点佛兰德斯语，后来又学习了拉丁语。在他得到西班牙后，巴利亚多利德的国会对他的第一个要求就是学习卡斯蒂利亚语，只有这样才肯将王冠授予他。

多个国家并存、各自拥有不同的文化和语言，这样的欧洲在我们看来是如此熟悉，仿佛它理应就是这样的。然而您在后文将会看到，某些领域，特别是科学领域，在相当长的时期内都超越了国境。我们也应该知道，欧洲大陆的划分完全可以是另一个样子。对于法兰西王国来说，弗朗索瓦一世为建立一个中央集权的国家起到了重要的作用。他其实也可以去实现其他的梦想。正如我们在上文已经提到的，他不是也参加了 1519 年神圣罗马帝国皇帝的竞选吗？然而这场竞选以查理的胜出而告终。哈布斯堡家族的查理用两吨黄金笼络了七位选帝侯，而弗朗索瓦只筹到了一吨半黄金，不过这也足以体现出他对帝位的渴望是多么强烈。如果他成为赢家，将法兰西与神圣罗马帝国合为一体，又会发生什么呢？他是否会在亚琛建立一个法德帝国，重现查理曼帝国的辉煌，进而彻底颠覆欧洲的版图和历史？

说实话，查理五世想要创造的大一统的世界究竟是什么样子我们也无从可知。终其一生，他都在广阔的领土上四处奔波，有时是为了平定叛乱，有时是为了安抚臣子。他为了将这个复杂的帝国统一起来做了所有力所能及的努力。然而，一件始料未及的事情让他的希望彻底破灭：在他的帝国里，天主教与新教关系破裂，基督教大一统的局面结束了。对于这一事件对欧洲历史带来的影响，我们将在后文进一步讨论。查理五世受到很大打击。尽管拼搏了几十年，他还是没能堵住基督教世界这个巨大的漏洞。于是，他只好罢手。1555 年，这位日不落帝国的皇帝拖着筋疲力尽、深受痛风和痔疮折磨的身体，在布鲁塞尔的皇宫里用法语宣布让位，他决定放弃全部的头衔。几个月后，他将西班牙和尼德兰交给自己的儿子腓力，也就是后来的西班牙国王腓力二世。不久之后，他又将神圣罗马帝国交给了他的弟弟斐迪南（Ferdinand）。自此，哈布斯堡家族就有了两个分支，一支在西班牙，另一支在奥地利。1557 年，摘下王冠的查理五世住进了西班牙埃斯特雷马杜拉的尤斯特修道院，如今我们仍然能够参观他晚年住过的房间。这个充满静谧与孤寂的沉思之所也许比其他任何地方都更能代表查理五世的一生。1558 年，他在这里永远地闭上了眼睛。

几年后，他的儿子腓力二世将他的遗体迁至自己命人在马德里附近修建的埃斯科里亚尔修道院。这座灰色的建筑笔直僵硬，完全没有文艺复兴时期的欢愉气氛，让人丝毫不能将其与弗朗索瓦一世和亨利八世的盛宴联系起来。埃斯科里亚尔修道院整体围绕着礼拜堂而建。对于腓力二世而言，万事都应该以宗教为中心。他的卧室在楼上，面积很小，毫无装饰。房间的后墙开了口，正对着礼拜堂的中堂。这位世界上权力最盛的国王希望在狭窄的卧榻上就能够聆听弥撒。走廊的另一端是一段幽暗无比的楼梯，也许腓力二世本人也从那里走过。这段楼梯通往西班牙王室的陵墓。后来西班牙的很多位国王和王后都葬在这里。出生在根特的查理也在那里，他出生时是勃艮第人，去世后成了西班牙人。

| 第十章 |

宗教的分裂

如果您有机会前往布拉格，您一定会走过著名的查理大桥，然后去参观那座俯瞰着整座城市的城堡。我得提前提醒您，那里的游客多得很。如果门口长长的队伍没有让您退却，如果您真的走进了城堡，那么一定要快速地走过前面几个华丽的房间，这些地方您可以稍后再慢慢观赏。依我的意思，您应该直奔第一座角楼。到了那儿，就照我说的这样做吧。您要忘掉周围的喧嚣，无视随时可能会伸过来的自拍杆，转身向高处有阳光透进来的窗子看去。然后随我一同在脑海中想象 500 年前在这里发生的一件大事。

1618 年 5 月 23 日，几位捷克贵族冲进了这座角楼。当时在角楼里的是波西米亚新上任的国王斐迪南二世（Ferdinand Ⅱ，1578-1637）派来的代表。这位国王来自哈布斯堡家族，后来又成为神圣帝国的皇帝。捷克贵族起初与代表们展开了漫长而激烈的讨论，后来便动起手来。他们抓住了两个国王派来的人，然后从我面前的这扇窗户将这两个人扔了出去。捷克人都是新教徒，他们想通过这种方式表明自己不愿接受新国王的统治，因为这位国王深受天主教的影响，很可能会将天主教信仰强加给波西米亚地区。

当时的场景本来是残忍而暴力的，可后来却演变得十分滑稽。尽管那两个人被从很高的窗户扔了出去——您看了就会知道——但几乎毫发未损，他们站起来就逃走了，还躲过了火枪手的射击。

后来，天主教徒将这个结局归为圣母的显灵，而新教徒则更愿意相信窗下刚好有一大堆粪肥，起到了缓冲作用。

不管怎样，后面的事就一点都不好笑了。在与哈布斯堡家族的关系彻底破裂之后，捷克人将一位加尔文派的德意志大公推上了波西米亚王位。随后，斐迪南二世从维也纳派出军队镇压这些放肆的叛乱分子，一举将其歼灭。他通过暴力迫使波西米亚人民改信天主教。信仰新教的捷克贵族遭到了讨伐，德意志人迁入这片土地。捷克人与德意志人旷日持久的仇恨由此开始，直到二战时，我们依然能够看出他们之间的对立。

波希米亚的遭遇在神圣帝国的多个地区也接连上演。面对天主教的冲击，各位大公愤怒非常，他们联合起来一同抵制帝国的军队。很快，外国人也加入了进来。1625年，丹麦国王为新教徒派出援兵。1630年，瑞典国王古斯塔夫·阿道夫（Gustavus Adolphus）也派军参战。他其实想趁乱实现自己的梦想——将波罗的海变为瑞典的内湖。古斯塔夫·阿道夫是一位杰出的战略家。他的军队在当时最具战斗力，纪律最为严明，信念又是那么的坚定。他认为自己必定会成为神圣帝国第一位新教皇帝，然而还没有等到这一刻他就战死沙场了。另外，维也纳的哈布斯堡家族也在想方设法地寻找同盟。西班牙的哈布斯堡家族很快便伸出了援手，他们希望利用这场冲突顺势收回尼德兰北部独立出去的省份。西班牙的老对手法兰西一下子就坐不住了。在此之前，执掌法兰西的红衣主教黎塞留（Richelieu）仅限于为丹麦和瑞典提供援助、供应武器。1635 年，法兰西也参战了。尽管黎塞留在内政方面坚守着天主教的阵地，在战场上，他一直站在新教这一边。

经过几年的时间，日耳曼世界成为全欧洲的角斗场，恐怖的气氛久久不能散去。这个状态持续了整整三十年。当硝烟散尽，这里只剩下满目疮痍。据估计，这场战争导致日耳曼世界的人口减少了 40%。洛林画家雅克·卡洛（Jacques Callot）在系列铜版画《战争的苦难》中列举了这场战争的种种恶果：城市化为废墟、农田成为荒地、民不聊生、饿殍遍野、疫病横行。

"布拉格的掷出窗外事件"[1] 引发了三十年战争（1618–1648）。这场战争的伤亡人数为近代战争之最，是一战之前欧洲大陆上最大的灾难，宗教仇恨由此达到顶峰。这股仇恨为 16、17 世纪的欧洲带来了重大变革。

■ 回到路德时代

要想追溯这段历史，我们得从布拉格出发向西北方向走 350 公里，到达德国萨克森—安哈尔特州的维腾贝格。1517 年 10 月 31 日，一位名叫马丁·路德（Martin Luther）的修士、维腾贝格

---

[1] 此次事件更准确的名称为"第二次布拉格掷出窗外事件"，因为在扬·胡斯被处以火刑后，1419 年，他的支持者制造了第一次掷出窗外事件。参见第七章。

大学的神学教授就是在这里将著名的《九十五条论纲》贴在了城堡教堂的大门上，由此引发了后来的一切。这份《论纲》的仿制版至今仍被恭敬地贴在那里。《论纲》细数了罗马教会的种种行径，强烈谴责了教会的过分举措，尤其是发行令人发指的"赎罪券"，即让基督徒通过金钱来洗刷罪行、免受炼狱之苦。从马丁·路德的文字中，我们已经能够感受到他所倡导的新宗教。在他看来，只有对上帝的真正信仰才能使人得到救赎，除此之外别无他法。

马丁·路德意在给罗马教会带来沉重的一击。他做到了。在三年的时间里，罗马教会通过各种方式让他收回自己的话。倔强的路德没有答应。1520 年，教皇亲自下达了终结这些异端言论的谕旨。此时的教皇在路德眼里不过是一个统治着现代巴比伦的反基督者，根本不值一提，谕旨被他当众烧毁。由此，马丁·路德与教会彻底决裂。

马丁·路德并不是第一个提议改革、倡导整顿教会的人。受到 14 世纪的英格兰人约翰·克里夫（John Wyclif）的影响，我们在前文提到过的捷克神学家扬·胡斯也曾有同样的想法。但由于时代背景不同，结果大相径庭。马丁·路德之所以能够成功，主要是因为他获得了两大新的助力。第一个助力是印刷术的出现，这使他的文章得以在日耳曼世界相当大的范围内快速流传开来，被阅读、被讨论、被肯定。要知道，日耳曼百姓和他一样对贪婪腐败的教会深恶痛绝。第二个助力是大人物的支持。扬·胡斯的支持者是他在布拉格的学生以及一部分捷克百姓。这些人在神圣帝国面前是毫无分量的。而路德在短时间内就得到了德意志诸侯的支持，对于他们来说，与罗马决裂正好可以摆脱教会的压制，从而在自己的小王国里真正当家做主。

1415年，胡斯满怀信心地奔赴康斯坦茨参加大公会议，却在那里被处以火刑。1521年，路德受到了查理五世的传唤。皇帝命他前往沃尔姆斯，也就是神圣帝国的议会所在地，希望他能够迷途知返。路德去了，他虽然也很害怕，但意志仍然是坚定的。新教徒都知道他在拒绝收回自己的任何言论后对查理五世和他的弟弟斐迪南所说的那句话（这可能是后人杜撰的）："Hier stehe ich, und kann nicht anders ! Gott helfe mir."（"这是我的立场，我不会改变！请上帝助我。"）这句话被刻在了沃尔姆斯广场路德纪念碑的基座上。

上帝在这件事中究竟起了多大作用无人能知。但我们知道，路德最终在世俗世界得到了决定性的支持。会议结束后，他便被萨克森的腓特烈三世（Frederick Ⅲ）派人抓走了。实际上，腓特烈三世从此成为他的保护人，他让路德在瓦尔特堡避难。路德在那里用十个月将《圣经》翻译成德文。他在城堡里可以自在地工作。此时的他已经不再是一个人了。神圣帝国很多手握实权的大人物都同他站在了一起。他的话语也成为一种政治利器。1529年，神圣帝国在斯拜尔又召开了一次大会，路德并没有出席，但他在这次会议上却扮演了重要的角色。皇帝再次要求所有的反叛者回归罗马教会，称这是基督徒唯一的正道。这一次，各位诸侯和支持新思想的自由城镇代表拒绝了皇帝的要求，明确且坚决地提出"抗议"。新教徒一词的本义正是"抗议者"，这个词就是这样产生的。

这次会议改变了一切。"新教"从诞生之初便不单纯是一种神学上的争辩，而是宗教与地缘政治的复杂混合体。正是出于这个原因，在一个世纪的时间里，它掀动了整个欧洲大陆。

■ 划分欧洲

在路德之后又出现了其他几位改革家：来自庇卡底地区的法国人约翰·加尔文（Jean Calvin，1509–1564）很快便执掌了日内瓦；他的学生约翰·诺克斯（John Knox, 1514–1572）后来到苏格兰传播改革宗信仰；此外还有苏黎世的牧师慈运理（Ulrich Zwingli, 1484–1531）。他们不仅向平民百姓传教，还向王公贵族传教。就这样，宗教改革的冲击波用短短几十年就搅乱了欧洲的版图。

瑞典国王古斯塔夫·瓦萨（Gustav Vasa）率先将自己的王国变为信仰路德宗的国家（1529）。丹麦国王紧随其后。

而查理五世尽管非常吃力地维系着神圣帝国，但仍将他的西班牙王国、那不勒斯王国以及新大陆的殖民地牢牢控制在天主教世界内。

神圣帝国的其他地方就没这么稳固了。自改革伊始，加尔文主义就在尼德兰十七省发展起来。在查理五世退位后（1555），腓力二世决定用武力来纠正这个不幸的错误。狠辣的阿尔瓦公爵用铁腕执行了皇帝的镇压政策，最终导致了尼德兰的分裂。1581 年，新教徒聚集在北方的七个省，他们宣告独立，成立联合共和国。从此，他们与西班牙展开了漫长的斗争。

还有些君主在宗教事务上表现出了善变的特点，令人瞠目结舌。我们在前文已经提过了英格兰的亨利八世。他起初视"异教徒"为死对头，甚至写了一篇反对路德的檄文，教皇为此还为他授予了"信仰守护者"的称号。看起来仅凭信仰并不足以保护内心中最脆弱的角落。还记得吗，就在 1534 年，他为了同第一任妻子离婚，与罗马教会决裂了。随后，他别具一格地创造了"英国教会"。这个教会在排场上、仪式上、组织结构上与罗马教会并无不同，因此本质上仍是天主教会，只是他自己成为教皇。他的儿子爱德华六世（Edward Ⅵ，1537–1553，1547–1553 年在位）即位后废除了教士必须独身的规定，并将彩色玻璃和雕像撤出礼拜场所，开始向新教倾斜。爱德华六世去世后，他同父异母的姐姐玛丽·都铎（Mary Tudor, 1516–1558, 1553–1558 年在位）登上王位。这位女王满腔热情地向天主教靠拢，因她而受到迫害的人为她起了一个绰号，叫作"血腥玛丽"。她去世后，亨利八世仅剩的女儿伊丽莎白一世（Elizabeth Ⅰ，1533-1603，1558-1603 年在位）终于在罗马教会与改革宗之间探索出了一条折中的道路，创立了英国国教。然而事态并没有就此稳定下来。在接下来的一个世纪里，英国的国王梦想着回归天主教，而议会却极力反对，英国的政治生活就这样在国王与议会的较量中飘摇不定。

权势越弱，麻烦就越难处理。在法兰西王国，亨利二世（Henry Ⅱ）从父亲弗朗索瓦一世手中接过了王冠。作为一位坚决的天主教徒，他决心全力"铲除"王国内不断壮大的"异端"。然而，他在一次比武中被长矛意外射中，撒手人寰（1559）。他的遗孀就是著名的凯瑟琳·德·美第奇（Catherine de Medici）。美第奇王后为了将摄政权握在手中用尽了办法，可她接连登上王位的儿子都年幼势弱。一般来讲，这种局面最容易激起大家族的野心，我们在历史上已经见过了无数次类似的场景。法兰西王国的各个大家族也是如此。他们分立在天主教和新教两个阵营，为各自对权力的渴望披上了宗教的外衣。寻常的小摩擦就这样变成了大麻烦。从此，法兰西陷入了三十多年的宗教战争（1562-1598）。虽然这场残酷的战争中间有过几次停战，但每一次都没能让战争真正平息下来。1572 年 8 月 24 日，恐怖达到了巅峰。这一天正值圣巴托罗缪节，新教徒来到巴黎庆祝象征着双方和解的一场婚礼，却遭到了天主教徒的大肆屠杀。这场血腥的狂欢后来甚至扩展到了巴黎之外的城镇。几天后，欣喜若狂的教皇下令歌唱《赞王诗》(Te Deum)，感谢上帝创造了这样的奇迹。

法兰西的惨案让波兰和立陶宛感到无比震惊。这两个国家当时还是一个整体，国内的路德派和加尔文派也都很多。他们不想让同样的事情在自己的国家发生。1573 年，华沙联盟宣布各种信仰一律平等。在这个已经失去理智的世界，只有波兰—立陶宛保持了清醒。

■ 奥格斯堡和约

日耳曼世界是这一切的始作俑者，然而从 16 世纪初开始，它自己也差点崩塌。神圣帝国是由多个小实体组成的联合体，而领导这些小实体的帝国贵族有的是天主教徒，有的是新教徒。同欧洲其他地方一样，这些人也很快就爆发了战争。尽管查理五世屡次试图将众人再次统一到罗马教会的旗帜下，但都没有成功。1555 年，筋疲力尽的查理同众人签订了《奥格斯堡和约》，做出了让步。拉丁语中有句俗语能够很好地总结这份和约的内容：Cujus regio, ejus religio，意思是各地遵从各地的信仰。各诸侯有权决定他的领地信仰什么。显然，这与自由意志是两码事，因为平民百姓的信仰都是由诸侯决定的。尽管相比于欧洲其他地方，这已经是一个奇迹了，但事实上，这种妥协不过是沸水上的锅盖。

从 16 世纪末开始，路德教徒和天主教徒一面组成了各种联盟、同盟，随时准备开战，另一面又要打压新兴势力加尔文派，以防其真正登上舞台，占有一席之地。布拉格的掷出窗外事件起到了导火索的作用。神圣帝国由此也尝到了恐慌的滋味，陷入了最为漫长、最为惨烈的宗教战争。

■ 狭隘之风的盛行

经过如此多的不幸，我们是不是应该找出罪魁祸首是谁，或者至少要知道哪个阵营是刽子手、哪个阵营是受害者呢？我所学的历史知识是历史学家米什莱（Michelet）传承下来的法兰西共和国对历史的一贯论调。共和国从本质上就是反对教权的，因此从来不吝于将天主教归为反派。对于法兰西的历史来说，这种观点倒也说得过去。新教徒虽然也有恶行，但总的来说人少势弱，最终成为失败的一方，显然可以被看作受害者。亨利四世（Henry Ⅳ）的上台结束了法兰西的宗教战争。这位新教国王改信天主教，后来颁布了《南特赦令》（1598），为新教徒争取了几分安宁。这并不是一桩小事：在法兰西历史上，这是国王第一次允许领土上的个别地区可以存在另一种宗教。简言之，他是将国家摆在了上帝之上。然而在他之后，可怕的黎塞留以新教徒有谋逆之嫌为由又向他们开战了，亨利四世创造的制度由此遭到了破坏。后来的路易十四（Louis ⅩⅣ）将祖父的《南特赦令》彻底废除（1685），残酷迫害新教徒。他们有的被派去做苦役，有的被流放。

天主教究竟是如共和国的先辈所说天性残忍、狭隘，还是在权力的驱使下忘记了分寸？我们只知道在新教统治的地方，新教徒在宗教问题上对天主教做出了很多让步。

改革的萌芽似乎将自由之风带到了日耳曼神圣罗马帝国的大地上。1524 年至 1526 年，困苦不堪的德意志农民在各地纷纷爆发起义。在诸侯和封建主看来，这群给他们的特权造成威胁的乡巴佬是在故意生事。这一次，路德与诸侯们——他的保护人——站在了一边。他用前所未有的暴力文字呼吁各诸侯"像宰杀狂犬一般"屠杀叛乱分子。

加尔文（Calvin）用福音书统治着日内瓦，然而他的统治方法让人不禁想到塔利班统治下的阿富汗。

17 世纪中叶的英国独裁者、清教徒克伦威尔（Cromwell）又如何呢？他禁止人们跳舞，还关闭了剧院，称那是通向地狱的阶梯。在爱尔兰发生天主教起义后，他被派去"平息"冲突，一举得到了"屠夫"的"美名"。今天的很多历史学家都认为应该以反人类罪将其送上国际军事法庭。

宗教的分裂使欧洲分崩离析。统一在教皇领导下的"基督教世界"走向了终结。从这以后，欧洲的版图上并存着两个世界。二者的区别不容忽视。各国究竟要进入哪个世界很大程度上取决于其领导人的选择，我们在上文已经提到了这一点。一旦领导人下定了决心，那么整个国家就会随之而进行调整。无论是路德派还是加尔文派，新教世界都是排斥神职人员的，它更强调每个个体与《圣经》的关系，崇尚个人主义与个人责任。20 世纪初，社会学创始人之一德国学者马克斯·韦伯（Max Weber）由此提出了一个著名的论点：资本主义来源于"新教的精神"。一方面，新教重视伦理道德、强调接近上帝，因此信徒们积累了大量财富，这既是他们勤勉工作的成果，也是他们与懒惰不懈抗争的证明。另一方面，教义又促使他们甘愿抛弃这些财富，因为享乐是一种罪过。这两方面的共同作用对经济的发展起到了促进作用。今天，这个论点是否还能说得通呢？站在 21 世纪初，我们看到资本主义制度在丝毫没有受到新教影响的地方也同样能够繁荣发展。

　　基督教世界的分裂是如此激烈，以致分裂的双方都对对方产生了很多偏见，久久不能释怀。在后来的很长一段时期内，新教徒都认为天主教徒落后、肮脏、缺乏创新能力，教皇全凭因循守旧的神职人员和恐怖的宗教裁判才将这些可怜的愚民牢牢地掌控在手中。20世纪初，当意大利人抵达美国的时候，在当地占大多数的盎格鲁—撒克逊新教徒就这样将他们谴责了一番，比他们早几十年来到这里的爱尔兰人也有过同样的经历。在天主教徒眼中，这些路德教徒、加尔文教徒一无是处，他们毫无乐趣、唯利是图、自私自利，用清教主义的面具掩饰着对性爱的渴望。

在新教国家，天主教徒只可能是叛徒，因为他们受教皇的约束；在天主教国家，新教徒则是威胁民族团结的敌人。二战前在法国颇有影响力的极右翼领袖查尔斯·莫拉斯（Charles Maurras）曾把新教徒与犹太人、外来侨民以及共济会成员一同归为密谋推翻法国的四大"反法"力量。

经过数年的谈判，1648年，三十年战争终于随着几份条约的签署而画上了句号。天主教国家的外交官来到了明斯特，新教国家的外交官则聚集在奥斯纳布吕克，两座城市都坐落在德国威斯特伐利亚地区。即便为了停战，双方也不愿共处一室。明斯特的旧市政厅至今还保留着当时代表签署和约的房间，人们将其称为Friedenhall，即和平厅。厅内庄严肃穆，文艺复兴风格的护墙板颜色黯淡，几个代表的画像挂在墙上。然而就在这个朴素的地方——以及在另一座城市奥斯纳布吕克——发生了在欧洲历史上极为重要的几件事。首先，《威斯特伐利亚和约》正式承认了欧洲的两个新成员。尼德兰的十七个联合省经过与西班牙八十年的战争终于正式独立。另外，阿尔卑斯山附近的十几个州虽然早已脱离了哈布斯堡王朝，随后形成了瑞士联邦，但国际法专家认为，《和约》的签署标志着瑞士联邦在法律上（de jure）[1]真正获得独立。

最重要的是，这场和平是多年谈判的结果，而且参与冲突的好战国几乎都参与了进来：瑞典、西班牙、法兰西，甚至包括150个德意志小诸侯国。在整个过程中，皇帝和教皇都只是边缘人物。尽管最后神圣帝国幸存了下来，但它也只剩了一个名字、一副空壳。这是一个转折点。一统欧洲的旧梦至此便结束了。从此，欧洲由法兰西、西班牙、瑞典等大国、强国以及日耳曼世界的350个公国和自由城市组成。16世纪，它们在几位伟大的帝王手中强盛起来。从17世纪开始，它们将成为赛场上的主角，为欧洲带来繁荣或灾难。

[1] 与在事实上（de facto）相区别。

| 第十一章 |
国家政权的繁荣

阿姆斯特丹是个美妙的地方。在国立博物馆里，伦勃朗（Rembrandt）的《夜巡》以夺目的光影引人注目，维米尔（Vermeer）画笔下《倒牛奶的女佣人》有着甜美的双颊。您可以租辆自行车在人行道上颠簸，走过紧密排列在街边的尖顶砖房，也可以沿着交错的运河领略风光。老酒馆镶着墙板，啤酒的香气混着潮湿的味道徐徐飘来。咖啡馆新潮而明亮，刚出炉的蛋挞散发着诱人的香气。大麻店飘荡着烟草的气味，不过可别轻易尝试——若是已经喝了酒，再品尝些大麻，恐怕用不了几分钟就要从桥上掉下去了。这里太棒了。所有人都这么觉得。可这才是问题所在。我到达阿姆斯特丹是在 12 月初一个阴沉的周末，但街上的拥挤程度就像意大利八月节那天的高速公路。我的旅伴很明智，他提议去一个清净一些的地方。我们在中央火车站坐上了一辆开往郊区的小火车，半个多小时后，便到达了莱顿。我们能想到的荷兰风情这里都有：城门口的磨坊、城里交错的运河、鳞次栉比的古老砖房、满载着历史的石板路——对于我们要讲述的这个时代来说，这里最合适不过。这个时代的名字叫作黄金时代。

三十年战争推动了众多国家政权的形成。尼德兰联省共和国则是当时形成的国家中最有活力的一个。

这个小国通过 1648 年的《威斯特伐利亚和约》正式独立。其实早在这之前，它就已经获得了巨大的胜利。16 世纪末，尼德兰北部七个加尔文派主导的省份形成了联盟，与仍属于西班牙、信仰天主教的南部省份脱离开来，但这次脱离并没有形成正式的文书。尼德兰联省共和国的领土面积很小，沿海地区还会被海水吞没。由于这个小国最富裕的一个省叫作荷兰，人们就把这个国家的人叫作荷兰人。荷兰人非常有勇气，也非常执着。他们建设了很多沿海圩地，扩大了陆地面积。他们靠着几种特色产品富裕了起来，如莱顿的鲜花、奶酪、呢绒、乌得勒支的天鹅绒以及代尔夫特的彩陶等。因宗教问题从南方逃来的佛兰德斯移民也做出了很多贡献，特别是从重灾区安特卫普逃出来的富商。

鲱鱼捕捞更是荷兰人的传统活动，他们因此而拥有了精湛的航海技艺。这张航海牌很快就会随着局势的发展创造出巨大的财富。1580 年，葡萄牙国王去世了。由于他后继无人，葡萄牙便被并入了西班牙。[1] 以往，荷兰人一直在里斯本购买香料，但当里斯本落入敌人的手中，这条路便走不通了。他们决定自力更生。荷兰政府将这项任务交给了一家私营公司：尼德兰东印度公司。东印度公司成立于 1602 年，由阿姆斯特丹和尼德兰其他几个城市的多位商人共同筹资。一支庞大的舰队很快便组建起来。舰队还配有战舰，它们既可以随手打翻几艘西班牙、葡萄牙的商船，也可以起到自卫的作用。很快，一艘艘印着 VOC（Vereenigde Oostindische Companie）字样的船只出现在了各个海域。它们将葡

---

[1]　直到 1640 年，葡萄牙才再次建立了自己的王朝，重新获得独立。

萄牙人从印度和锡兰的商号中赶了出去，控制了印度尼西亚，使荷兰成为唯一能够与日本通商的国家，还进驻了去往东方的必经之地——非洲南部城市开普敦。几十年间，在其商人和水手的帮助下，荷兰这样一个小国构建起了无处不在的庞大帝国，商贸能力在欧洲首屈一指。

■ 小危机与大崩溃

荷兰之所以能够飞速发展，最重要的原因是荷兰人享有在其他地方无法想象的自由。

别搞错年代。此时所谓的自由与几个世纪之后北欧各国的普遍平等民主还差得远。当时的尼德兰联省共和国仍是一个贵族政权，大家族和商人的利益被放在首位，而平民百姓则很少有人关心。其管理结构极其复杂。七个省各有各的政府，各政府又设有分管民事和经济的"议长"以及分管军事的"总督"。荷兰议长和总督的地位则居于各省长官之首，他们的办公地点设在共和国的首都海牙。将权力分散开来也许是抵御专制统治的一剂良药，但它对维持稳定恐怕效用不大。事实上，在整个17世纪，以军阀世家奥兰治家族为代表的皇室贵族拥护者与共和派商人的拥护者一直关系紧张。这种紧张关系也引发了一些暴力事件，例如1672年——虽然这确实是在法国入侵荷兰期间——荷兰议长和他的哥哥就遭到了奥兰治狂徒的残杀。

宗教方面也不平静。最著名的论战发生在荷兰第一所大学所在的城市：莱顿。17世纪初，一位名叫阿明尼乌（Arminius, 1560–1609）的神学教授在讲坛上支持了一个观点，他的宿敌戈马尔（Gomarus, 1563–1641）立即对此予以抨击。他们的争辩围绕着恩典与拯救的问题展开。在今天看来，这样的问题可能有些抽象，但在当时却实际得很。古代末期，圣奥古斯丁和修道士贝拉基对这个问题的争论就已经导致了基督教内部的纷争。从那以后，这个问题不时被人们拿出来一辩再辩。17世纪，天主教世界再森派与耶稣会士的战争正是因恩典与拯救的问题而起。16世纪初，新教的开创者路德和加尔文让这个话题再度兴起，其中加尔文的作用要更大一些。同奥古斯丁一样，加尔文也支持绝对的宿命论。上帝已经预见了一切，他事先就知道谁会上天堂，谁会下地狱。所以试图用劳动来赎罪是没有用的，只需要全身心地相信上帝就够了。那么我们对自己的命运就无能为力了吗？阿明尼乌认为这样的观点太过绝对了，他试图为人类的自由开辟出一点空间。不，这是对上帝的亵渎！虔诚的加尔文派教徒戈马尔立即做出了回应。

就这样，双方的支持者开始了数十年的斗争，其间不乏街头混战和暴力冲突。一两个世纪之后，我们的后人可能也很难理解我们这个时代的战争，在他们看来，我们追求的东西可能也是虚无缥缈的。可如今，当我走在这座宁静俏丽的荷兰小城的时候，我真的很难想象四个世纪之前人们就在这里将石块朝着对方的脑袋砸过去。他们想通过这个方法来探求上帝在那个有去无回的世界究竟为每个人安排了怎样的未来。

荷兰的商业才能也同样引发了一些麻烦。莱顿有一座非常美丽的植物园，对于荷兰来说，这可不是一个普通的地方。园艺学之父、佛兰德斯植物学家卡罗勒斯·克卢希尤斯（Carolus Clusius, 1526-1609）就是在这里让来自奥斯曼帝国的郁金香适应了荷兰的气候。从此，荷兰人对郁金香的痴迷接近了疯狂。到1636年底，郁金香鳞茎的预售价格达到了普通工匠年收入的十倍。1637年2月，一些商人清醒过来，他们决定不再助长人们的疯狂行径。郁金香的价格骤然暴跌。市场崩盘了。19世纪，一位英国作家写了一本名叫《郁金香狂热》的书大获成功，从此以后，"郁金香狂热"就走进了经济学教材，成了历史上最早的经济泡沫的典型范例。

■ 自由的绿洲

尽管如此，荷兰还是呼吸着其他地方所没有的空气：宽容的空气。在这里，曾经遭受过迫害的加尔文派在内部可以尽情斗争，但对外绝不扮演迫害者的角色。天主教徒仍然为数众多，他们虽然不能公开举行宗教活动，但私下里可以放心地坚守自己的信仰。很多犹太人从西班牙逃到葡萄牙，后来在葡萄牙也遭到了驱逐，于是便来到阿姆斯特丹等荷兰城市，为经济的繁荣做出了贡献。斯宾诺莎（Spinoza, 1632–1677）是其中最著名的一位。在他 23 岁时，犹太教会认为他有异端思想，开除了他的教籍，但他沿着自己的路继续走了下去。他的哲学作品因为具有无神论倾向引起了法庭的关注，但荷兰社会是多元化的：当斯宾诺莎被一些人谴责的时候，还有另一些人在支持着他。这样的环境令他愈加谨慎，也令他更有勇气表达出自己的见解。斯宾诺莎的一部分作品是以法国人笛卡儿（Descartes, 1596–1650）的批判法为基础的，而笛卡儿也曾在荷兰生活过二十年。曾旅居荷兰的还有很多人，即便是没有到过荷兰的人也间接地从荷兰学到了很多知识。从 17 世纪开始，欧洲大陆上流传的所有禁书都是在荷兰印刷的，这是唯一逃过禁书审查制度的绿洲。欧洲的学者们渐渐形成了一种习惯，那就是收集荷兰的各种刊物，很多人也许不知道，这里的出版自由是名副其实的。

■ 金碧辉煌的凡尔赛宫

　　繁荣惹人嫉妒，这是亘古不变的法则。1652 年，为了争夺海上霸权，英格兰打响了与荷兰的第一场战争。1672 年，荷兰的部分领土又遭到了法兰西的入侵，强大的路易十四要让这些"奶酪贩子"知道，从今往后谁才是欧洲的主人。

　　国家政权在 17 世纪取得了显著的发展，但出于各种历史原因，当时政权稳固的国家并不多。

　　18 世纪，英格兰借助海上力量获得了商业的繁荣发展，一下成为世界强国。但在 17 世纪，它还在为稳定内政而焦头烂额：新教徒、英国国教徒与回归天主教的支持者争论不休，国王和议会为了增强各自手中的权力不断拉扯。其他的旧势力则开始慢慢走向衰落。

　　西班牙的"黄金时代"比荷兰人要稍早一些，人们通常把 1492 年新大陆的发现作为这个阶段的起点。文化上，这是一个光辉璀璨的时代。它孕育了画家埃尔·格列柯（El Greco）、委拉斯开兹（Velazquez）、苏巴朗（Zurbaran）、作家塞万提斯（Cervantes）、剧作家洛贝·德·维加（Lope de Vega）等。正如维克多·雨果在《欧那尼》中写到的，"优秀的还有很多，不再一一列出"，而这部剧中的故事恰恰就发生在这一时期的西班牙。政治上，自腓力二世去世后（1598），一切就都黯淡了下来。从新大陆获得的财富越来越少，战事越来越多，国王也或多或少受到了限制。哈布斯堡王朝正逐渐陷入困境。

　　在欧洲历史上，还有第三个"黄金时代"——看来这是个很受欢迎的名字——这个时代属于波兰，具体是指 16 世纪末至 17 世纪上半叶这一历史阶段。波兰在 1569 年与立陶宛联合组成波兰立陶宛联邦，成为除神圣帝国之外欧洲最大的国家，迎来了鼎盛时期。文化空前繁荣，天主教徒与人数众多的新教徒和平相处。波兰唯一的问题在于它的邻居，这也是一个永恒的问题。1655-1656 年，瑞典人来势汹汹，比以往任何时候都更加残忍，人们将这次入侵称为"大洪水"。事实上，这次战争的恐怖程度确实可以与《圣经》中的洪水相提并论。被瑞典占领后，遭到掠夺的立陶宛—波兰人又经历了饥荒和疫病，四分之一至三分之一的人口成为这场战争的牺牲品。

就这样，在 17 世纪下半叶，欧洲的强国就只剩下了一个：路易十四的法兰西。从各个方面来看，路易十四的世界几乎都与我们刚才讲到的荷兰截然相反。我们不妨暂且忘记荷兰低矮的房屋、简单的街道和加尔文派的克制，转向充满戏剧性的另一个舞台：凡尔赛宫。

谁会注意不到它呢？凡尔赛宫永远都能令人感到震撼。它的建筑气势恢宏，赭石色的外墙铺满了阳光，后花园雍容奢华，池塘、喷泉、树木体现着法式园林的特点，宫殿内有小礼拜堂、镜厅、一个个豪华的房间，所有这些无不是那个伟大的时代留下的印记，让人想起书中的莫里哀、拉辛和太阳王。哪个法国孩子没做过偷偷溜到凡尔赛宫的美梦呢？不为别的，只为在某个长廊里偷瞄穿着高跟鞋、戴着假发、抬着下巴向左右致意的路易十四，一排排朝臣等在前面，恭敬地弯下腰，恨不得鞠躬鞠到地上。

作为成年人，我们是不是还要这样只带着崇敬之心去看待凡尔赛宫呢？没错，凡尔赛宫是很大、很美，它也是法国账本上一笔重要的收入来源——只需要看看每天在那里排起的长队就知道了。但它背后的制度是怎样的呢？它对政治、心理和精神又起到了怎样的作用？

■ "我，大主教先生"

我知道，对于路易十四的政权，历史上有过很多解释。像所有的法国历史爱好者一样，我自小学起就读过了无数讲到这个问题的书。在经历了宗教战争、贤明王亨利四世遇刺身亡等诸多不幸之后，法兰西必须得做点什么才能将政权稳固下来。为此，路易十三开启了"总理制"，这其实就是君主制下的红脸白脸二重唱。忧虑的国王心地醇厚，扮演的是红脸，他要做的事情并不多，无非是关心一下自己的宠臣、在法令上签个字。红衣主教黎塞留扮演着白脸，他要负责其余的所有事情。他冷酷无情、毫不手软：处决反叛的贵族、镇压新教徒、为开疆扩土与哈布斯堡王朝大打出手。然而，在黎塞留（1642）和路易十三（1643）相继去世后，法兰西又陷入了动荡。趁着年幼的新国王尚未亲政，贵族放肆起来。他们开始造反。巴黎响起了隆隆的炮声，王室的安危受到了直接威胁。在一个慌乱的夜晚，年幼的路易同弟弟菲利普、母亲奥地利的安娜以及新任红衣主教马萨林（Mazarin）不得不逃出巴黎。仆人们在前面拖着车，路易十四匆匆躺在车里薄薄的稻草上。他一言不发，但心里许下了报仇的誓言。

1661 年，马萨林去世了。在他死后的第二天，路易十四开始掌权。这一天早晨，他在卢浮宫 [1] 的走廊上碰到了主管神职人员的大主教。大主教问道："陛下，您之前命我凡事均向红衣主教先生请示。他现在去世了。那么我以后该向谁请示呢？"路易十四回答说："我，大主教先生。"这是激动人心的开始。"我"，多么斩钉截铁的回答。这个回答贯穿了路易十四此后五十四年的统治。和平、战争、恩典、新政都来自"我"；沃邦（Vauban）的堡垒、莫里哀（Molière）的即兴剧、吕利（Lully）的芭蕾舞音乐、柯尔贝尔（Colbert）的报告也来自"我"；举兵踏平普法尔茨、取消《南特赦令》、设立法兰西铭文与美文学术院 [2] 还是来自"我"。对于路易十四打造的绝对王权，这句"我"恐怕是最好的总结。

在绝对王权下，凡尔赛宫诞生了。这座宫殿本是路易十三建造的狩猎宫。从 1660 年开始，路易十四不断将其扩建，1682 年又做出了将法国政府迁至此处的决定。他之所以这样做，是因为他想要树立威望。路易十四希望成为西方最伟大的国王，因此必须拥有一个与之匹配的宫殿。当然还有另一个原因，那就是幼年经历的恐惧令他对贵族们憎恨不已，他想要复仇。黎塞留曾写过，

---

[1]　路易十四当时住在卢浮宫。
[2]　该机构设立的最初目的是创作一些奉承的话以便刻在路易十四的雕像下。

要"打压贵族的骄傲"，路易十四真正做到了让贵族卑躬屈膝。他将贵族握在手中，把他们驯成了宫殿里的哈巴狗，每天都重复着同样的戏码：国王起床、国王更衣、国王散步、国王晚膳。在场的每个人都无比殷勤，毫无尊严可言。这些王公贵族在自己的宫殿里高高在上、不可一世，到了凡尔赛宫却甘愿把地板都舔干净，若能在路易十四睡前更衣时站在一旁捧着蜡烛，便觉得荣耀之至。

是的，凡尔赛宫给人的第一印象是美妙绝伦。然而仔细想想，这四个字又怎能代表这里的一切呢？

■ 欧洲的新版图

上面这些见解在当时恐怕是不会得到认同的，至少法兰西以外的人不会赞同。

路易十四在法兰西百姓的憎恨中死去（1715）。为了实现他对荣耀的幻想，百姓苦不堪言。据说他临终回光返照的时候一度后悔，说"我太好战了"。的确，他一辈子都在打仗。他的好战彻底毁掉了法国，使百姓生活在困苦之中，但也是因为他的好战，法兰西不断扩张，最终得以在欧洲傲视群雄。对于想要追随路易十四的人来说，这是值得崇拜的丰功伟业。成为强国的法兰西就这样被当作榜样。

法文和法兰西文化受到各国上流社会的追逐，法式建筑被竞相效仿。凡尔赛风席卷欧洲大地。如今，这类建筑随处可见。例如距离马德里不远的拉·格兰哈宫（La Granja）就有一个和凡尔赛宫一模一样的花园。有人会说，这可能是家族渊源。17世纪末，西班牙哈布斯堡王室最后的男丁去世，路易十四因自己的母亲来自这个家族，便让他的孙子坐上了西班牙的王位，由此开始了波旁王室对西班牙漫长的统治。这位新国王想要建一座充满童年记忆的宫殿，于是便有了拉·格兰哈宫。即便是这样，其他地方难道也能用家族渊源来解释吗？

　　为了回答这个问题，我曾试图列出所有以凡尔赛宫为蓝本的建筑：里斯本附近的"葡萄牙凡尔赛"克鲁斯宫（Queluz）、"英国凡尔赛"布莱尼姆宫（Blenheim）、"维也纳凡尔赛"美泉宫（Schönbrunn），还有比利时的、俄罗斯的，后来巴伐利亚也建了一座……最后我放弃了。这个单子是列不完的。总之我们都可以想象得到，各地几乎都效仿了路易十四的执政模式。在一段时期内，人们认为那就是国家该有的样子：国王是国家的核心，他高高在上，在自己的宫殿里被前呼后拥，他不必关心庶民的生活——否则就太过庸俗——只需要想着如何从邻国挖来几个省份来扩大自己的领土。在这样的执政模式里，我实在看不出有什么是值得称道的。

■ 俄罗斯、奥地利、普鲁士：新强国的出现

路易十四去世时，法兰西是欧洲的霸主。那么下一个会是谁呢？这成了各国新的目标。中世纪，战争体现着封建制度的特点：人们为了谁是君、谁是臣而争夺地盘。到了 16 世纪，我们已经讲过，冲突的双方变成了想要一统天下的帝国和集权制的君主政体，这是两种执政模式的对抗。经过三十年战争，君主制国家获得了胜利，帝国退出了角逐。因此，18 世纪的竞技场上就只剩下了为数不多的几个君主制强国。几位国王不停地发动战争，他们的目的是获得霸主的地位，或是吞并邻国的领土。

在这几个强国中，有的一度辉煌，比如西班牙，有的正如日中天，比如英格兰，但也有一些新面孔。让我们来看看其中最厉害的三个。

俄罗斯是在 15 世纪从蒙古人手中独立出来的，但从那以后一直把注意力集中在亚洲。彼得大帝（Peter the Great, 1672–1725）认为亚洲的风俗习惯不够开化，贵族穿着脏兮兮的长袍、留着胡须，东正教神甫满身酒气、目不识丁，这都让他厌倦。他相信，未来之风正吹向西方——这种看法并不是毫无理由。于是，他以坚定的决心——和狠心——将俄罗斯转向了西方。他把军队托付给几个德国人，又根据荷兰的模式重建了海军。在重创瑞典之后，他在一片沼泽中建起了圣彼得堡，千万瑞典战俘因此而累死。

三十年战争结束后，古老的神圣帝国成为一副空壳。这里将成为两大强国的天下。

哈布斯堡家族仍坐在帝位上，但已经没有什么实权了。于是，他们对帝位渐渐失去了兴趣，而将注意力转移到了他们自己的"世袭领地"——奥地利。与奥地利相关的权力和土地都被哈布斯堡家族控制在手中，波希米亚、匈牙利、克罗地亚都成为奥地利的一部分。他们还想向巴尔干地区扩张，那里奥斯曼土耳其人已经没有过去那么英勇善战了。

另一个德意志贵族家族是霍亨索伦家族。这个家族没有哈布斯堡那么显赫，从来没有争夺帝位的资格，只是小小的"选帝侯"。他们起初只有莱茵河附近的土地，后来得到了勃兰登堡（这是一大片沼泽地，柏林位于该地区中心），17世纪又进一步获得了条顿骑士团在波罗的海沿岸创立的普鲁士公国。17世纪末，家族中一位名叫腓特烈的人（Frederick, 1657-1713）决定向前迈出一步。他获得了皇帝准许，可以称王，但范围仅限于普鲁士的柯尼斯堡，也就是在神圣帝国以外的地方。他的孙子腓特烈二世（Frederick Ⅱ, 1712-1786, 1740-1786年在位）是普鲁士国王中最著名的一位。他也想要一座凡尔赛宫，于是便让人在离柏林不远的波茨坦建造了一座。他给这座宫殿起了一个好听的名字，叫作无忧宫。腓特烈二世与路易十四的共同点不仅体现在对玩乐和园林的喜好上，他们在战争问题上也是同道中人。好战的腓特烈二世带领普鲁士王国成为一个强大的军事强国。

18 世纪见证了一些国家的诞生和另一些国家的灭亡。刚刚提到的俄罗斯、奥地利、普鲁士三国偶尔也会相互开战，但他们更喜欢将目光转向弱小的国家。自瑞典入侵后，波兰便被笼罩在黑暗之中。18 世纪，狂妄而腐朽的贵族控制了波兰全境，并实行了一票否决制，这个自杀式的制度阻断了所有进步的道路。几十年间，奥地利、普鲁士和俄罗斯通过一个又一个的条约将波兰一块一块地吞并。1795 年，随着《第三次瓜分波兰》协定的签署，波兰被彻底地从地图上抹去了。

（参见插图 X）

| 第十二章 |
科学与启蒙

我若是旅行社的项目经理，一定会开发出一个别具一格的旅游项目："科学之旅"，向游人展现 16 世纪以来科学观念在西方世界逐步形成的过程。这是一个让人满怀期待的项目：科学观念的形成改变了人类与宇宙、与自然的关系，颠覆了人们的思想，对哲学及权力关系都带来了巨大的冲击，谁能不动心呢？但这个项目实施起来却并不容易：我们要去的地方有好多，一张单程车票是远远不够的——不过景点丰富倒也是这趟旅程的一个亮点。

我们的第一站是坐落在波兰东北部的一座大教堂，您可能觉得意外。然而这也在情理之中，因为一切都是从这里的尼古拉·哥白尼（Nicolas Copernic, 1473–1543）开始的。哥白尼出生在托伦（波兰语：Toruń，德语：Thorn），后来在博洛尼亚和帕多瓦求学，毕业后，他主要生活在位于今波兰东北端的弗龙堡（波兰语：Frombork，德语：Frauenburg）。从双语名字我们就不难看出，这些城市都曾是德国与波兰长期争持不下的地方。[1]哥白尼是我们参观的这座大教堂的议事司铎。砖石结构的教堂很是宏伟，四周城墙耸立。同波兰的许多古迹一样，这座教堂也在二战中遭受重创，后来得以重建。今天，教堂依然对游人开放，哥白尼的故居就在简朴的塔楼上。哥白尼正是在这里仰头望向了天空，但更多的时

---

[1] 这就是为什么德国人和波兰人都认为哥白尼属于自己的民族。

候，他埋头书写、计算，为人类的思想带来了最猛烈的变革。他最先发现地球是围着太阳转的，推翻了自古以来的地心说。哥白尼写在纸上的论断和计算结果都只是给自己看的，因为他的理论与亚里士多德和教会支持的观点背道而驰，着实太过敏感。然而，他的手稿却流传开来。就在他去世那年（1543），他的一位崇拜者在纽伦堡将他的著作之一《天体运行论》出版了。对于这位崇拜者，我们只知道他是一位痴迷数学的路德派神学家。认识论专家认为，此人所做的序对原作存在大量误解。

■ 从丹麦到威尼斯

现在让我们向北行进，前往文岛（Hven）。这座小岛如今属于瑞典，但在 16 世纪时，这里是丹麦的领土，这也就是为什么醉心于群星的丹麦贵族第谷·布拉厄（Tycho Brahe, 1546–1601）得以在这里建造了不起的天文台"天堡"（Uranienborg）。第谷·布拉厄并不是日心说的支持者，但他对行星观测颇有建树。尽管全凭肉眼，他在天空中发现了很多常人没有注意到的现象。遗憾的是，作为管理者，他的表现实在糟糕，文岛在他手中日渐凋敝，人民将他赶了出去，深受压迫的农民甚至将他的很多建筑都毁掉了。

离开文岛后，第谷·布拉厄在神圣帝国漂泊了一段时间，后来便到了布拉格。布拉格有一位皇帝名叫鲁道夫二世（Rudolf Ⅱ）。

这个人的想法天马行空，对炼丹术和神秘主义很是着迷。为了能够预知未来、揭开宇宙的奥秘，他广招天下学者。就是在这样的背景下，第三位重要人物登场了。这个人就是德国数学家约翰内斯·开普勒（Johannes Kepler, 1571–1630），他被任命为第谷·布拉厄的助手。开普勒的视力要比第谷·布拉厄差得多，根本无法观测天体的运动轨迹。然而他精于计算，能够把师傅的观测结果用算式表现出来。他推导出的公式让人类的认识跨出了重要的一步。借助著名的"开普勒定律"，他得出了行星的运动轨迹为椭圆形的结论，而在此之前，人们一直都以为行星在做圆周运动。

历史上的另一位重要人物伽利略（Galileo Galilei, 1564–1642）也生活在同一时期。我们该去哪里寻找他的足迹呢？伽利略出生于比萨。在完成了数学专业的学业之后，他定居佛罗伦萨。后来，由于在物理、几何等领域都颇有名气，他成为帕多瓦大学的教师。小城帕多瓦隶属威尼斯，伽利略的很多作品都与威尼斯息息相关。伽利略是一位学者，同时也是当时有名的手艺人，造出了水泵和指南针。他早年的学生写信告诉他，荷兰眼镜商发明的新玩意正风靡巴黎——人们用一个装着透镜的小管子就能够看到更远的地方。1609 年，伽利略制造的第一个"天文望远镜"在圣马可广场的钟楼展出了，总督们透过望远镜，惊奇地看到穆拉诺岛近在眼前。重温这个场景对于今天的我们来说也是个不错的体验，去威尼斯看穆拉诺岛，谁不会心动呢？然而，真正的转折点还在后面。

不久后的一天，伽利略独自在家，他将望远镜转向了月亮。这一转让他得到了意外的发现：他看到了阴影，看到了起伏不平的地势。这个发现太具有颠覆性了。自从亚里士多德以来，人们一直认为宇宙分为两个截然不同的部分。我们生活的地球属于"尘世"，只有"尘世"是不完美的，这里有堕落、有死亡，有奇形怪状的高山和峡谷。天上的一切则恰恰相反，日月星辰都应该是永恒的、完美的。从来没有人对这个观点提出过质疑。然而伽利略的发现却证明这种理论站不住脚。后来，伽利略孜孜不倦地用望远镜观测木星的卫星等天空中的其他星体，与哥白尼得出了一致的结论。他知道，错误的认识应该得到纠正。太阳才是中心，地球是围着太阳转的。

■ 培根、笛卡儿和牛顿

同样是在 17 世纪初，知识界开始通过观察、计算、提出假设、推翻假设的方式寻找真理，他们已经不再畏惧权威了。两位伟大的精神领袖为此做出了极大的贡献。第一位生活在伦敦，他的名字叫作弗朗西斯·培根（Francis Bacon, 1561–1626）。培根是英国政要，曾任国王詹姆士一世（James I）的掌玺大臣和私人顾问，后来失势——宦海沉浮本就是常事。他也是经验论之父。经验论认为，只有通过经验证实的真理才是真正的真理，只有研究大量事实才能找到普遍性的规律。

第二位精神领袖我们在前面已经提到过了，他就是勒内·笛卡儿（René Descartes, 1596–1650）。笛卡儿是法国人，但他为了追求宁静和自由在荷兰生活了很多年，晚年成为瑞典女王克里斯蒂娜（Christine）的家庭教师，最终在瑞典逝世。他也教导世人要敢于挑战教条、保持怀疑精神，认为只有经过思考和理性考验的结论才确实可信。

如果要为我们的旅程画上圆满的句号，我们最后不妨手拿苹果重返英国。传说中，天才科学家牛顿不就是因为看到苹果落地而受到启发，发现了使他名垂千古的万有引力定律吗？事实上，他的理论是以开普勒定律为基础，经过长年累月的伏案工作才最终提出来的。万有引力定律完善了前人的成果，整合出了一个能够解释各种力的作用的理论体系。在爱因斯坦出现之前，牛顿一直是物理学的鼻祖。

如果想缅怀牛顿，您可以去苹果树下走走。有几位农场主很严肃地认为他们的果树与启发牛顿的那一棵一脉相承，但他们并没有太多的科学依据。伍尔索普庄园是一处，那里是牛顿家的农场。剑桥大学是另一处，牛顿曾在那里读书。您也可以在他的墓碑前向他致敬。牛顿被葬在伦敦的威斯敏斯特教堂，不过不得不说，他的墓碑未免太过隆重，反而落入了俗套。

■ 解剖与分类

这样的旅行很不错对不对？这还不算什么呢。我们在前面的旅程中回顾了天文学和现代物理学的起源，除了这两个学科之外，我们还可以去看看医学是如何发展进步的。在路线的选择上，我们可以追随佛兰德斯人维萨里（Vesalius, 1514-1564）的足迹。维萨里被认为是"解剖学之父"，因为他摆脱了盖伦等其他古代大师的束缚，提出通过细致入微地观察而不是仅凭千年古书来认识人体及其器官。维萨里在布鲁塞尔出生，在巴黎求学，在帕多瓦和威尼斯从教，在巴塞尔出书、工作，他在巴塞尔当众解剖的罪犯骨骼标本至今仍在展出。后来他还做过查理五世的御医。在命运的捉弄下，他在从耶路撒冷朝圣回乡的路上因高烧在一座希腊岛屿上与世长辞。

跟随时间的脚步，我们还可以去探望18世纪的自然史之父、法国科学家布封（Buffon, 1707-1788），或是罗列了所有动植物并用双名法（即属名加种名）将其分门别类的瑞典人林奈（Linnaeus, 1707-1778）——如他所愿，他所创立的拉丁文命名系统至今仍被人们所使用。最后，为什么不去巴黎工艺博物馆看看呢？这里陈列着法国人拉瓦锡（Lavoisier, 1743-1794）将水分解为氢气和氧气时所用的煤气罐。拉瓦锡提出了质量守恒定律，即"质量既不会消失，也不会凭空出现，只会从一种形式转化为另一种形式"，他被认为是现代化学之父。

■ 科学的变迁

　　直到不久前，历史学家们还一直在用"科学革命"一词来描述人类敢于挑战教义、通过自主认知来逐渐了解我们所生活的世界进而在思想上产生了巨大转变的过程。今天，人们更倾向于称其为"变迁"[1]。这种说法并非是为了将思想变化的程度缓和下来，而是注意到了思想发展的持续性。与16世纪以来人们的普遍观念相反，文艺复兴的出现并非是毫无缘由的。我们在前文已经提到了在阿拉伯文化的影响下诞生的中世纪大学对知识领域起到的重要作用。早在13世纪，也就是在弗朗西斯·培根之前，方济各会一位名叫罗杰·培根[2]的"奇异博士"受到穆斯林学者阿尔哈曾的启发，就已经萌生了用实验来验证所有古老观点的想法。

　　在19世纪浪漫主义和反教权思想的影响下，人们一度倾向于将这种转变描述为个别几位自由的天才人物为冲破宗教的蒙昧所做出的艰苦斗争。的确，哥白尼因为害怕触怒教会谨小慎微，不愿将自己那些离经叛道的理论公之于众。的确，意大利哲学家焦

---

[1]　在我看来，关于这段历史，最为通俗易懂的书是美国科学史学家劳伦斯·M.普林西比（Lawrence M. Principe）撰写的《科学革命：极简介绍》（*Scientific Revolution: A Very Short Introduction*，中译本由译林出版社出版，名为《科学革命·牛津通识读本》）。
[2]　参见第六章。

尔达诺·布鲁诺（Giordano Bruno, 1548-1600）因为积极支持哥白尼的学说，认为"宇宙无限、世界众多"且拒不悔改，被认为具有无神论的错误倾向，最终惨遭火刑。的确，伽利略因为指出了地球在转动，受到宗教裁判所的传唤。他明知自己没错，还是不得不收回自己的话以求自保。要知道，他在此前曾有很长一段时间是在梵蒂冈的支持下开展工作的，教皇对他的成果很感兴趣，还与他是多年旧交。此外，教会对伽利略的态度突然发生转变与罗马教廷的内部斗争也有一定的关系。今天的历史学家喜欢将这些细微的事件也展现在世人面前。17、18 世纪的一些耶稣会士不也是伟大的科学家吗？

　　然而在今天看来，这些来自教会的伟大科学家在思维方式上其实是非常不科学的。第谷·布拉厄之所以坚持观察星空，只是为了从中探知未来。牛顿热衷于神秘主义，他还出版了一本小册子，详细介绍了地狱的点点滴滴。除了少数几个人之外，我们在上面提到的所有人都是非常虔诚的信徒，他们从来没有背叛自己的信仰。唯一的区别在于他们采取了一种新的视角，大概正是这种新视角改变了世界。从 16 世纪开始，人们开始用一种更加积极的方式来认识宗教。在所有的新教徒以及部分天主教徒眼中，宗教不再是只能接受、不需要理解的造物主之谜，他们希望真正明白上帝究竟是用怎样的法则维持着这个世界。牛顿等人以基督徒的身份创造了科学，但他们渐渐发展出了一种不需要宗教甚至是必须摒弃宗教的思维方式。宗教的本义要求人们遵从信仰、依教义行事，也就是说，宗教的真理是先验的、不可证明的。16、17世纪产生的科学家群体则秉持着截然相反的理念，他们的思想是独立的，希望摒弃一切偏见，只通过人类的智慧来理解这个世界，只将通过事实证明的结论作为真理。

当时的中国已经诞生了不少科学家，创造了造纸术、火药、指南针等重大发明。在阿拔斯王朝时期，阿拉伯世界也已经创造出了大量精神文明成果。最终，欧洲也不得不向独立自主的科学思想敞开大门。

为什么人们的思想会朝着这个方向发展呢？新大陆的发现所带来的冲击可能是一个原因，它激发了人们的创造力，促使人们用另一种方式审视世界。经济也可能是一个原因：欧洲通过在新大陆的掠夺迅速发展，这让欧洲人尝到了甜头，为了再接再厉，他们亟须探索出一条能够进一步发展的新路。无论原因究竟是什么，有一点是确定无疑的，那就是我们所谈论的这一切是一个欧洲现象。我要再强调一遍，它是一个欧洲现象。

欧洲大陆上的各个国家都在其中发挥着自己的作用。从17世纪开始，几个强国就设立了"科学院"，鼓励人们开展研究、进行发明创造。意大利的林琴科学院 [1] 年代最为久远，是一位罗马大

---

[1] "林琴"是音译，该词本意为猞猁，这种动物的视觉非常敏锐。

公在 1603 年创立的私立科学院。英国、法国、普鲁士、丹麦等国的科学院均为公立科学院，其目的都是汇聚人才。就拿英国来说，这个国家想要成为海上霸主，而若想实现这一点，他们就需要一个能够计算经度的可靠仪器。英国国会为此甚至出台了法案，承诺为解决经度测量问题之人颁发奖金[1]。尽管各个科学院分属各国，但科学革命（或者说科学变迁）的全过程是属于全欧洲的。我们不妨再回顾一下这一时期的诸位科学家：哥白尼，波兰人；布拉厄，丹麦人；开普勒，德国人（在捷克工作）；维萨里，佛兰德斯人；伽利略，意大利人；笛卡儿，法国人；培根、牛顿，英国人；林奈，瑞典人。我们不再一一赘述。他们中有天主教徒，也有新教徒。

我们用了几章的篇幅来讲述欧洲的分裂。从 16 世纪开始，欧洲的旧世界逐渐演变为一个个独立的国家政体，宗教筑起了他们的边界。而现在，我想指出的则是看上去与前文有些矛盾的另一个现象，那就是恰恰在同一时期，欧洲各国共同见证了科学的发展。没错，是欧洲各国！尽管当时的所有国王都怀着兴盛欧洲的梦想，但要论对人类文明的推动作用，没有谁的力量可以与科学相匹敌。（参见插图 XI）

---

[1] 即 1714 年通过的《经度法案》，直到 1761 年，赏金才终于被颁发给了钟表匠约翰·哈里森（John Harrison）。

■ 启蒙运动

在科学家们不断获得科学发现的同时，另一些学者则致力于思想的解放。萌芽于 16 世纪人文主义的启蒙思想在科技革命的滋养下茁壮成长。到 18 世纪，它发展成为一场重要的思想运动。这场启蒙运动显然也是欧洲的产物。

民族主义者当然不会这么认为，他们倾向于用另一种方式来审视历史，总是会突出自己民族的作用。英国在 17 世纪率先开始了科技革命，因而英国人便认为将政治自由主义放在首位是他们的创举。法国人因为自己的民族诞生了众多哲学家，便认为"启蒙"一词属于他们，然而其他语言中相对应的词也都贴切得很，如英语的 Enlightenment、德语的 Aufklärung、意大利语的 illuminismo 以及西班牙语的 ilustración 等。所有这些国家也都诞生了伟大的学者和伟大的作品，都迎来了同样的思想解放风潮。

若要回顾政治领域的变革，英国的确是我们要访问的第一站。17 世纪的英国经历了内战、独裁以及君主制复辟，一片动荡，光荣革命（1689）由此爆发。这场革命至少在部分地区树起了自由与宽容的旗帜，关于这一点我们很快还会谈到。在这里我要强调的是，新政治制度的建立主要归功于两位伟大的文人。一位是《利维坦》的作者、思想深邃的托马斯·霍布斯（Thomas Hobbes，1588–1679），他有一句拉丁语名言至今脍炙人口（其实这句话最早源自一位古代作家）：Homo homini lupus，即人是吃人的狼。正是为了避免"所有人对所有人的战争"，人们有必要达成契约，服从于同一个权威。这并不是一个令人欢欣鼓舞的想法，但却很具有开创性。这是第一次有人提出人类不单是权力的客体，也是权力的主体。另一位伟人是亲身经历了光荣革命的乐观主义者洛克（Locke, 1632–1704）。他提出人类具有不受时效约束的"与生俱来的权力"，如果一位君主不尊重这些权力，人们就应当推翻他的政权。

随后，人类便迎来了属于启蒙运动的时代——18世纪。法国人显然是这一时期的主角。究其原因，一方面是因为当时的法国在欧洲占据着主导地位，正如我们在前文已经讲到的，它的语言和文化在这一时期传播到了欧洲各地。另一方面，在这一阶段涌现的伟人中，法兰西民族数量惊人，他们中有提出了三权分立、为今天的民主政权奠定基础的孟德斯鸠（Montesquieu）；有《百科全书》之父狄德罗（Diderot）与达朗贝尔（d'Alembert），他们萌生了将人类所有知识汇集成册的疯狂想法，经过细致的分类整理，终于编撰出多卷本著作《百科全书》；还有以政论文与小说而闻名的日内瓦之子卢梭（Rousseau），他开创了欧洲浪漫主义的先河；我最喜欢的伏尔泰（Voltaire）就更不用说了。启蒙运动不仅引领了时代，更成了时代的一部分。没有哪个词比启蒙时代更能概括启蒙思想所抨击的对象：教条主义、宗教排外、偏见重重。用来抗击这种种弊端的启蒙思想力量强劲，如今细细品来，它宛如一杯激荡的香槟酒。能让高中生津津乐道的书目并不多，伏尔泰的《老实人》是其中之一，作者用幽默的笔调嘲笑了莱布尼兹提出的愚蠢的理想主义。长大以后，每当重新拾起这本书，人们对它的喜爱总会再添几分。

伏尔泰的身上有一种沙龙思想家少有的勇气，而且他会在适当的时机将这种勇气展现出来。18世纪60年代初，图卢兹议会将卡拉一家以杀尊亲罪论处，而实际上这家人唯一的过错在于他们是新教徒。伏尔泰得知此事后并不愿意只做一位看客，他为此奋力斗争了很多年，直到为无辜的死者恢复了名誉才终于罢手。在这个过程中，为了论证自己的观点，伏尔泰出版了《论宽容》一书。2015年初，在伊斯兰国制造了第一次巴黎恐怖袭击之后，这本书进入畅销书的榜单，并且在很长一段时间内连续上榜，令人始料未及。在找寻信仰与希望、抵制野蛮行径的道路上，法国人不约而同地想到了伏尔泰。这恐怕是最崇高的敬意了吧。

■ 启蒙运动之旅

诞生了这么多的天才人物，法国当然有理由感到自豪。为了赞颂他们，法国很多广场、街道、学校都是以这些名人的名字来命名的。但我们也不应忘记，这些人不仅是法国人，也是欧洲人。

孟德斯鸠和伏尔泰都是英国政治制度追崇者，他们提出的一些观点就是在此基础上形成的。18 世纪的所有哲学家都为牛顿的著作所着迷，而伏尔泰深爱的情人、启蒙运动时期的伟大女性之一沙特莱侯爵夫人（Mme du Châtelet）正是牛顿作品的法文版译者。所有的法文作品在出版后很快就会被欧洲各国的读者阅读、评论和喜爱，甚至包括很多身居高位的人——普鲁士国王腓特烈二世非常崇拜伏尔泰，奉行"开明专制"的俄国女皇叶卡捷琳娜二世则是狄德罗的追随者。

在这个辉煌的时代，法国之外的思想家又有多少！

我们在前文从科学发展的角度开启了欧洲之旅，同样，我们也可以从启蒙运动的角度游历欧洲。我们已经讲过了伦敦和巴黎，但如果要纪念卢梭，我们就要同 18 世纪末卢梭的弟子们一样离开法国的首都，来到巴黎郊外的小镇埃默农维尔（Ermenonville），卢梭晚年就生活在小镇一个美丽的英式花园中，并在那里与世长辞（1778）。或者我们也可以直奔瑞士，那是卢梭出生的地方。途中我们还会经过伏尔泰居住过的费尔内城堡，城堡离边境很近，一旦有危险，伏尔泰就可以逃离出境。若想参观伏尔泰的藏书，那就得长途跋涉到圣彼得堡去了——叶卡捷琳娜二世在他死后将他的藏书都买了去。这些书至今仍保留在那里。

从圣彼得堡折返的路上，我们当然要去俄罗斯的飞地[1]加里宁格勒走一走。在普鲁士时代，这座城市被称为柯尼斯堡，是条顿骑士团的旧都。18 世纪末以来，提到这个城市，所有文化人首先想到的是这里诞生的伟大哲学家康德（1724–1804）。康德的著作《何谓启蒙》在当时是如同《圣经》一样的存在。他受到古罗马诗人贺拉斯（Horace）的启发，提出 Sapere aude，即"要有勇气运用你自己的理智"，这句话成为启蒙运动的口号。据说康德一生都坚持在同一时间、同一地点散步，只有两次例外：一次是 1762 年为了去买卢梭的《社会契约论》，另一次是在 1789 年为了去弄一份报道法国大革命的小报。柯尼斯堡在二战的炮火中被夷为平地。如今，康德散步的小路连同其余的一切都已不复存在了。但我们仍然可以去柯尼斯堡大教堂，在康德的墓碑前缅怀这位伟人的一生。

继续西行，为什么不去米兰看看呢？在一座广场上，法学家切萨雷·贝卡里亚（Cesare Beccaria, 1738–1794）的雕像巍然矗立。他主张废除酷刑、罪罚相当，指出了羁押的必要性以及将宗教与司法相分离的益处，为刑法改革打下了基础。爱丁堡也是值得一去的地方。这座城市之所以被冠以"北方雅典"的美名，正是因为这里产生了众多哲学家，经验主义的代表人物之一大卫·休谟

---

[1]　飞地：被外国领土包围的土地。——译者注

（David Hume, 1711–1776）就是其中的一位，现代政治经济学的创立者、经济自由主义之父亚当·斯密（Adam Smith, 1723–1790）就更不用说了。

　　科学思想和启蒙时代都教导我们要带着批判性思维去审视一切，而它们二者本身当然也是被审视的对象。

　　科学是推动人类知识进步的良方，但我们也应该远离科学崇拜，避免走上唯科学主义的歧途。唯科学主义认为科学能够解决一切问题，也将会解决一切问题，这便将人们引向了普罗米修斯式的疯狂，即认为自己是大自然的主宰，具有掌控一切、支配一切的力量。这种倾向在 19 世纪和 20 世纪占了上风，今天，它对地球造成的不良影响已经显现了出来。

　　至于启蒙运动，人们从很早之前就批判它是选择性启蒙。它让人们在某些重大问题上觉醒，但却忽视了另一些同样重要的方面。在 18 世纪的西方世界，奴隶制问题十分严峻，但为什么众多的思想家、大文豪都纷纷对此保持沉默？

　　启蒙运动提出的普遍主义也是值得讨论的。那一时期的所有哲学家总是以人类的名义来表达观点，以普遍意义上的人为研究对象，他们想为全人类找到身而为人应享有的权利。这样的想法是好的，但前提是不要独断专行，要认识到其他民族也能够制定出属于自己的普遍准则。19世纪，欧洲普遍主义与帝国主义交杂在一起，这样的结合充满了危险。

最后我们来谈一谈经济自由主义的问题。毋庸置疑，经济自由主义是启蒙运动的产物，其本意是促进商业贸易的自由。哲学家认为，政治应当是自由的，经济也应如此。然而二者对人的认识是不一样的。民主政治以宽厚的目光审视人类，假定人类的每个个体都是理性的，能够服从于集体利益。而经济自由主义又是怎么说的呢？亚当·斯密提出，只有利己主义才能推动经济自由主义的发展，在市场的作用下，每个个体对个人利益的追求最终会带来人类整体的繁荣。然而在这一过程中，穷人将在更短的时间内沦为富人的附庸。我们在后文还会提到这一点。

我们当然有义务对17、18世纪学者的思想进行批判与审视，但我们绝不该忘记，今天的我们之所以能够带着批判精神开展研究，正是因为这些伟人为反对教条主义进行了无数次勇敢的斗争。他们成为欧洲历史上的一块重要里程碑。正如前文所言，现代科学和启蒙运动的出现都具有欧洲属性，我们从本书伊始共同完成的欧洲大雪球至此便又多了一层。关于前文提出的欧洲文明的"基督教根基"的问题[1]，我们在这里也可以做一点补充。基督教是欧

---

[1]　参见第三章。

洲文化的组成部分之一，我们对此已经讲了很多。自伽利略、笛卡儿、牛顿、伏尔泰、休谟、康德以来，借助科学知识和批判性思维，在包容思想和开放精神的推动下，对宗教万能不断提出质疑已经成为欧洲文化的又一个组成部分。

| 第十三章 |
三次革命

■ 英国议会制的诞生

我的母亲曾是一名英语老师。我家三位祖母辈的长辈在一战后嫁给了从战壕中走出的英国士兵，从佛兰德斯的苦难中逃离了出来。我生活在敦刻尔克。我的堂叔在渡轮上工作。之所以说这些，我只想告诉您我在英国生活过，在许多个假期里走遍了伦敦的大街小巷。我一度以为英国已经没有什么可看的了：我去过了动物园，看到了喝茶的猴子；参观了大英博物馆，从史前展到餐厅每一个角落都没有错过；住过弥漫着培根和消毒液味道的地下家庭旅店；在特拉法尔加广场纳尔逊将军的雕像前拍了照，还和所有的法国人一样开着经久不衰的玩笑："哎呀，他们竟然用败仗的名字来给广场起名。"

然而有一个经典的景点我并没有去过：威斯敏斯特宫。我以前对它并没有什么感觉，但现在，作为历史爱好者，特别是欧洲史的爱好者，威斯敏斯特宫是一个必须要去的地方，正如人们所说的，是一个 must。它的建筑本身并不古老。最早的宫殿始建于征服者威廉一世（William the Conqueror）的时代，1834 年毁于一场大火。我们今天看到的威斯敏斯特宫是 19 世纪中叶重建的，其塔楼、尖塔以及具有主塔气质的大本钟都体现了英式新哥特风格的特点，被认为是对中世纪的追溯，如今人们看到它却更容易想到《哈利·波特》中的场景。宫殿内部也采用了同样的风格。墙壁和吊顶金碧辉煌。皮革装订的书籍在书架上摆放得格外整齐，令人不忍抽出一本来阅读。展现战斗场景的学院派油画装点着宫殿。其中一个议院的门口还摆放着维多利亚的雕像。雕像中的女王装扮成中世纪公主的样子，仿佛是在为沃尔特·斯科特（Walter Scott）的小说拍摄封面照片。但这些都不重要。宫殿中保留了旧时代的一些遗迹，比如入口处的大厅就源自 11 世纪，其顶部全部为木质结构，令人惊叹。这里处处都是有灵魂的，就连讲解器里的女声都带着一种会令我的母亲疯狂的语音语调。

我现在所在的位置是圣斯蒂芬厅（St Stephen's Hall）。它像是一个宽阔的长廊，皮特（Pitt）、沃波尔（Walpole）、福克斯（Fox）等重臣和议员的雕像摆放在长廊两侧。18 世纪，他们雄辩的声音曾在这里回响。讲解器中说，从 16 世纪到 1834 年发生火灾前，这里一直是下议院开会的地方。因此，1642 年的那件大事正是在这里发生的。

那个时候，斯图亚特王朝的国王查理一世（Charles Ⅰ, 1600–1649, 1625–1649 年在位）统治英格兰和苏格兰已经近 17 年了。17 年来，他与议会的关系一直都很糟糕。无论是在税收问题上，还是在解决苏格兰叛乱的问题上，国王与议会总是矛盾重重，在宗教问题上更是如此。国王需要一个倾向于天主教的英国国教，而"清教徒"却将议会引向了极端加尔文主义。查理一世是个说一不二的人，他渴望的是专制制度，他在自己的权力范围内极力压制着不听话的议会。他不仅连续多年没有召集议会，后来甚至宣布解散议会。而议会就像不死的凤凰一样，总能从灰烬中重生，用更强劲的力量对抗国王一派。1642 年年初，查理一世因五位议员对他傲慢无礼而心生怨恨，打算命人将他们以叛国罪论处。他要求议会交人，议会没有同意。1 月 4 日，国王做了一件谁也没有想到的事：他带着一支武装护卫队亲自去了下议院——也就是我们现在所在的这个长廊。这样的场景是史无前例的，是对下议院的践踏。他在议会厅看了一圈，但并没有看到他要找的那五个人，于是，他便命令议长将这几个人点出来。没想到，这位一向温顺的议长说出了一段掷地有声的话，这段话在英国历史上非常有名。他说："尊敬的陛下，在这个地方，我不过是为下议院服务的公仆。我只看得到下议院希望我看到的，只讲下议院希望我讲的，请您莫怪。"这是前所未有的主权行为！下议院被他置于国王之上。颜面扫地的查理一世怒气冲冲地离开了。英国两个对立势力的关系彻底破裂。在接下来的几次内战中，他们即将兵戈相向。英国议会制就在这个过程中逐渐形成。

★ 光荣革命

我们现在这段旅程的目的是要找寻欧洲大陆的主要政治制度——自由的民主制度的起点。17、18 世纪，三个国家分别经历了一场革命，它们对民主制度的建立起到了至关重要的作用。这三个国家个个都以这段历史为荣，至今仍以此来赞赏自己。这么做是有道理的，因为是它们让欧洲在自由之路上走得更远。但我们也不该忘记，各国革命都发生在特定的历史背景之下，因此当时确立的制度都存在一些先天的不足。

首先登上舞台的是英格兰。我们刚刚回顾了英国政治史上一个著名的片段。要把这个片段讲好，我其实应该把故事的开头再往前移很多年。每当要列举为争取人民自由而做出重大贡献的文献时，英国人绝对不会忘记《大宪章》（Magna Carta）。这份文件是无地王约翰在 1215 年签署的。当时，在布汶战役[1]中落败的英格兰王室力量遭到削弱，只好向男爵们做出让步。《大宪章》是最先开始限制王权的几部法律之一。它最初主要用来保障大封建主的利益，后来经过不断修改和完善，成了为所有人提供广泛保障的一部法律，尤其是保证了法律面前人人平等。因此，《大宪章》至今都是法律界的重要参考。

从中世纪开始，历任英格兰国王的身边都聚集着一群顾问，他们的工作是就国家事务进行商议。"商议"也就是"说话"，在法语中叫作 parler，他们这种集会因而被称为 parlement（英语 parliament），即"议会"。早期的议会由主教、贵族这样的大人物

---

[1] 参见第四章。

组成，后来逐渐纳入了居住在城镇（commune）中的平民，他们开会的房间在法语中因而被称为 Communes，即下议院。议会与国王之间的对抗充斥着整个 17 世纪，其根本在于二者在政治和宗教领域的分歧，这种对抗为这个英国历史上极为重要的世纪注入了许多暴力。为消灭对手，查理一世用尽各种方法，最后终于引发了两次内战（1642-1645, 1648-1649）。议会获得了战争的胜利，国王则以叛国罪于 1649 年被送上断头台。随后，奥利弗·克伦威尔（Oliver Cromwell, 1599-1658）在英国建立了共和制，开始了为期十年的统治，但所谓的"共和国"不过是清教徒 [1] 的独裁政权。随后，斯图亚特王朝复辟，但国王与议会之间的关系丝毫没有改善。复辟后的第二位国王詹姆斯二世（James Ⅱ, 1633-1701,1685-1688 年在位）向往法兰西的专制制度、崇尚天主教，引起了人民的不满。1688 年，在又一次叛乱中，议会成功将詹姆斯二世拉下王位，并将王冠交到了他的女儿玛丽二世（Mary Ⅱ）和女婿荷兰执政威廉三世（William Ⅲ）手中。这两人的优点在于他们都是新教徒。几个月后，1689 年，随着《权利法案》的通过，这场被英国人民称为"光荣革命"的历史事件终于结束。《权利法案》斩断了天主教卷土重来的可能，确立了议会的权力，保证了人民享有请愿等活动的权利。

---

[1] 清教起初是 17 世纪在英国产生的众多新教教派之一，他们坚决要求将天主教残余从宗教中清除出去，这也是"清教"的得名原因。

这段历史让英国在政治自由的道路上领先了一大步。在法国等欧洲所有的君主还都向往着绝对王权的年代，英国创造出了属于议会的绝对王权。这种制度将权力分散，更加平衡，孟德斯鸠对此十分赞赏。当时的宗教裁判所在西班牙以及意大利的部分地区都可以肆意抓人，人民生活在枷锁之中，而英国人民不仅有《权利法案》，还受到此前十年正式颁布的《人身保护法》（Habeas corpus）的保护，该法案确保了所有公民都能够接受公正的判决。

光荣革命着实了不起，但我们也不该忽视英国议会制的不足：其议员并不具有广泛的代表性。在很长一段时间里，下议院议员全部都是富人选出来的，选民人数不足全国总人数的10%，而且选区的划分通常都经过了巧妙设计，对选举结果是很有影响的。在整个19世纪，为使富人承认选举权是每个公民都享有的权利，一些勇敢的斗士展开了艰苦卓绝的斗争。他们起初被认为是狂热的极端分子，受到残酷镇压。从1832年开始，每隔三四十年，英国议会就会通过一项新的《改革法案》。每项法案似乎都将选民的范围扩大到最大，但其实都通过这样或那样的借口并不解决根本问题。直到一战结束，也就是1688年的光荣革命结束两个半世纪后，男女平等的普选制度才真正建立起来。因此，英国虽然创造了议会制，但并没有实现民主。

■ 美国的革命及其背后的幽灵

若想知道民主是如何建立起来的，那就得乘坐飞机或像当年一样乘坐轮船到大西洋的另一边，那里也生活着一群盎格鲁—撒克逊人。自 17 世纪初以来，英国人和另外一些欧洲人在北美东海岸建立了许多殖民地。各殖民地的组织形式、殖民目的都是不同的。弗吉尼亚州聚集了很多大庄园主，他们通过种植糖料作物、烟草、棉花富了起来。马萨诸塞州和宾夕法尼亚州是由新教徒建立起来的，他们势单力薄，为免予迫害而逃离故土，希望建立属于自己的新家园。18 世纪中叶，尽管各个殖民地各有不同，但大部分移民都认为他们的税负太重了。殖民地的税率完全由英国议会表决，而议会中没有一人是来自殖民地的代表，这让人不堪忍受。随着人民的反抗情绪不断高涨，"无代表，不纳税"（No taxation without representation）成为口号。美国的革命由此爆发。

坐拥几千年历史的欧洲人总说美国人"没有历史"。这是不对的。他们的历史虽然不长，但得到了珍惜与保护。如今，独立战争时期的重要遗迹全部保存完好。在马萨诸塞州的莱克星顿和康科德两个小镇，我们既可以看到殖民地民兵与乔治三世（George Ⅲ）派来的英军首次交火的战场，还可以参观保存完好的建筑，如果幸运的话还能遇到穿着古装的演出人员再现当时的场景。当年的首都费城也将独立会堂完好地保存下来，这是他们的骄傲。

独立会堂是一座古典主义风格的小型建筑，十三个殖民地的代表在这里举行了早期的"大陆会议"，并通过这些会议颁布了在世界历史上具有重要意义的两份文件。

第一份文件是 1776 年 7 月 4 日发表的《独立宣言》。它采取了向英国国王乔治三世致信的形式，明确宣布了将殖民地同英国分离开来的决定。《独立宣言》列举了起义的根本原因："我们认为以下真理是不言而喻的：人人生而平等，造物者赋予他们若干不可剥夺的权利，其中包括生命权、自由权和追求幸福的权利。"

第二份文件经过了漫长的起草过程，最终在十一年后的 1787 年颁布，它就是"美利坚合众国"的《宪法》。"美利坚合众国"是在起义军成功将这片土地上的旧主击退后建立起的新国度。这部《宪法》开篇便指出：We the people of America，我们美利坚国民。

短短十年，寥寥数语，一种新的政治生活模式形成了。几个世纪以来，人一直被认为是一种附庸，在充满泪水的现世中，他们的唯一职责就是奉献与忍受，好日子将在另一个世界。因此，以往的政治都是建立在"顺从"的基石之上的。而《独立宣言》提出了一个了不起的观点，那就是"追求幸福"，即此时此刻、今生今世便要在这片新的土地上享有自由与幸福生活的权利。《宪法》对统治权也造成了颠覆性的改变。在它之前，所有的权力都是上层赋予的，它来自国王、神灵。1787 年《宪法》则将权力的源头置于了底层，使其来源于普通大众，而这些大众即将成为现代意义的"人民"，现代意义的"民族"也将随之诞生。

★ 人民？哪些人民？

是谁构成了这个民族、这些人民？这是一个大问题，也是美国革命的死角。美国的殖民地移民面向世界发表讲话，但他们的世界并不全面。首先，能够参加会议、在政治问题上发表意见的都是男性。若干年前，以自由自诩的英国议会在这一问题上并没有提出任何不一样的想法。到了 18 世纪，尽管包括英国在内的很多欧洲政体都在女王的统治下繁荣发展[1]，但男人政治的局面一直没有改变。所有这些革命都把女性留在了私人范畴。

其次，美国人民在全世界面前宣扬着自己对自由、幸福与平等的渴望。但他们却没有告诉世人，只有肤色"正确"的人才能享有这些美妙的礼物。一个世纪以来，美国殖民地，特别

---

[1]　1688–1689 年的光荣革命使退位国王詹姆斯二世的女儿玛丽和女婿威廉·奥兰治共同登上王位。在他们之后，安妮成为英格兰、苏格兰和爱尔兰女王（1702–1714 年在位）。同样是在 18 世纪，俄罗斯诞生了叶卡捷琳娜一世（1725–1727 年在位）、安娜一世（1730–1740 年在位）、伊丽莎白一世（1741–1762 年在位）和叶卡捷琳娜二世（1762–1796 年在位）四位女皇，玛丽娅·特蕾莎则是奥地利大公以及匈牙利和波西米亚的女王（1740–1780 年在位）。

是美国南方的殖民地，从非洲押送了千千万万的奴隶来为他们种植甘蔗和烟草，后来还开始种植棉花。这些奴隶在他们眼中连人都算不上，更何谈公民待遇？这种现状与人们所追求的那些原则岂不矛盾？南部各州又怎能甘心他们赖以维继的制度就这样被破坏？为了走出这个困局，《宪法》的创造者们把典型的虚伪手段用到了极致。对于容易令人不快的"个别制度"，他们只字未提。就这样，他们的文件创造了为所有人赋予美好权利的伟大奇迹，同时在事实上也允许了与之完全相悖的制度继续存在下去。经过漫长的内战（1860 年至 1865 年的美国南北战争）以及无休止的民权斗争，到 20 世纪 60 年代中叶，白人与黑人的平等关系终于得到了法律的承认。但事实上，黑人至今也没有得到完全的平等对待。

最后还有一点我们不应忘记，那就是在 1787 年自称为"美利坚国民"的那群人在那里生活的时间并没有多久，几千年前就住在那里的人则被他们用暴力赶走了。这些原住民至今还被叫作印第安人，他们直到 1924 年才成为美国合法公民。也就是说，美国殖民者不仅将印第安人几乎消灭殆尽，而且又过了很长时间才把为数不多关押已久、已不会造成任何威胁的印第安人接纳进来。同黑奴一样，这些印第安人也是盘桓在美国民主大幕之后的幽灵，他们久久都不会离去。

■ 法国大革命的成就与问题

自称"爱国者"的美国殖民者尽管未经训练，而且一开始的装备情况也很差，最终却打败了训练有素的英国军队，这在很大程度上要归功于欧洲人的慷慨相助，比如自愿参加战斗的法国人拉法耶特（Lafayette）和波兰人科什乌兹科（Kościusko），英格兰的宿敌法兰西后来还派出了由罗尚博（Rochambeau）统帅的正规军，起到了决定性的支援作用。这种支援的代价是很大的。自路易十四那个奢靡的时代开始，法兰西王国的财政状况已然不容乐观，18 世纪末的这场战争让本就不太充盈的国库彻底空虚了。可怜的路易十六（Louis XVI）年复一年地把最优秀的人才聚集到身边，希望他们能想出办法解决这个问题。但每一个人都遇到了同样的困难：高级神职人员生怕自己的钱包被盯上，不断向国王呈上谏书，贵族小团体——通常围绕在玛丽·安托瓦内特王后（Marie Antoinette）身边——也有同样的担忧，他们都为解决经济问题设置了障碍。所有这些过着幸福生活的特权阶层几乎都不怎么交税，而且多一分钱也不打算交，他们把一位又一位的财政大臣拉下马，让一个又一个改革方案化为泡影。为了找到一个能让所有人满意的解决办法，国王决定采取最后一招。他把全国各省份各阶层的代表汇集一堂，近两个世纪都没有召开过的三级会议重新回到历史舞台。

从凡尔赛宫出发，面向皇家马厩的方向，只需要往前走几条街，就会在左手边看到一座古典风格的圣母堂。这座教堂至今仍然熠熠生辉。教堂的墙上挂着一块小牌子。它告诉我们，1789 年 5 月 4 日，从法兰西各地赶来的 1200 名议员就是在这里共同创造了法国历史上的关键时刻。国王和王后很快也赶来了。这些人随后组成了浩浩荡荡的队伍，他们从圣母堂出发，前往圣路易教堂聆听弥撒。街上到处都挂着大大小小的旗帜，人行道上站满了热切的百姓，连窗口都挤满了人。我在一个阳光明媚的夏日重新走了这条路，一路上走走停停，时而闭上眼睛想象当年的情景，不得不说，我的心情不由得便激动起来。

走在队伍前面的是来自第三等级的 500 名代表，他们衣着朴素，穿着深色长裤，一袭黑衣。跟在后面的是花花绿绿的贵族，他们穿着绸缎衣服，佩着剑，戴着插着羽毛的帽子。再往后是第一等级，也就是神职人员。神职人员又分为两个层级，下层是来自村镇的神甫，穿着长袍，上层是红衣主教、主教，即教会的重要人物，他们的长袍更加气派，有红色的也有紫色的，光彩夺目。5 月 5 日，会议在不远处的"游艺厅"开幕了。为了召开严肃的三级会议，大厅经过了专门布置。这座建筑至今还保留着，但如果想去那里，您最好带上一把低音古提琴或是一只双簧管，因为它现在成为巴洛克音乐中心。

所以一切都是从这里——凡尔赛——开始的。如果没有事先了解这段历史，游客们一定会大吃一惊。望着眼前高大的砖石建筑、繁华的室内商廊、系着发带的年轻姑娘、从教堂走出的男女老少，感受着天主教小城独有的舒适惬意，无论是谁都会觉得这里更适合发生一些市井俗事，而绝不会想到翻天覆地的历史性事件会在这里拉开序幕。

从三级会议一开始，投票就成了关键问题。大家纠缠不休，始终不能达成一致，因为这个问题关系到后续的一切。神职人员和贵族希望按照等级来投票，这样他们就可以以二对一，获得全面胜利。第三等级则在艰难地守护着自己的梦想，他们想得到公平，对他们而言，此时的公平便是以人头计数。

6月17日，经过数周毫无进展的讨论，第三等级采取了行动。随着一些贵族和教士的加入，第三等级的大部分代表宣布成立"国民议会"。在剧院，用木棍在地板上敲击三下就代表着戏剧即将开幕了。对于法国大革命来说，"国民议会"的成立便是第一响。

第二响出现在20日。那一天，"国民议会"来到游艺厅集会，但国王心中不快，便让人关了门。由于没有地方可去，又赶上下雨，这些人就躲到了三条街外的一个体育馆去。这个体育馆当时是打老式网球的场地——现代网球就是从老式网球发展来的——如今依然开放。它很空旷，布置得很简单，窗户开在很高的位置，和今天的体育场馆类似，大概是为了避免被速度过快的球撞到。

球网如今已经被撤掉了，取而代之的是几块大大的标牌，上面写着几百位代表在此宣读过的铮铮誓言。代表们群情激奋，一只手放在胸口，另一只手向前伸向前方，发誓不为法兰西王国"制定一部宪法"就绝不解散。

6月23日，所有人都回到游艺厅听国王讲话，但他讲完之后，第三等级没有听从国王的命令，拒不退场。又一个历史性的场景出现了。米拉波（Mirabeau）说："去告诉派你们来的人，我们来到这里是受命于人民，只有刺刀才能把我们赶走。"面对国王派来的人，国民议会的主席巴伊（Bailly）也表明了态度：

——先生们，国王的命令你们都听到了。

——我想人民聚成的国家不需要听任何人的命令。

四天后，国王让步了。两周后，国民议会改名为"制宪议会"，开始为法国制定新的制度。

短短几天时间，历经千年的封建宝塔、神圣君权、等级制度就这样轰然垮塌。正如1774年的费城一样，权力不再来自顶层，而是自下而上来自构成"民族"的人民，这在欧洲历史上是第一次。法国大革命开始了。

★ 宽厚为本

从 8 月开始，法国大革命便投票废除了多项特权，创造了平等；它还给世界带来了伟大的《人权宣言》。此后多年，尽管经历了各种各样的政治动荡，大革命至少在指导思想上坚持了这个方向。这次革命是建立在民主的基础之上的，相较于前面的两场革命，它显得更具有包容性。

同英国、美国的革命一样，女性在法国大革命中的地位也很低，她们在政治上几乎没有话语权，是这次革命忽视的很大一方面。但其他一度被冷眼相待的群体则成为国民的新组成。1791 年，犹太人得到"解放"，成为同别人一样的公民。同年，国民议会根据启蒙运动提出的"无受害者则不构成犯罪"的伟大原则，将同性恋合法化。1794 年，国民公会——当时成立不久的国家管理机构——宣布废除奴隶制。黑人与混血人出现在了议员的席位上，这是史无前例的。

法国大革命的上述方针政策富有解放精神，但它存在两个极其严重的问题，一是恐怖统治，二是强烈的征服欲。

这两者是相互关联的。

1789 年的制宪议会幻想建设一个君主立宪制的国家。若想让这个制度真正运行起来，就必然需要君主在其中发挥作用。然而，

《教士公民组织法》[1] 的颁布让路易十六备感不安，他认为该法令对宗教怀有敌意，因此主观上越来越向流亡在外的贵族势力倾斜。这些贵族共同密谋推翻新制度、重建旧制度。为同流亡贵族汇合，1791 年 6 月，路易十六携家人一同外逃，但刚到瓦雷纳就被抓住了，随后便被带回巴黎。路易十六既想不出别的办法，又不想让国家陷入动乱，只好重新登上王位。很快，1791 年宪法出台了，这部宪法受到了普遍排斥。国王的支持者和反对者都认为，只有对外作战才能让法国走出当前困境。在国王的支持者看来，外军的加入能够救法国于水火。反对者则相信战争能够帮助他们抓到密谋叛国之人。

1792 年 4 月 20 日，法国向"波西米亚及匈牙利国王"（奥地利）宣战，这也就是玛丽·安托瓦内特王后的娘家，奥地利的盟友普鲁士很快也被牵扯进来。这是决定性的一刻，法国大革命以及欧洲历史由此迎来了彻底的转折。

★　恐怖统治

理论上，集结在边境上的奥地利与普鲁士军队实力更强，他们都是职业军人，训练有素。这就引起了法国国内的恐慌。对侵

---

[1]　颁布于 1790 年 7 月，使教会"国家化"，并要求教士宣誓效忠于大革命。

略者极度恐惧使法国政权开始向暴力滑坡，或者至少可以说革命之初的暴力源自这种恐慌情绪。1792 年 9 月，人们涌向巴黎的监狱，大肆屠杀关在那里的教士、贵族以及其他有叛国嫌疑的人。路易十六则在这一年 8 月被捕，12 月受审，次年 1 月被推上断头台。1793 年 4 月，面对紧迫的局势，产生于 1792 年 9 月底的国民公会[1]将部分权力交给了救国委员会。救国委员会成员很少，激进派很快取代了最初的成员，掌握了委员会的控制权。7 月，雅各宾派的罗伯斯庇尔（Robespierre）进入救国委员会，随后便施行了类似独裁统治的政策。从 9 月起，他开始大规模消灭所有"嫌疑人"，在短时间内以密谋叛国之名将这些人一一处死。法国大革命原本有着美好的开头，恐怖统治却成为这段历史上一个巨大的污点。

现在再让我们回到刚才的网球场。在这里，我们可以找到大卫尚未完成的一幅名作的复制品。每一位法国人都曾在历史课本上见过它。画面中展现的便是召开三级会议时议员们在这里集会宣誓的场景。我数了数，在画里的近五十人中，十二人在恐怖统治时期被送上了断头台，也就是大约四分之一。然而，这十二人的鲜血不过是血海中的小小一滴——当时的遇难者达 10 万人。这个数字真是触目惊心。如何来看待这个结果呢？

---

[1]　国民公会经选举产生。它推翻了君主制，建立了共和国。

　　两个世纪以来，反对大革命的一派一直认为恐怖统治是大革命的必然结果。20 世纪末，很多右翼思想家更是指出这段血腥的历史孕育了 20 世纪的极权主义，是希特勒、波尔布特之母。果真如此吗？我个人并不赞同这些观点。极权主义政体的本义是杜绝内部政变的一切可能。希特勒、墨索里尼、波尔布特都败在外敌面前，斯大林也从未因自己的罪行而担心祸起萧墙，最终得以在卧榻上撒手人寰。1793 年 7 月，罗伯斯庇尔之所以能够掌权，是因为国民公会的一个派别选择了他。1794 年 7 月，他之所以下台并被处决，是因为国民公会的另一些派别不认同他。自 1794 年秋，恐怖统治的主导者中至少有一些被法庭以大革命之名审理和惩处[1]。丧失理智的恐怖行径应当被认为是当时那种制度的血腥衍生物，而不是它的本性。

　　既然这样，那么是不是就该像极左翼一派一样原谅罗伯斯庇尔的罪行，认为他只是想在建立普遍平等的政权的道路上铲除一些障碍呢？

　　砍头与普遍有何关联？断头台对平等和进步又有什么帮助？将砍头作为家常便饭反而为反动分子吹响了出征的号角。在后来的几十年里，每当人们提出对社会正义的渴求，每当人们想对压迫政权做出些许改变，欧洲的各大势力都曾用这段历史来浇灭他

---

[1]　例如革命法庭的公诉人、为人阴险的富基耶—坦维尔（Fouquier-Tinville）就是这种情况，他在 1795 年与十余名共同被告一起接受了审判并被处决。

们的激情：平等？公正？革命？你们看看这都是怎样的下场！

■ 手拿武器的传教士

在法兰西内部，战争引发了连锁反应：国王被捕、共和国成立、恐怖统治肆虐。在国民公会之后，督政府（1795–1799）成为新的政府机构。这个机构虽然接受自由思想，但存在腐败和不稳定的问题，执政期间多次遭遇政变。发生在共和八年雾月18日（1799年11月9日）的政变让拿破仑·波拿巴（Napoléon Bonaparte, 1769–1821）掌握了政权。拿破仑先是成立了执政府，但他并不甘心，后来在1804年终于加冕称帝。所有这些政体的性质都是不同的，但它们都有一个共同点，那就是它们都在不断发动战争。自1792年战争爆发，除了期间有几年休战，一直到1815年拿破仑垮台并被流放到偏远的圣赫勒拿岛，战争才终于结束。欧洲各国都以这样或那样的方式被卷入了这场动荡之中。在奥地利和普鲁士与法兰西交战两年后，英格兰、尼德兰联省共和国、西班牙、葡萄牙也参与了进来，意大利的几个小国以及领土广袤的俄罗斯也未能幸免。这场战争的性质与以往全然不同。它不再是几个君主之间的冲突，而是人民为了推行所捍卫的思想而进行的抗争。1792年，法兰西人民拿起了武器，他们的口号振聋发聩："村舍要安宁！向城堡开战！"他们既想将革命思想传播到国外去，也想要帮助各国人民起身同王权抗争。

很快，法兰西就有了实现这个目标的能力。1792 年 9 月，法军在瓦尔密战役中取得了胜利，击退了奥普联军。然而在 1793 年，法兰西又迎来了新的敌人，国内还出现了叛乱，一度几近崩溃。但从 1794 年开始，经过征兵，壮大了的法兰西军队走上了征战之路。督政府时期的法国进一步扩大。1812 年，法兰西帝国的国土面积在拿破仑手中达到顶峰，共有 130 个省 [1]。其周边从荷兰到西班牙的绝大多数地区，或由拿破仑的亲属统治，或成为法兰西的附庸。

拿破仑的作用很难界定，因为实在无法将他归入某个类别。他恢复了奴隶制、册封新贵族、扼杀公众自由，在许多方面都是向旧制度的倒退，但与此同时，他还颁布了《民法典》、调停了宗教关系、重建了教育体系，带领国家走上了现代之路。拿破仑对其他国家的影响也同样难以评判。他花费大量精力建起了一个个新的王国，然后将其赏赐给自己的兄弟，这是最糟糕的封建传统。然而他又始终坚持着大革命的基本原则，在所到之处大力推广《民法典》、平等友爱的理想观念以及人权思想。但结果怎么样呢？结果是无情的抵制。从家园沦陷的那一刻起，所有欧洲人都奋起反击，侵略者想要强加给他们的一切都遭到了憎恨。法国人一度天

---

[1]　如今法国有 101 个省。

真地以为是自己解放了别人，而西班牙人、德国人至今仍然认为自由是他们自己争取来的。即便在今天，德国捍卫出版自由的一个重要奖项仍然以约翰·菲利普·帕尔姆（Johann Palm）命名，此人曾是纽伦堡的书商，因为出版了一本反对拿破仑的小册子被拿破仑的军队枪决。充满革命精神的法兰西以为自己将宏伟的愿景带给了欧洲，但军事入侵让一切都变了味。1792年1月，罗伯斯庇尔在一次反战讲话中指出，"没有人喜欢拿着武器的传教士"。在这一点上，他倒是说对了。

第十四章
民族时代

每一位德国人知道阿米尼乌斯（Arminius），人们也叫他赫尔曼（Hermann）。此人是切鲁西部族的一个日耳曼人。两千年前，他在日耳曼尼亚的一片森林里打败了百人队队长瓦鲁斯（Varus）率领的军团。根据历史学家苏维托尼乌斯（Suetonius）的记载，罗马帝国的皇帝屋大维因为此事受到很大的打击，直到临死的时候，他还以头击门，痛苦地喊着"Vare, legiones redde !"（瓦鲁斯，把军团还给我！）德国人将阿米尼乌斯视为日耳曼人的祖先之一，至今仍有许多人专程前往北莱茵—威斯特法伦州，在条顿堡森林的深处瞻仰赫尔曼的宏伟雕像。这座雕像高 25 米，建在 25 米高的基座上。据说雕像所在的位置就是阿米尼乌斯大获全胜的地方。知道阿米尼乌斯的法国人寥寥无几，他们崇拜的勇士名叫韦坎盖托格兹（Vercingétorix）。此人的运气就没有那么好了。在对抗恺撒的过程中，韦坎盖托格兹在阿雷西亚战役中战败。他的雕像矗立在法国勃艮第的阿利斯圣兰广场上——据说韦坎盖托格兹就是在这里缴械投降的。比利时人也有自己的战斗英雄，他的名字叫作阿比奥里克斯（Ambiorix），此人在阻击高卢入侵时立过赫赫战功。据说阿比奥里克斯是混血人，是凯尔特人和日耳曼人的后代。鉴于比利时位于德国和法国中间，这样的血统堪称完美。布鲁塞尔有一座广场就是以他的名字命名的，在列日省的通厄伦市，也就是传说中他的故乡。广场上还有一座他的雕像。伊比利亚半岛同样有自己的战斗英雄：维里阿修斯（Viriate）。他的绰号叫作 Terror Romanorum，意思是"罗马人的恐惧"。他的雕像保存在西班牙萨莫拉市的中央广场。雕像中的卢西塔尼亚英雄右手抬起，左手持着长枪，举在腰间，显示出无惧一切的气势。至于罗马尼亚的英雄、达契亚人的国王德凯巴鲁斯（Decebalus），我就暂且略过，以免读者失去了耐心。但是我还是想讲讲英国的英雄，因为与别的地方不一样，英国人崇拜的是一位女英雄，名叫布迪卡（Boudicca）。她是凯尔特人的公主，同前面几位英雄一样，她也率领军队迎击了罗马人的入侵。她的名字在英国家喻户晓。在通往英国国会的威斯敏斯特桥上，您会看到一座青铜雕像，雕像中站在马车上的那个人便是布迪卡，坐在后面的是她的两个女儿。

由于这些英雄的存在，由于历史课本的相关介绍，由于我们刚才提到的一座座雕像，每一位欧洲人都坚信自己属于某个与众不同、英勇善战的民族。他们各自的心中难道不是都有那样一位面对入侵毫无惧色的英雄先辈吗？然而，很少有人提出这样一个令人深思的问题：究竟从什么时候开始，他们的民族将这些人视作了先辈？这个问题不难回答——只需要查查每座雕像的建造时间就够了。所有这些雕像都是 19 世纪下半叶建成的。

■ 民族观念的产生

对于 21 世纪的欧洲人来说，每个人的民族观念是很强烈的。人们会说自己是英国人、比利时人、瑞典人、意大利人，这其中既包含着民族语言，也包含着民族历史与民族文化，仿佛各国之间的不同自古便根深蒂固。但实际上，民族观念并没有很长的历史。在很长一段时期，人们的身份是通过另一些标准来界定的。人们会说某人来自某个领地、某个村庄、某个教会、某个家族。比如约翰是纽伦堡的织布工人汉斯的儿子；已经受洗的虔诚基督教徒玛利亚是佩德罗的妻子，他们是阿拉贡某个庄园主的佃户；艾萨克是大卫的儿子，父子俩都是克拉科夫某个郊区的鞋匠；戈德弗鲁瓦是某地的第十二位伯爵；彼得加入方济各会后改名马太，成为奔走四方的传教士。

正如我们所看到的，从 16 世纪开始，国家机构的发展和各地语言的结构变化逐渐改变了人们的归属感。教育程度较高的少数群体在这一点上受到的影响更大。七星诗社的诗人，如龙沙（Ronsard）、杜贝莱（Du Bellay）显然会对法兰西有一定程度的认同感，正如莎士比亚也同样会承认自己的英格兰属性。相反，某个村庄里一个不识字、讲着当地方言的农民恐怕很难有同等的认识。另外，在等级社会中，人们在关注民族的同时，也会关注社会地位。对于分别生活在卡斯蒂利亚和波兰的两位 17 世纪的贵族，他们都会认为对方与自己的关系比家里的女佣要亲近得多，这是门第决定的，即便他们的女佣和他们一样都是土生土长的卡斯蒂利亚或波兰人。最后，各个国家通常都分为多个省份，即使是历史最悠久的国家也是如此，每个省各据一方，有自己的历史、自己的身份。甚至到了1789年，法兰西国王路易十六在三级会议上的所有讲话都会用"各地人民"这个字眼，单词为复数形式。而国民议会提出了"国民"的概念，变复数为单数，各地人民成为一个整体。从此便有了独一无二的法兰西人民，有了法兰西民族，凡出生在这个国家的人无论出身都属于这个集体。这个民族产生了在自己的历史上成为主角的念头。

18世纪中叶，同样的想法在欧洲多地开始萌芽。从苏格兰到塞尔维亚，从斯堪的纳维亚诸国到希腊，语言学家、诗人以及历史学家们纷纷回望过去，赞颂——或杜撰——伟大的历史事件和英雄人物。在他们的努力下，苏格兰人、塞尔维亚人、希腊人、德国人等都将自己视为"一个民族"。1789年的法兰西第一个将这种新观念体现在了政治上。它以共和国的名义所发动的战争以及拿破仑对整个欧洲大陆的统治将政治上的民族观念传播了出去，然而其结果却与其本意截然相反——法兰西入侵者激起的仇恨成为德国人、西班牙人增强民族认同感最有效的催化剂。

就这样，从19世纪初开始，在全欧洲范围内，越来越多的人有了民族意识，他们开始为各自的民族争取民族自治的权利。由于实际情况各不相同，各地的斗争也是不一样的。一些民族需要摆脱压迫、获得独立，如受奥斯曼帝国控制的塞尔维亚、希腊、保加利亚、罗马尼亚，受奥地利控制的捷克和匈牙利，以及受英国控制的爱尔兰。波兰在之前的战争中被沙皇俄国、普鲁士、奥地利三国瓜分，它需要做的是收复山河。德意志人、意大利人则分散在众多公国、城市、小王国之间，他们的愿望是建立一个前所未有的统一体。

这场斗争起初遭到了残酷镇压。维也纳会议（1815）将打败拿破仑的各方聚集起来，给革命思想当头一击。在二十多年的疯狂革命之后，人们再也不想讨论重新划分领土范围、打破旧有秩序的话题了。奥地利外相梅特涅（Metternich）和他的座上宾——欧洲各国的皇帝、大公——都认为，回到大革命之前的状态、延续王室之间的联盟和联姻才是维持世界和平、人民和乐的唯一途径。

这种理念也存在例外。19世纪20年代，希腊人就开始了反抗奥斯曼帝国的独立战争。所有的浪漫主义者、自由主义者，如诗人、作家都以荷马和柏拉图之名站到了希腊这一边。经过一番犹豫，英格兰、法兰西以及想要对未来的希腊提供"保护"的东正教国家沙俄同意参战。他们为希腊人带来了物质援助和武装力量，最终使希腊获得独立。这三国表面上帮助被压迫人民追求可贵的自由，实际上却是在瓜分正在走下坡路的奥斯曼帝国。

几乎就在希腊获得独立的同一时期，华沙也出现了反抗沙皇俄国的起义（1830-1831）。当自己的利益受到威胁时，沙皇的态度就发生了反转。一度为自由高歌的沙皇军队用一场腥风血雨镇压了渴求自由的波兰人民。不幸的波兰爱国人士遭遇"大流放"，其中大部分被流放到了巴黎。

在19世纪的前三十年里，欧洲西部只有一个民族成功改变了国界。1815年，荷兰王国成立，其领土涵盖今天的荷兰、比利时、卢森堡全境。1830年，随着法兰西人民将查理十世（Charles X）拉下王位，比利时天主教和自由派人士也团结起来共同摆脱了荷兰的统治，建立了新的国家比利时王国。英国对其予以承认，并保证比利时是中立的。

■ 人民之春

在欧洲的其他地方，具有强烈民族观念的左翼群体都受到了反动政府的残忍镇压和革命热情高涨的爱国人士的坚决维护。马志尼（Mazzini, 1805-1872）就是其中的一位杰出代表。此人是意大利复兴运动的领袖，他心地宽厚、敢想敢做、充满激情、信仰坚定，一心想要将所有意大利人民统一在一起。为实现自己的理想，他还四处密谋、发动突然袭击。然而他发动的起义最终不是被盘踞在意大利北部的奥地利军队镇压了下去，就是被控制了意大利南部的那不勒斯武装击垮，他也因此而遭到监禁和流放。

1848 年，大范围的革命运动使欧洲动荡不安。在西西里岛、法国、教皇国、德意志诸国、奥地利帝国、匈牙利，人们纷纷发动起义，对现有政权造成了威胁或直接致使其垮台。2 月，法国人赶走了路易·菲利普一世（Louis Philippe Ⅰ），建立起新的共和国。3 月，幅员辽阔的日耳曼世界和其他很多地方都爆发了革命：梅特涅被迫逃离维也纳；布达佩斯风起云涌；德意志人民在自由城市法兰克福选举产生议会；意大利起义军在教皇的圣地罗马建立了一个共和国。这段历史通常被描绘为"人民之春"，仿佛美好的国民时代即将到来。然而，随之而来的却是一场倒春寒。数月之后，爱国斗士们有的牺牲了，有的被送进监狱，有的被流放。专制政权及其残暴统治重新回到历史舞台。

■ 欧洲的新版图

国王们需要在人民跌倒的地方站起来。这段宏大的历史进入第二幕，其主要场景有两个。

一个在意大利。19 世纪 50 年代后期，皮埃蒙特—萨丁尼亚王国[1]的国王维克托·伊曼纽尔二世（Victor-Emmanuel Ⅱ）在大

---

[1]　也称撒丁王国。——译者注

臣加富尔（Cavour）的支持下决定统一意大利半岛。拿破仑三世
派军援助（作为交换，法兰西索取了尼斯及萨伏依地区），使撒丁
王国成功击退了伦巴第以及威内托地区的奥地利人。革命斗士加
里波第（Garibaldi）加入国王的阵营。他从西西里岛出发，为国
王征服了南部各地。1861 年，维克托·伊曼纽尔二世与加富尔一
同在都灵宣告意大利王国成立，1870 年又将首都设在罗马。愤怒
非常的罗马教皇撤离至梵蒂冈，认为自己成为囚徒。就这样，意
大利实现了统一。

　　在德意志世界的统一进程中，我们将要看到的就不止一位帝
王了。在很多爱国人士看来，德意志世界的帝王宝座应当属于奥
地利皇帝，这是最顺理成章不过的事情。因为奥地利皇帝来自哈
布斯堡家族，该家族统治了德意志民族神圣罗马帝国长达三个多
世纪，这难道不是无可争议的事实吗？然而这个方案存在一个巨
大的问题：即便奥地利有义务将德意志民族统一起来，帝国内还
有很多斯拉夫人、匈牙利人、波兰人等，这些民族该如何处理？
于是就产生了另一派，他们认为应当由普鲁士国王威廉来完成统
一大业。令人生畏首相俾斯麦（Bismarck）是国王威廉的坚强后盾。
像意大利的加富尔一样，右翼保守派出身的俾斯麦也逐渐接受了
民族观念。19 世纪上半叶，人们普遍幻想着通过和平友好的方式
来实现这一梦想，但俾斯麦认为"铁与血"才是唯一的正道。

　　1866年，俾斯麦通过萨多瓦战役[1]击退了竞争对手奥地利，解决了第一个问题。然而战败的哈布斯堡家族并没有放弃称帝日耳曼的梦想。为了巩固政权，他们将目光转向东方，希望在广阔的帝国中至少拉拢到一个较为有实力的小国。1867年，奥地利向匈牙利做出了"让步"。它允许匈牙利设立自己的议会，甚至还可以保留王位，但这个王位的主人是弗兰茨·约瑟夫一世（Franz Joseph I），也就是说，弗兰茨·约瑟夫一世既是奥地利的皇帝，又是匈牙利的国王。一个"二元君主国"就这样诞生了。

　　至于普鲁士，在解决了奥地利这个大敌之后，俾斯麦和国王威廉只需要将日耳曼世界大大小小的大公国、公国、王国以及自由城市收入麾下便大功告成了。要完成这个目标，有什么能比再发动一场战争更有效率呢？狡猾的俾斯麦使了些伎俩，促使法兰西皇帝拿破仑三世（Napoleon III）在1870年7月对普宣战。德意志世界的各国本就有千丝万缕的联系，在普鲁士兄弟遭到威胁时，其他人一致认为不能坐视不理，必须要加入战斗中去。仅用了几个月的时间，他们就消灭了共同的敌人。当人们被胜利的喜悦冲昏头脑的时候，俾斯麦期待已久的高潮就要到来了。1871年1月，德意志世界的国王、大公、公爵齐聚法兰西，在凡尔赛宫久负盛誉的镜厅庄重地为普鲁士国王戴上了皇冠。国王威廉就此成为威

---

[1]　萨多瓦是一个城市，如今位于捷克共和国。

廉一世（William I），德意志帝国的第一位君主。

欧洲东部的局势同样发生了很大的变化。同希腊一样，塞尔维亚、罗马尼亚、保加利亚勇敢抗击奥斯曼帝国，在欧洲的帮助下最终也都获得了独立。

到 19 世纪末期，并不是每一个欧洲人都有了自由的感觉。波兰人还没有收复故土。乌克兰人、捷克人、克罗地亚人仍受奥匈帝国控制。爱尔兰虽然有了《自治法案》（Home Rule），但也只有最低限度的政治自治权，还没有摆脱英国。尽管如此，相比于奥地利外交家梅特涅（Metternich）在 1815 年维也纳会议上绘制的地图，此时的欧洲版图已经大不一样了。德意志与意大利成为两个重要的新成员，此外还出现了比利时、希腊、罗马尼亚、塞尔维亚以及保加利亚五个中等大小的国家。[1]

■ 共同的命运

不可否认，民族观念是推动 19 世纪历史的重要力量。但它并不是完美的。1789 年，法兰西人民在古老的法兰西王国的基础上率先建立起了自己的国家，人们自然而然地便认为，所谓法兰西

---

[1]　1900 年至 1914 年诞生了三个新的国家：挪威、黑山以及阿尔巴尼亚。挪威是在 1905 年从瑞典独立出来的。黑山自 1852 年以来一直是大公国，1910 年宣布成立王国。阿尔巴尼亚曾是奥斯曼帝国的一个省，1912 年至 1914 年成为独立公国。

公民，就是此前法兰西王国内的所有臣民。这样的判断方式是非常宽泛的。其他的民族就没有这么幸运了，他们需要找到另外一些衡量标准。大部分民族，如德意志人，将语言、文化、历史作为判断民族属性的依据。但当德意志帝国成立后，那些居住在其领土范围内既不讲德语也不以德意志人自居的少数民族群体，比如普鲁士境内为数众多的波兰人，他们究竟该被如何处置呢？

相同的文化、相同的语言并不意味着一切就都是一样的了，即便是历史悠久的文化与语言。在每一个新成立的国家，人们都在歌颂着祖国统一、骨肉重逢。但事实上，各地的统一程度是有差别的，一些地区受益，另一些地区则要遭殃。德意志帝国以北部的普鲁士为核心，在这一地区盛行的路德教很快就压制了帝国南部的天主教。同样，意大利的统一是在北部的皮埃蒙特人的带领下完成的，因此以农业为主体经济的中南部地区不得不听命于富庶、工业化程度较高的北部地区，当地人民的生活不比殖民地人民好多少。

巴尔干半岛各国还面临着另一个问题：领土范围的划分。这个问题是无法靠历史做出决断的。塞尔维亚和保加利亚从几个世纪前就被奥斯曼帝国吞并，两国人民一直过着奔波流离的日子，它们的国界到哪儿去找？一般来说，在这些国家的独立进程中，各国的边界都会通过国际会议得到确定。然而这些会议都是欧洲大国组织召开的。每个大国都想着自己在这些地区的外交利益，很少会考虑当地人民的需要，也从来不会征求他们的意见。这就导致有些边界线的位置并不合理、部分少数民族被遗忘在局势不佳的一边。这样一来，他们当然会觉得自己的权利受到侵犯、会产生民族仇恨。与边界的划分问题相比，权力归属问题的解决方式更加简单粗暴。独立战争大多由勇敢的爱国人士发起。这些人常常心怀民主之梦，然而在现实政治的面前，所有的梦都不堪一击。要建立一个君主制度优越的新国家，西方政客往往认为这个国家需要由一位欧洲大公来领导，具体人选通常来自德意志贵族的小圈子。一般来讲，在任命前的一周，候选人连他们的新国家在地图上的什么位置都不知道。除塞尔维亚之外，希腊、保加利亚、罗马尼亚以及后来的阿尔巴尼亚都经历了同样的命运（塞尔维亚的统治权一直掌握在塞尔维亚人手中，但权力之争也导致了旷日持久的自相残杀）。

■ 重塑历史

无论是在旧制度的基础上发展起来的国家，还是在边界难以确定的土地上形成的国家，他们都有一个共同愿望，那就是在历史的长河中为自己正名。

历史是 19 世纪的一大话题。它无处不在。民族主义诗人们创作的恢宏史诗成了各国的骄傲，学院派画家描绘的历史画卷至今仍在各国首都的博物馆中展出，历史人物的雕像装点着各个广场和公园，各国历史学家们写就的书籍就更不必说了。在民族主义观念的引导下，他们将历史赋予了民族色彩，使其融入了民族国家这个新兴事物，而这个过程常常充满了创造性。在他们的努力下，我在前文所写到的那些人成为各个民族的祖先。在 19 世纪之前，除了少数学者之外，根本没有人知道他们，也没有人认为自己与他们有任何关联。而今天，人们不由分说地把这些伟人归入自己的民族。法国人认为查理大帝是法兰西历史上的伟大国王，而在德国人看来，他们历史上的第一位皇帝就是查理大帝，两个历史时期完全重叠。所有的国家都在这样做，无一例外。但这件事没有那么简单。统一意大利、重建希腊或许可以算作完成了伯里克利或恺撒大帝的遗志，但比利时的根就很难找了——它的历史太过错综复杂：凯尔特人、罗马人、法兰西、神圣罗马帝国、勃艮第公爵、哈布斯堡家族都在这里留下了印记。著名的中世纪文化研究者亨利·皮雷纳（Henri Pirenne, 1862–1935）用多年时间研究比利时的历史，最终完成《比利时史》这部七卷本的鸿篇巨制。

　　亨利·皮雷纳的法国前辈儒勒·米什莱（Jules Michelet, 1798–1874）是 19 世纪民族主义历史学家的代表人物。不可否认，这是一位才华超群的作家，他的故事跌宕起伏，让读者有一种亲临历史的感觉。作为积极的共和党人，他研究了法国大革命的历史，书写了一部至今仍被专家学者不断提及的著作。米什莱还是民族主义的狂热信徒。他极力赞颂法兰西人民，同克莱尔沃的圣伯纳德极力推崇十字军东征时一样，角度是片面的。他斩钉截铁地写道："英格兰是一个帝国，德意志是一个地区、一个种族，法兰西是一个人。"他还说，"法兰西是民族主义之神的化身"。不过如此可笑的人不止他一个。在 19 世纪的欧洲，各个国家无论强弱都认为自己无比伟大、自己的历史无比辉煌，造物主的才能全部体现在自己的身上。这种观念很快就会带来新的问题。

| 第十五章 |

工业革命

一位年轻女子把一根粗粗的白线挂在适当的位置，然后示意她的同事按下驱动杆。护栏外，挤在第一排的孩子们屏住了呼吸。伴随着巨大的轰隆声，机器开动了，白线随即被拉直，一圈圈地把卷轴缠绕起来。

我现在所在的位置是曼彻斯特科学与工业博物馆。这一天正巧赶上博物馆的学校开放日，几个班的学生凑在一起，正在聚精会神地听两位讲解员介绍旧时的英国纺织工业之都。讲解员讲得好极了，学生们听得津津有味。机器停下之后，她们又开始讲解纺纱、织布等一系列工艺，让听众们知道了来自弗吉尼亚、印度、埃及农田里的原材料如何变为漂亮的布匹。她们介绍说，这座博物馆曾经是一个加工厂，工作条件极其恶劣：烟尘进入工人们的喉咙和肺叶，渐渐便对他们的身体造成伤害；机器声震耳欲聋，工人们只好发明了一种手语来交流；在这种艰苦的条件下，工资还很低，有时工作一个星期，被扣掉的钱比说好的工钱还要多。贫苦的百姓全都要去做工。男人被拉去卖力气，女人手指更纤细些，被安排在机器旁边拉线。就连孩子们也要干活！他们身材矮小，随时都可以钻到机器下面去，完全不耽误机器正常工作。在这座棉都，一根线、一分钟、一文钱都不会被浪费。

这座由砖石结构的旧工厂改造而成的博物馆再现了这场 19 世纪始于英国、19 世纪延伸至整个欧洲大陆的大变革，它给地球的面貌带来了前所未有的改变。

　　这场变革之所以威力强大，是因为带动它的不止一根杠杆，而是三根。第一根杠杆是煤炭的发现。英国原本以木炭为燃料，但当时的木材已经供不应求了。一个偶然的机会，人们在地下发现了储量丰富的煤，由此便开始以煤炭替代木炭。后来人们又用煤炭制出了焦炭，而且很快就发现焦炭比煤炭还要好用得多，能够在高炉中炼出更优质的金属。

　　第二根杠杆是蒸汽机的成熟。最早的蒸汽机非常简陋，重量大，且不易操作，人们用它带动抽水机将矿井中的水排干。经过天才发明家托马斯·纽科门（Thomas Newcomen, 1664–1729）和苏格兰人詹姆斯·瓦特（James Watt, 1736–1819）的改良，蒸汽机的使用领域得到了极大的扩展。

　　最后一根杠杆便是我们刚才提到的纺织业了。在 18 世纪的最后三十多年里，纺织业完全变了样。几千年来，人们都是先用纺车纺线，再把纺出来的线织成布。这是一个属于小手工业者的行业，通常由农民从事，在不需要去田里干活的空余时间里，他们便在家做这些工作。18 世纪 60 年代，英国兰开夏郡的小织布工詹姆斯·哈格里夫斯（James Hargreaves, 1720–1778）和做过理发师、假发师、后来成为工程师的理查德·阿克莱特（Richard Arkwright, 1732–1792）发明了最早的纺纱机和织布机，这两种机器改变了一切。从此以后，织布再也不是手艺活了，经验丰富的纺纱工和技术娴熟的织布工被成千上万的劳动力取代，纺织车间越来越大、越来越脏、越来越吵，机器越来越庞大、越来越精良，轰隆轰隆就能生产出几千米长的布匹。

阿克莱特发明的第一代织布机是水力织布机，其原理与水磨相同。第二代织布机开始用蒸汽机来提供动力。随后，一个小发明带来另一个小发明，它们相互促进，周而复始，接下来的历史就这样被创造出来。19世纪初，蒸汽机的普及让人们对煤炭有了更高的需求，如何提高煤炭产量成为亟待解决的问题。办法很快就有了。人们用金属做成轨道，铺在煤矿里，把煤装进小车放在轨道上，这样，只需要一匹马就可以拉出更多的煤。19世纪20年代，另一些聪明的人想出了用蒸汽机代替马的办法，铁路就这样诞生了。1830年，曼彻斯特至利物浦的客运铁路开通，成为历史上最早的客运线之一。利物浦是一座港口城市，成吨的棉花从那里进入英国，英国的纺织品从那里涌入世界市场。欧洲的其他国家当然也不甘落后。18世纪40年代，各地都开始热火朝天地修建铁路，这就需要生产出更多钢铁来铺设轨道、更多的煤炭来带动火车、更多的商品被生产出来运到各地、更多的燃料带动工程厂里的机器……

19世纪40年代，法国经济学家阿道夫·布朗基[1]（Adolphe

[1]　法国革命家奥古斯特·布朗基（Auguste Blanqui）是他的弟弟。

Blanqui）将人类历史上的这次巨大变革称为"工业革命"。这场革命从英国中部的曼彻斯特开始，不仅传播到诺丁汉、谢菲尔德、伯明翰等多个城市，还延伸至同样拥有煤炭资源和纺织传统的比利时和法国北部，进而在整个欧洲大陆蔓延开来。与此同时，就连美国也受到了影响。继16世纪的大航海之后，工业革命使欧洲——以及走着相同道路的北美——实现了又一次飞跃，再一次成为具有绝对优势的世界强者。

为什么工业革命诞生于英国而不是其他地方？在回顾大航海时代的时候，我们提出过同样的问题。那么我们不妨也将目光转向地球的另一边，看看同一时期的中国是什么样子。18世纪，中国依旧是地球上最大的经济体，能够生产它所需要的一切。它在将商品输入巨大的国内市场的同时，也不断地将茶叶、丝绸、瓷器等出口至海外换取高额利润。其人口在增长，人均寿命在增加，各项数据都显示中国整体上处于较好的状态。那么为什么中国没有走上炼钢、挖煤、发明蒸汽机或者其他能够使自己继续雄踞世界几百年的道路呢？

两个世纪以来，许多学者都曾试图回答这个问题。在西方，学者们大多从中国的鲜明特点中找原因。有人说孔夫子留给了他们因循守旧的思维模式，使他们过于循规蹈矩、缺乏创新精神。还有人说中国的封建制度顽固僵化。果真如此吗？18世纪，清朝皇帝出兵中亚，极大地扩张了领土范围。恐怕没有人会认为这样的状态是没落的象征。所以，我们或许应该从另一个方向寻找答案：中国之所以没有开启工业革命，可能并不是因为它的国力变弱了，而是因为当时它仍处在繁荣时期。它之所以没有想方设法增强自己的实力，不过是因为它没有这个需求罢了。

　　英国则恰恰相反。我们刚才所描述的一切不都是因木炭的缺乏所引发的吗？在经历了两个世纪的政治宗教动荡之后，这个在18世纪初就创立了议会君主制的国家终于形成了一个稳定的政权，它的多元化使其对创新保持了更加开放的态度。作为启蒙运动的产物，自由主义赋予人们以创造精神，同时也为新的经济观搭建出了思维框架。通过大革命推翻了旧制度的法国以及欧洲的其他国家很快也都走上了工业革命之路。

　　工业革命近似于一场大地震。经济、社会以及人类生活的方方面面都受到了巨大的影响。机械化生产需要越来越大的空间，而要建造更大的工厂，就需要更多的投资，这带动了资本主义的飞速发展，银行业、证券业迅速扩张。植物学和化学（用于生产更优质的肥料）的进步掀起了农业革命，农业产量大大提高。医学和卫生学的进步则带来了专家们所说的"人口过渡"，即人口从最初的高出生、高死亡、低增长阶段进入到高出生、低死亡、高增长阶段，欧洲人口数量迅猛增加。

　　如今，每当谈起给人类世界带来巨大转变的工业革命，很少有人会说它有哪里不好。事实上，工业革命也有阴暗的一面。

它对社会造成了严重的不良影响。尽管企业家、金融家等一些新兴群体得以在极短的时间内创造了令人叹为观止的财富，但富起来的只是少数人，人民大众的生活苦不堪言。回首往日，农业社会毫无公平和美好可言。不用说农奴，就连农民的生活都是很艰难的。但尽管如此，至少季节的更迭、昼夜的交替还是让人们能够有喘息的机会。然而工业社会是不间断的、不分昼夜的，工厂的铃声成为它的节拍，人们在工厂里饱受煎熬，连农业时代的牲畜都不曾受过这种压迫。19 世纪诞生了新的阶级——无产阶级。这个词的法语为 prolétaires，来源于拉丁语 proles，意思是子孙、后代。在罗马帝国，人们用这个词来指除了子孙后代一无所有的人。到了 19 世纪，正如我们刚刚讲到的，这个词依然得这样理解。如果去读左拉的小说，您就能感受到当时那些可怜人的生活境遇。狄更斯更是把那个时代的黑暗描绘得淋漓尽致，他的风趣幽默和人文主义精神成为那个时代的一道光。狄更斯将他亲眼所见的济贫院写了出来。所谓济贫院，就是英国用来安置穷人的地方，里面仿佛监狱一般可怕。在当时，信仰新教的资产阶级普遍将贫穷看作是一种罪，认为只有懒惰的人才会遭受这种痛苦，而帮这些人赎罪的唯一方式就是惩罚他们。在小说《艰难时世》中，狄更斯以曼彻斯特为原型，虚构出了一个"焦煤镇"。在那里，几位企业家新贵成为主宰。他们打着实用主义的旗号，重"实际"、讲收益，认为在现代社会，那些换不来利润的诗歌、音乐全部应该被这些实实在在的真金白银所取代。庞得贝是这部小说中最耐人寻味的人物形象。他为找了一位家道败落的贵族太太当管家而洋洋得意。他不管别人愿不愿意听，不厌其烦地讲述自己如何出身微贱又如何一步步爬上顶峰。面对走投无路、硬着头皮在他吃排骨时向他讨教的可怜工人，他几句话就将人打发了。

　　如今，漫步在曼彻斯特，我们仍然可以看到那个创造了大量财富的时代所留下的遗迹：证券交易所仿若古老的神殿，美轮美奂；市政厅像城堡一般，庞大恢宏。如果走得远一点，您还会发现一些破落的街区，这里像是被世界遗忘的角落，就业成为长久无法解决的大问题。生活在这里的人并不如意。然而，他们今天的痛苦放在一个半世纪前完全不值得一提。若想了解 19 世纪英国工人过着怎样的日子，我们可以向西四十英里，到利物浦去看看。利物浦博物馆复原了当时的工人居住的建筑。那是一座脏兮兮的、破旧的小楼，一个个房间就像小格子一般，在这局促的空间里挤着一个又一个家庭。通过当年的文字材料不难看出，这些可怜人最大的愿望不过是"a little light and fresh air"——一点亮光、些许新鲜的空气。

　　连空气都成了奢侈品，这是怎样一个时代？

■ 进步

历史总是出人意料。谁也不曾想到，同样的问题如今又以另一种形式来到我们面前。工业革命的弊端至今仍在困扰着人类，而且比以往有过之而无不及。在气候变暖问题日益严峻、物种大量灭绝、白色垃圾严重影响海洋生态的今天，回顾过去，人类不知节制的历史正是从 18 世纪的全球性工业化开始的，我们很快就将为此付出代价。农业社会显然不是环境保护的楷模，但是它的破坏能力也并不强。机器的普及赋予了人类前所未有的破坏力。很多地质学家认为，18 世纪末的工业化真正开启了一个以人类为中心的新阶段，人类冲动冒失却又力量强大，整个地球的命运都掌握在他们的魔爪之中。

19 世纪的人们并非没有意识到地球遭到了蹂躏。这一时期的所有唯美主义者，画家、诗人、哲学家，无一不为一去不返的绿色山谷而悲痛不已，无一不谴责妖魔般的机器吞噬了人心、泯灭了人性。为了逃离这个物质至上、烟雾弥漫的灰暗世界，他们中有许多人选择了隐居遁世。生态学的创始人之一、美国人梭罗（Thoreau）就搬到了瓦尔登湖畔，住进了丛林中的小木屋。所有人对新时代的破坏力都有目共睹。然而有的时候，他们不只是旁观者，更是亲历者。到 19 世纪中叶为止，所有的大城市都周期性地暴发了斑疹伤寒或霍乱。这些传染病从贫民窟产生，最终往往会传播至社会上层。尽管当时的医生还不懂微生物传播的原理（这是巴斯德在 19 世纪下半叶才发现的），但他们都知道，工人阶级杂乱拥挤的生活条件是这些疾病背后的一大推手。

富人一方面要靠工业生产为自己创造财富，另一方面也在想方设法地使自己免受环境污染之苦。据说，欧洲大城市的高档社区大多建在西边，而工厂和贫民窟建在东边，这是因为盛行风是向东吹的。这样做虽然使富人远离了烟尘，但并不足以解决所有问题。几十年来，泰晤士河一直被当作露天垃圾场。伦敦的垃圾、废水、工业废弃物统统都被倒进河里。要知道，伦敦可是全世界人口最多的城市之一。1858 年夏天，这座城市经历了长达数周的"大恶臭"，气味之难闻已经影响了正常生活。富人纷纷逃走，威斯敏斯特议会也暂时搬迁。然而，伦敦东区的穷人们只能捂着口鼻默默作呕。他们又能搬到哪里去呢？

尽管如此，这一时期的大部分思想家，无论来自哪个阶层，都认为这个历史进程是不可阻挡的。18 世纪末、19 世纪初，英国和法国都爆发了纺织工人运功。愤怒的工人视机器为毁掉他们生活的恶魔，他们冲进车间，将机器砸得稀烂。今天，人们终于开始思考，如果工人们成功了，世界会不会变得更美好。但在当时，所有人都认为他们注定是失败者，是妄图与时代大势相对抗的傻瓜。小孩子在沙滩上堆起的小堤如何能够挡住奔涌而来的海浪？

19 世纪二三十年代，最早的社会主义者应运而生。他们很快就成为 19 世纪一股强大的政治力量。面对无产阶级几乎沦为资本家的奴隶这一残酷现实，每一个社会党人都想找到一个消灭剥削的方法。很多人认为，最稳妥的办法就是通过一场革命使工人成为工厂的主人。没有一个人认为应当把所有的工厂都关掉、创造出一个无害于人类、无害于世界的新生产模式。

21 世纪充满了不安。人们仿佛看到灾难和衰退在前面招手，担心世界末日即将到来，对未来满是恐惧。然而在 19 世纪，除了王公贵族、神职人员、同业行会等极右翼分子幻想着回到旧制度之外，绝大部分人都对未来充满期待。在他们看来，明天一定会比今天好。对于社会该走上什么样的道路，大家各有各的看法。但每个人都知道，他们所推崇的那条路——无论是自由主义之路还是社会革命之路——定然会开辟出一片光明的新天地。"进步"是这一时期的核心价值观。

这样的观念有什么可以指摘的呢？所有经历了工业革命的国家都迸发出了人类史上从未有过的活力。坐了头班车的英国更是遥遥领先。借助其雄厚的海上实力、金融实力、工业实力，英国在各个领域都首屈一指。整个国家成为世界工厂，首都伦敦成为世界银行。1851 年，第一届"工业博览会"在伦敦水晶宫举行。这座奢华的玻璃宫殿是为了向世人展示英国的实力而专门建造的。1863 年，英国开通了世界上第一条地铁线路。1889 年，世界上第一座采用电灯照明的酒店（萨沃伊酒店）在英国落成——它足以让人们把狄更斯笔下的贫民窟暂时忘在脑后。法国、德国以及其他所有邻国也都走上了这条成功之路。

无论发生什么，总有人能够见招拆招，想出解决问题的办法。既然如此，我们有什么好怀疑、好担心的呢？机械化开启了西方大踏步向前发展的进程。科学成为它的燃料：新机器被创造，旧顽疾被消灭，人们的业余生活更加丰富多彩，社会关系为之改变。科学也是乐观主义的助推器，传统迷信和脱离时代的信仰纷纷遭到摒弃。正是因为有了科学，人类成为势不可当的王。不可否认，科学进步功绩卓著。铁路的发明第一次让人可以比马和骆驼跑得还快。电报与电话让距离化为无形。电灯征服了黑夜，相机留驻了时光，电梯与飞机向万有引力发起了挑战。医学不也同样取得了惊人的成就吗？1800年，大部分医生都同莫里哀笔下的庸医一样，希波克拉底的体液学说就是他们的金科玉律。而到了1900年，在X射线的帮助下，人类具备了透视身体的能力。欧洲大国都参与了这场大变革。从19世纪下半叶开始，美国也加入了进来，创造了很多科学成果。如何能说美国人不是欧洲人？欧洲文明的优秀又怎能被否认？

| 第十六章 |
主宰世界

如果去比利时旅行，喜欢艺术、热衷异国情调的人一定会去特尔菲伦看看。这座城市位于佛兰芒布拉班特省，离首都布鲁塞尔只有几公里。那里有一座非常值得一去的中非皇家博物馆，是国王利奥波德二世（Leopold Ⅱ）在 19 世纪末、20 世纪初命人建成的。当时，比利时征服了刚果，国王想要彰显自己的丰功伟业，这座博物馆便诞生了。在几十年的时间里，博物馆一直以《丁丁历险记》式的思路举办展览，一成不变地向人们讲述着和蔼可亲的传教士如何将文明带到这片落后的黑色大地。进入 21 世纪 10 年代，比利时政府终于意识到这样的展览不仅已经过时，更是对当地文化和当地人民极大的不尊重，因此决定关闭博物馆，对其进行全面翻新。2018 年 12 月，再度开放的博物馆为自己设定了新的目标：既要讲述今天的非洲，也要正视殖民历史，并用清晰公正的方式将其呈现出来。至于他们做得如何，每一个去那里参观的人都会有自己的判断，但这一举措本身就是值得赞扬的。在欧洲大陆上，很少有国家能走出这一步。

英国布里斯托曾有一座大英帝国与英联邦博物馆（British Empire and Commonwealth Museum），该馆的目标是回顾英国屹立于世界之巅的那段历史。大约在 2003 年，我去过那里。现在回想起来，其展品并不多——不得不说，历史博物馆通常都存在这个问题——但总体上还是不错的，也很有教育意义。至于它是否从建立之初就一直是这个样子，那就不得而知了。这座博物馆在

2008 年关闭。

法国也有过一个"殖民地博物馆"，位于巴黎东部的镀金门宫内。这座宫殿为装饰艺术风格，宏伟壮观。1931 年，法国曾在不远处的宛赛纳森林（bois de Vincennes）举办盛大的殖民博览会，镀金门宫就是这次博览会唯一的遗物。"殖民地博物馆"很快就被法兰西海外领地博物馆所取代，后来又改为非洲与大洋洲艺术博物馆。2004 年，该博物馆再度更名，变为法国移民历史博物馆。移民的历史虽然也是一个有意思的话题，但和我们所关心的殖民地历史就是两码事了。

德国同样有过"德意志殖民博物馆"。它的历史就要悠久得多了。这座博物馆始建于 1899 年。当时，德皇威廉二世（Wilhelm Ⅱ）已经开始在非洲和太平洋地区殖民，为了激发民众对此事的兴趣，他便建起了这座博物馆。1915 年，就在德意志的帝国大业崩塌之前，这座博物馆也关闭了。

比利时正在冒天下之大不韪。希望能有更多的国家能够以它为榜样。一些历史学家提出，我们应该以殖民为题建造一个世界性的博物馆，将该问题的方方面面以及涉及的各个国家都充分展现出来。为什么不这样做呢？这将是一件净化心灵的伟业。我想，每一位欧洲人都能由此对这段重要的历史有更清晰的认识。

■ 地图游戏

　　殖民并不是欧洲发明出来的。大部分伟大的帝国都经历过征服他人、在他人的领土上扎根而逐渐壮大的历史。最早开始大范围殖民的群体大概是波斯人。公元前 6 世纪末，大流士执掌的波斯帝国到达顶峰，其领地从埃及一直延伸至印度之边。在 16 世纪被西班牙人击垮之前，阿兹特克人和印加人曾残暴地压迫几十个民族近一个世纪。

　　与其他殖民者相比，欧洲殖民的特点在于地域广阔。如果您有地图，不妨和我一起做个游戏：找出没有被欧洲征服过的地方。即便我们用最宽泛的标准，这样的地方也屈指可数。暹罗（今泰国）和波斯（今伊朗）逃脱了欧洲的魔掌，因为他们同时被两股势力觊觎（前者是英法，后者是英俄），最终两股力量相互抵消。然而事实上，这两个国家不过是在两个强大的保护者间艰难周旋，换得一点喘息的机会。奥斯曼帝国在灭亡前（一战后）名义上一直是独立的。但在整个 19 世纪，这个无精打采的"欧洲病夫"一直被欧洲各大强国所操纵。它在巴尔干半岛和北非的一切被渐渐掠走，它的债务以及它的财政都掌控在这些强国手中。

　　19 世纪末期的三十年，黑非洲成为欧洲强国争抢的对象。1896 年，埃塞俄比亚在阿杜瓦战役中打败意大利军队，成为唯一的幸存者。这是黑人军队对战白人士兵所取得的绝无仅有的胜利，欧洲之外的所有国家都为之欢呼。然而，满怀复仇之心的意大利法西斯后来还是攻占了埃塞俄比亚，尽管其统治并没有维持很久（1936–1941）。

另外还有利比里亚。它的情况有些难以界定。19世纪初，美国的白种人将这片土地送给了获得自由的黑奴——或者说是为了摆脱他们——由此有了这个国家。定居到新家园后，这些黑人的后代就成了这里的主人。他们对待当地原住民的方式与欧洲人在殖民地的所作所为并无两样。

地域广阔的中国在19世纪一直是一个帝国，但这是怎样的一个帝国啊！它的独立只是空有其名。19世纪30年代末，英国为了出售在印度生产的鸦片与中国开战，随后又逼迫中国与其通商，从那时起，中国的不幸就开始了。它被迫同所有列强签订了一个个不平等条约。虽然这些条约都承认中国的存在，但实际上都是在通过贸易奴役中国。与此同时，中国的几座大城市设立了"租界"。各个列强在其租界内可以执法、办案，还可以派驻自己的武装力量。

从严格意义上讲，只有日本逃脱了欧洲殖民者的手掌。为了免受外部影响，日本在两个世纪（1641–1853）的时间里一直处于封闭状态：本国人不得离开，外国人不得进入。19世纪中叶，美国海军准将佩里率舰队[1]驶入了江户（未来的东京）的海湾，以武力逼迫日本同意与西方通商。日本不得已只好做出了让步。但是，在明治天皇（1867-1912）的统治下，日本也奇迹般地走上了工业化和现代化的道路。进入20世纪，日本跨入了世界强国的行列，成了这个小圈子里唯一不是白种人的国家。这个新身份让日本也开始像其他几个国家一样走上了殖民扩张的道路。虽然日本也想和西方国家一起瓜分中国大陆，但它首先占领了台湾岛和朝鲜半岛。虽然起步晚，但日本的残暴统治比起欧洲殖民者毫不逊色。

■ 工业革命的引擎

如果不算十字军东征时在东方建立起的多个拉丁政权，那么欧洲的海外扩张就是从16世纪占领美洲大陆、逐渐控制非洲、渗入印度及东南亚开始的。18世纪，布干维尔（Bougainville）、库克（Cook）等几位伟大的航海家又率领欧洲探索了太平洋，传教士和军队紧随其后，在19世纪也来到了这一地区。此外，俄罗斯人从16世纪开始向东、向南扩张，获得了西伯利亚和曾被奥斯曼帝国占领的土地。

从18世纪末开始，美洲从北到南逐渐获得独立，但新成立的所有国家都是以欧洲人的后代为统帅的，欧洲的思想被延续下来。

---

[1] 日本人将该舰队称为"黑船"。

19 世纪，欧洲又开启了新一轮殖民。这一次殖民得到了工业革命的助力，更加势不可挡。扩张是工业革命的必然需求：要让机器不断运转，就需要获得更多的原材料；要想倾销商品就得占领新的市场并形成垄断。

医疗卫生的进步使人口数量大幅增长，一些城市人满为患，这就导致了人口的流动。整个 19 世纪至 20 世纪初，特别是 1850 年至 1914 年，欧洲大陆无法养活的几十万人从汉堡、利物浦、热那亚、那不勒斯乘船离开，他们都需要在新的地方安家立业。

最后，工业化与科学进步促进了交通、通信、武器的发展，这都给欧洲一展宏图创造了条件。全世界的勇气也敌不过全副武装的欧洲。面对炮艇、装甲以及即将诞生的机枪，那些普通的平底帆船、老旧的手枪又能做什么呢？

■ 殖民地、保护领与自治领

欧洲侵占世界各地的方式是不一样的。最彻底的一种方法是不慌不忙地将当地居民赶走或杀害。美国、阿根廷、澳大利亚所遭遇的就是这种情况。1803 年，当英国人来到塔斯马尼亚岛时，当地的土著居民有 5000—10000 人。1840 年只剩下了 300 人。1876 年，随着最后一名土著的离世，这个族群的土地彻底落入他人之手。保留土著居民当然也不妨碍殖民，通常的做法是降低其身份地位，使其成为附庸。受法兰西帝国控制的阿尔及利亚、新喀里多尼亚以及先后被荷兰人和英国人占领的南非都是如此。踏上新土地的白人很快便开始占领田地、种植庄稼，然后按照欧洲的传统建造城市、村庄。当地人则成为"土著"，他们被驱赶到小村镇里，除了听新主人差遣什么都做不了。

在其他地方，还有一些不太纯粹的殖民地，被称为保护领。英国把这种统治称为 indirect rule，即间接统治。纯粹的殖民地需要完全臣服于殖民国，保护领则可以有自己的国王、王公、土邦主以及各种管理机构，但殖民者仍然是掌控一切的。对于"白色殖民地"，也就是居民以欧洲人为主或由欧洲人担任领导人的地方，英国还创造了另一种殖民形式，称为自治领。自治领享有自主管理权，但外交政策仍然归英国所有。加拿大是最早的自治领，后来又有了澳大利亚、新西兰和南非。最后还有一种殖民形式，殖民者只对其经济和贸易进行控制，对其他领域并不过多参与。

各国的殖民方式都是不同的。19 世纪，英国是最强大的帝国。人们都说，维多利亚女王统治着全世界四分之一的陆地。她的头像或被做成肖像画、雕像，或被印在钱币上，出现在各个大陆，成了 19 世纪流传最广的形象。俄国的殖民政策不同于同一时期的其他国家，但与古代的帝国颇为相似。它并不去开拓海外领地，而是从邻近的国家入手，一路向东，触角一直伸到太平洋。除此之外，它还逐渐征服了中亚，形成了与英国长期抗衡的局面。英国在控制了印度后，也一直觊觎着亚洲。法国更是紧随其后，但由于在七年战争（1756-1763）中失利，它在印度和美洲的海外领地全部都随之而去了。19世纪，法国再度开启了扩张的征程。它先是征服了阿尔及利亚，随后又将新喀里多尼亚以及波利尼西亚收入囊中，接着又攻向印度支那，希望以此为跳板获得巨大的中国市场。在19世纪的最后三十余年里，黑非洲成为全世界最后一块还没有被瓜分的大蛋糕，法国便又走向了非洲。德意志统一后，德皇威廉二世也决定建立一种"世界政策"（Weltpolitik）。该国虽然起步较晚，但成功分得了一大块土地（包括后来的坦桑尼亚、卢旺达、布隆迪、喀麦隆、多哥以及后来的纳米比亚）。就连小国比利时也不甘落后。当时的国王利奥波德二世看到周边的国家都有了自己的殖民地，格外眼红。荷兰殖民地历史学家亨利·韦瑟林（Henri Wesseling）在作品[1]中写道，每当利奥波德二世遇到一位探险家，无论此人来自何方，他都会问："您没有给我找一个小岛吗？"他派出的斯坦利（Stanley）终于给出了一个令他喜出望外的回答。经过简短的交战，几个完全不识字的小国王与斯坦利签订了条约。就这样，斯坦利将广阔的刚果大地献给了国王，其面积是比利时本土的八十倍。然而，比利时政府拒绝接手这个庞然大物。一方面，比利时没有足够的军事力量来管理它；另一方

---

[1] *Le Partage de l'Afrique* (1880-1914), traduit du néerlandais par Patrick Grilli, Gallimard, collection « Folio histoire », 2002.

面，比利时的中立性可能会因此受到影响。这样一来，硕大的刚果成为国王的私人财产。他准许几家私人企业前去开发。这些企业用尽各种卑鄙手段，疯狂掠取财富，象牙和橡胶成为他们的目标。在这样的统治下，殖民地人口减少了数百万人，成为国际性丑闻，比利时国王只好将他的"刚果自由邦"交给了比利时政府。比利时政府迫于压力，同意将刚果作为殖民地。

　　几乎所有国家都走上了扩张之路。意大利在埃塞俄比亚受挫后攻下了厄立特里亚，后来又征服了利比亚。19 世纪，小国葡萄牙在失去巴西后，又得到了广阔的莫桑比克和安哥拉。只有因王位之争而局势动荡、内战频发的西班牙基本上没有参与扩张。19世纪 10 年代，它在美洲大陆的富庶总督区接连独立。19 世纪 90年代，古巴和菲律宾在美军的帮助下也脱离了西班牙。美国在赶走西班牙殖民者后则使这些地区成为自己的殖民地。到此为止，在所有大国中，就只剩奥匈帝国没有加入进来了。在征服了巴尔干半岛后，这个国家还有很多内部问题需要解决，将国内各民族团结起来也并非易事。因此，此时的奥匈帝国已无力分身。

　　无论这个或那个欧洲大国是否直接控制着世界的某个角落，这都无关紧要，因为欧洲人的影响力是集体性的，他们的发明、生活方式、世界观、哲学、文学、火车、菜肴乃至道德准则都代表着整个欧洲。以穿着为例，我们可以找任意一个欧洲以外的帝国，如奥斯曼帝国、中国、日本等，然后比较该国政府官员在 19

世纪初和 19 世纪末的穿着打扮。我们会发现，除了一些个例，大部分国家的变化都是很大的。在 19 世纪初，我们会看到头巾、丝绸、各种传统服饰。而在 19 世纪末，出现在我们眼前的则是统一的西装大衣、礼帽、领带。就连这些小众精英们读的报纸也是从欧洲学来的，他们手下的军人穿着欧式的军装、配备着从欧洲买来的武器。就连时钟都要听命于欧洲。在 19 世纪，电报和铁路使通信和交通变得更加快捷，这就要求各地采用统一的时间计算方法。1884 年，各个大国在华盛顿召开国际会议，一致同意以"本初子午线"为起点，根据经度线将地球划分为不同的时区。海上力量强大的英国一直在航海图领域处于领先地位，因此会议决定将伦敦泰晤士河畔的格林尼治天文台定为本初子午线所在的位置。今天，我们都已经习惯了这种时间划分方法，而忘记了其中重要的象征意义。几千年来，地球上的所有人都有计算时间的方法，正午就在他们的头顶上。但从这次会议以后，各地的时间都要以伦敦时间为基准，成为"伦敦 +3"或是"伦敦 −8"。世界的指针都在围着欧洲而转。（参见插图XII）

■ 几个基本观念

我刚刚概述的这段欧洲帝国主义的历史不乏恢宏的片段，但也让人感到五味杂陈。在我看来，若要正确认识这段历史，首先应当树立几个非常基本的观念。

　　无论从哪个角度来讲，殖民都是种族主义统治的一种，其背后是欧洲大陆自以为是的优越感和由此导致的过分骄傲。

　　这种统治极为强势。16 世纪的第一次殖民摧毁了一些大型文明，如阿兹特克文明和印加文明。其他文明则坚持了下来。日本开始闭关锁国。中国当时是世界头号强国，甚至没有反应过来是哪几只小跳蚤敢来挑衅。印度北部由处在鼎盛时期的莫卧儿帝国统治，伊朗处于萨非王朝时期，奥斯曼帝国也势力正盛，它们的实力都不可小觑。但从 18 世纪开始，这些力量渐渐走向衰落。欧洲很了解自己的对手，论财力、论排场、论精细程度，欧洲都占了上风。19 世纪，所有的对手都被击败了，无一例外。语言也反映出了这个变化。在很长一段时间里，西方人都承认世界上有很多民族、很多帝国，在使用"文明"一词时，他们会用复数形式。但从 19 世纪开始，"文明"一词变成了单数，特指欧洲文明，是唯一能够彰显出"进步"的文明，而"进步"正是欧洲的旗帜和武器。欧洲之外的其他地方于是被分成两类。一类曾经辉煌过——我们刚刚提到的那些——但在历史的进程中不知为何放慢了脚步，成为"落后"群体。另一类是非洲的黑人、大洋洲的巴布亚人、亚马逊以及北美的印第安人。这些人头上插着羽毛，手里拿着战斧，是"原始人""野蛮人"。他们有的吃人肉，要把来帮助他们走出黑暗的白人统统吃掉，有的是头脑不太灵光的大孩子，也应该接受教育。

殖民扩张导致了强国之间的激烈冲突——每个国家当然都希望分到最好的一杯羹。英俄在中亚展开较量，英法在非洲你争我夺，法意、法德为了争抢突尼斯、摩洛哥也打得不可开交。民族主义本就使欧洲国家相互仇恨，发生在远方的摩擦更是在这种仇恨中加了一把火，将各国推向欧洲大战的边缘。然而，在关键时刻，所有人都懂得要回归理性。通常来讲，为了结束这种局面，他们会组织国际会议，比如 1884 年至 1885 年的柏林会议就是为了解决刚果问题和瓜分非洲的问题而举行的，最终刚果归比利时国王利奥波德所有。这类国际会议都是相似的。在数周的时间里，各国的白人外交官聚集在欧洲的某个首都，共同商讨世界上某个地方的命运，这个地方他们谁都从来没有去过，当地的代表也不会出现在会场中，当地人的意见更没有人去征求。这就是殖民主义：白种人围坐在餐桌前，其他人种成为盘中餐。

土著们又有什么好抱怨的呢？欧洲人难道不正是为了让他们走向"文明"（也就是西方世界的文明）、走向幸福而向他们走来吗？这恐怕是历史上所有殖民统治的共同点。欧洲的殖民统治将这一点发挥到了极致。他们号称远道而来仅仅是因为背负着"传播文明的使命"，吉卜林（Kipling）将其称作"白人的包袱"，朱尔·费里（Jules Ferry）认为这是"优等种族"对"劣等种族"的"责任"——这些在今天看来不堪入耳的表达在当时被认为是一种进步思想。

殖民统治的确有"人道主义"的一面。欧洲的扩张确实带来了好心的医生和满怀理想的教师，他们相信能为需要他们的人带去进步，正如一些虔诚的传教士也真心认为烧死当地的神像、摧毁几千年的文化都是为了当地人民好。事实上，这种"文明"从来都只是一个幌子，它掩盖的是对当地的占领和对当地人民的奴役。19 世纪，西方人打着推翻奴隶制的旗号屡次出征非洲，仿佛希望非洲人能够像自己一样摆脱被奴役的命运。然而一旦站稳脚跟，所有的殖民政权都走上了强迫人们做工的道路。人们被拉去建造基础设施，而这些壮观的工程成为最好的宣传手册。看，现代化到来了！通常来讲，人们首先会修建铁路和港口，而它们的实际作用其实是使西方大都市对原材料的掠夺变得更加便捷。

慢慢地，人们终于开始正视历史。2015 年，德国承认 1904年至 1908 年，在其殖民地纳米比亚对赫雷罗人和纳马人展开的系统性大屠杀具有种族灭绝的性质。比利时也诞生了大量作品，纷纷谴责利奥波德二世一派在刚果大肆抢掠的恶劣行径。近二十年来，法国不断重提 19 世纪末的"人类动物园"——在国际展览会上，人一度成为像动物一样的展品。如今，在历史学家的努力下，人们知道了殖民地不仅有资源遭到掠夺，还有女性沦为性奴。在2018 年法国出版的《性、种族与殖民地》[1]一书中，拍摄于 19 世

---

[1] 法国 La Découverte 出版社于 2018 年出版的作品集。

纪末、20 世纪初的照片被曝光出来。照片展示了典型殖民者的生活：白人男子头戴殖民者常戴的帽子，身边围着一群赤裸的女人，其中有阿拉伯人、有黑人，也有亚洲人。书中写道，殖民者会把这种照片制成明信片寄给家人，丝毫不感到难堪。其中一位作者提出了这样的问题：有人想过相反的场景吗？如果一个欧洲人看到他的祖母赤身裸体地站在一位穿着衣服的非洲人、亚洲人或印第安人身边，他将会何等愤怒？若想了解殖民地的暴力，这就是最好的方法。

| 第十七章 |

顶峰

维也纳不乏历史悠久的咖啡馆。我们就随意选一个兰德曼咖啡馆（Landtmann）吧。这家咖啡馆距离维也纳大学不远，就在市政厅后面。纯粹主义者会说，同很多成为旅游景点的建筑一样，这座咖啡馆已经有点走样了。他们会觉得我们点的沙河蛋糕（Sachertorten）躺在冰柜里的时间比在甜点师手中的时间要长得多。他们说得并非没有道理，但这就是出名的代价。2011年，维也纳的咖啡馆文化（Kaffeehauskultur）被联合国教科文组织列为非物质文化遗产，谁又能抵挡住全球化利润的诱惑呢？不过没关系。兰德曼咖啡馆仍然华丽而明亮，它的深色木质家具、索耐特椅子、皮质软垫长椅以及诸多细节都保留完好。我将咖啡杯放在银质的小托盘上，随手在旁边的独脚小圆桌上拿起一本杂志。我并不想读什么——我那蹩脚的德语并不允许我这样做。我只是想将画面切换到一个世纪之前，带您一同去看看1900年前后的欧洲。

　　我将这一站选在了维也纳，其实其他大都市也完全可以成为我们这一章的背景。欧洲各地都有类似的咖啡馆，它们有同样的椅子、同样的大理石小桌、同样的铁艺装饰，连海报上的字母都采用相仿的字体，像女人的长发一样。这种审美风格的名字在英法两国大体相同，分别为 modern style（现代风格）和 Art nouveau（新风格），德国称其为 Jugendstil（青年风格），奥匈帝国将其叫作 Sezessionstil（分离派风格），意大利叫它 stile Liberty（自由风格），西班牙称它为 modernismo（现代主义风格）。其特点都是一样的。从千万种风格中，我们一眼就能认出它们。巴塞罗那、马德里、罗马、巴黎、布拉格、圣彼得堡、布达佩斯都有这一风格的咖啡馆。柏林或华沙也曾有过，但大部分在二战中被摧毁了。布宜诺斯艾利斯或纽约等欧洲以外的"欧洲"城市肯定也有过这样的地方。伦敦总是特立独行，其传统酒吧比这类咖啡馆更受欢迎，但二者的功能其实是一样的。除法国外，光顾这些咖啡馆的人都是男性。他们有的相互交谈，有的读着报纸。当年的报纸发行量是今天的记者所梦寐以求的。那个年代不仅是咖啡馆的黄金时代，也是出版业的黄金时代。

毫无疑问，坐在咖啡馆中的每个人都自认为是英国人、德国人、波兰人、意大利人、法国人、西班牙人——或加泰罗尼亚人。我们在前面的章节提到的民族建设已经大功告成。教育的普及大规模扫除了文盲、促进了语言的统一，同时也让每个人都有了民族意识，都能以本国的文化、本国的英雄人物、本国的大文豪、本国的伟大成就以及本国的国际地位为荣。每一位英国人都知道他们的联合王国凭借其工厂和皇家海军成为世界第一强国。每一位德国人都知道他的国家已经不再是贫穷的农业国，而成为仅次于英国的工业大国，在科学领域熠熠生辉。从 1901 年诺贝尔奖创立之日起，到 1914 年之前，德国多次获得诺贝尔物理学奖、化学奖及医学奖，共获奖 13 次，为各国之最，法国同期仅获奖 8 次。

但法国人民依然有骄傲的理由。法国是世界第二大殖民帝国；它的小说家、诗人赫赫有名；它的画家，如雷诺阿、莫奈，在全世界享有盛誉。法国的首都在 1900 年的世界博览会上充分展现了"电的魅力"，大放异彩，成为世界上最美的城市。它的自由开放、它的美丽、它的欢乐，吸引着四面八方的游人。意大利人、荷兰人、比利时人、瑞典人、葡萄牙人同样有许多热爱自己国家的理由。他们所有人都经过民族观念的熏陶，而经过他们这一代，各国人民的民族认同感就更加强烈了。

　　所有这些读报的人当然最关心与本国有关的新闻。例如英国正在激烈地讨论该赋予爱尔兰何种地位，妇女参政论者（suffragette）的激进战斗精神也给社会带来了冲击，这些妇女为了争取女性选举权不惜付出被关进监狱、触怒警察的代价。20 世纪初的法国则在为激进政府提出的政教分离问题争吵不休，这关系到天主教会的地位。在德国，1890 年俾斯麦下台后，他提出的以巩固民族统一为首要任务的现实政治（Realpolitik）被威廉二世提出的世界政策（Weltpolitik）所取代。威廉二世在非洲和太平洋地区展开殖民扩张。1898 年，他成功访问奥斯曼帝国，受到君士坦丁堡苏丹的接见。他还从雅法门骑马进入耶路撒冷，在大马士革造访了萨拉丁之墓，既讨好了穆斯林，也让他的欧洲对手感到欢欣鼓舞。与其他民族一样，德国人也会为一些丑闻而群情激奋，而媒体往往将其作为头条大肆渲染。1907 年爆出的丑闻尤其具有代表性。皇帝的近臣之一奥伊伦堡亲王以及多位高官都被发现与同性恋团体有染，相关的报道铺天盖地，言辞极为激烈。

奥匈帝国也不例外。它同样有骄傲的理由。至高无上的老皇帝弗兰茨·约瑟夫一世自1848年登上王位以来，统治着5100万国民，占据了欧洲中部的大部分土地，在奥斯曼帝国崩塌后又获得了巴尔干半岛的部分土地，如富庶的波黑地区。奥匈帝国也存在一些政治问题。这个国家由十几个民族构成，有德意志人、匈牙利人、鲁塞尼亚人、波兰人、克罗地亚人、波斯尼亚人、塞尔维亚人、意大利人、罗马尼亚人、犹太人、罗姆人等，各个民族几乎都有自己的语言，这样一个纷杂的社会又怎能平静呢？因此，在奥匈帝国境内，每个月都有对现实不满的少数民族奋起反抗。

■ 茨威格笔下的欧洲

维也纳的咖啡馆有个好处，那就是随便找把椅子坐下，将目光望向旋转门，就可以想象当时的大人物从那里走进来。我想见到的人是斯蒂芬·茨威格（Stefan Zweig），没有哪位作家同他一样细腻。

若想回顾这个时代，哪还有比茨威格更好的导游呢？他在遭到纳粹驱逐、流亡在外时，创作了《昨日的世界》。在这部作品中，他讲述了永恒的奥匈帝国以及那位几乎长生不老的皇帝，描写了从管制森严的高中校园走出、陷入爱情旋涡的狂热青年，还有文人满堂、烟雾缭绕、飘着苹果派香气的咖啡馆，当然还有充满幻想的诗人和壮志满怀的作家。他描绘了一座文化气息浓厚的城市。在这里，人们也许会在同一天碰到剧作家阿图尔·施尼茨勒（Arthur Schnitzler）、维也纳歌剧院总监古斯塔夫·马勒（Gustav Mahler）或是英俊的年轻诗人胡戈·冯·霍夫曼斯塔尔（Hugo von Hofmannsthal）。霍夫曼斯塔尔敏感细腻、笔触动人，他的歌剧脚本《玫瑰骑士》经过理查德·施特劳斯（Richard Strauss）之手走上舞台，使其名声大噪。

　　这个大难来临之前的时代被法国人称为"美好时代"。很多作家都描绘了这个幸福的时代，但茨威格与众不同。很少有人在讲述这段历史的时候会有同他一样广阔的视角。《昨日的世界》还有一个副标题，叫作"一个欧洲人的回忆"。茨威格在奥匈帝国出生，是个犹太人。他所接受的教育全部来自维也纳知识分子。但他的思想、他的政治敏感性、他的朋友以及他钦佩的人——比利时人埃米尔·维尔哈伦（Émile Verhaeren）、法国人罗曼·罗兰（Romain Rolland）、德国人理查德·施特劳斯——使他成为一个欧洲公民。与同时代的大多数人不同，茨威格并没有被民族主义的有色眼镜所迷惑。他知道，这一时代所面临的挑战是欧洲所共有的。

　　1880年至1914年，欧洲的繁盛到达了顶峰，但没有人意识到这一点。人们乐观地认为，这种繁荣的状态将一直持续下去。工业革命使各国的发展速度不断加快。在 19 世纪后三十年，人们又取得了新的巨大进步，英国人称其为第二次工业革命。第一次工业革命是煤炭、蒸汽、钢铁的时代，而第二次则是电力、石油、内燃机、汽车以及后来的飞机时代。一切似乎都触手可及。在人们看来，未来充满希望，定然会有更多令人惊叹的发明进入人类的生活。

欧洲对自己充满信心，即便面对最令人意想不到的质疑，它也能泰然处之。19 世纪中叶，英国博物学家达尔文（Darwin）提出人类不过是猴子的表亲，给自以为高高在上的人类带来了重重一击。尽管教会认为这种观点与《圣经》背道而驰，一再抨击，但达尔文主义还是被人们所接受。1905 年，德国年轻学者爱因斯坦（Einstein）提出了"狭义相对论"，革新了此前人类对物理学的全部认识。同一时期，维也纳的一位医生"发现"了无意识这个神秘而又令人着迷的新大陆。西方一度崇尚唯科学主义，以为理性可以掌控一切，然而，交织着欲望和冲动的无意识对理性的全知全能提出了质疑。这位精神科医生名叫西格蒙德·弗洛伊德（Sigmund Freud）。自 1891 年起，他就在伯格斯 19 号接待访客和患者，房间里摆着很多充满异国情调的装饰品，还有丰富的藏书。我们现在所在的兰德曼咖啡馆离弗洛伊德的小屋只有两条街的距离。这位伟大的学者偶尔也会到这里来吃块点心，或是静静地读一会儿报纸。

　　咖啡厅里那些涉猎广泛、紧跟时事的人一定都会读到艺术领域的新变化。是的，这个时代并不缺少艺术。1900 年，"先锋派"艺术迎来高潮，涌现出多个艺术家小团体。这群不安分的年轻人决心摆脱学院派的桎梏，创造出与传统艺术截然不同的艺术风格。慕尼黑首先出现了"分离派"这种说法，没过几年，维也纳也出现了"分离派"画家。克林姆特（Klimt）、考考斯卡（Kokoschka）、席勒（Schiele）就是其中最著名的代表人物。这些年轻人的作品与传统艺术流派形成了鲜明对比。类似的派别还有德国的"青年风格"，法国的"独立派""野兽派"以及后来的"立体派"。虽然各个流派都有自己的名字，但产生的影响都是一样的。

　　同任何一位光顾咖啡馆的顾客一样，落座之后，弗洛伊德、茨威格等恐怕也会瞟一眼邻桌的先生正在读什么，然后就能大体知道此人属于哪一派别了。在欧洲绝大部分地区，新闻出版都变得越来越自由、越来越多样，能够在很大程度上体现政治动向。报刊涉及的话题范围广泛，当然也会随各国的国情而有所不同。但无论在哪里，所有新闻的背后都存在两种相互对立的主流意识形态，它们的对抗将决定欧洲大陆的未来。

　　（参见插图 XIII）

■ 工人运动的美好时代

第一种主流意识形态是社会主义思潮。我们在前文已经提到过，19世纪初，工业革命引发了严重的社会问题，社会主义在这种背景下应运而生。法国思想家夏尔·傅立叶（Charles Fourier, 1772-1837）、皮埃尔—约瑟夫·普鲁东（Pierre-Joseph Proudhon, 1809-1865）、英国工业家罗伯特·欧文（Robert Owen, 1771-1858）等认为自由主义所倡导的个人主义不利于社会发展，他们通过改变生产的组织方式，提出了能够终结工人苦难生活的新制度。他们的想法在很长一段时间仅限于在熟人的小圈子里传播，很难组织起来。1864年，国际工人协会在伦敦成立，后来被称为"第一国际"，其目的是将各地的小团体联合为一个整体，形成一股能够推翻现有制度的强大力量。德国人卡尔·马克思（Karl Marx）是第一国际的主导人物。他提出的建设共产主义社会的观点得到了第一国际的肯定。马克思倡导的共产主义社会由无产阶级掌握国家政权，实行无产阶级专制统治，私有财产都将被废除，资产阶级的统治也将被终结。马克思的想法遭到了俄国无政府主义理论家巴枯宁（Bakunin）的猛烈抨击。巴枯宁认为应当彻底废除政府，而不是控制政府。马克思一派和巴枯宁一派展开了无休止的争论，最终在1876年导致第一国际解散。1889年，第二国际在巴黎成立。然而意识形态的斗争并不会因此便瞬间消失。几乎所有人都认为应该革命，因为只有革命才能让世界更加公正。可是谈到革命的形式，大家的意见就不统一了。例如，极左无政府主义者开始宣扬恐怖主义行动。他们认为要"以实际行动来宣传"，这样就会破坏社会稳定，引得警察出来镇压，而广大民众面对强权一定会倒向革命战士一边，万众期待的革命也就很快会到来了。残忍的恐怖袭击就这样在世纪之交接连发生，很多人因此遇难。在这些人中，有法国总统萨迪·卡诺（Sadi Carnot，1894）、意大利国王翁贝托一世（Umberto I，1900）、美国总统威廉·麦金莱（William McKinley，1901），就连奥地利皇后、匈牙利女王伊丽莎白（Élisabeth）——即著名的茜茜公主——也于 1898 年在日内瓦的酒店门前遇刺。无政府主义者终于意识到他们走进了死胡同，于是逐渐开始接受其他社会主义党派的观点。社会主义大家族不断地发展壮大。19 世纪最后三十余年的欧洲政局与以前相比已经大不一样了。随着教育的普及以及信息的广泛传播，社会更加民主，劳工运动也逐渐被接受。

渐渐地，工会成为合法组织，一度被认为是暴动行为的罢工成为争取权利的正常途径。随着一个个政党的成立，人们通过选举产生了来自各个政党的第一批市长和议员。德国社会主义工人党于 1875 年在哥达成立，是成立最早的政党之一。俾斯麦认为社会党人都是该被消灭的"无赖"，在 1876 年将该党取缔。但 19 世纪 90 年代，俾斯麦刚刚下台，这个党派就重新回归历史舞台，改名为德国社会民主党（Sozialdemokratische Partei Deutschlands, SPD），成为欧洲第一大党，在德意志帝国议会占据了几十个席位（1912 年改选后增至 110 个席位，成为帝国议会的多数党）。德国社会民主党有自己的合唱队、体育俱乐部和各种文化协会，实际上成为大政府中的小政府。在该党的努力下——当然此前俾斯麦在压制社会党时为了社会安宁也给工人阶级创造了不少优待政策——一战前夕的德国工人所享有的社会保障水平在全欧洲，乃至全世界，都是最高的。

奥地利也走了同一条道路。它在维克多·阿德勒（Victor Adler, 1852–1918）的领导下成立了社会民主工党。阿德勒是犹太人，后来成为第二国际的主要领导人之一。他早年是位医生，专为穷人看病。他将家里的一座房子作为诊所，接待贫苦百姓。诊所的位置我们并不陌生：伯格斯 19 号，也就是 1891 年弗洛伊德的新家。广阔的奥匈帝国也是一个小世界。

英国是最早出现社会主义思想家的国家之一，工会势力尤其强大。由于这些工会组织希望在议会中有一席之地，1906 年，英国工党（Labour Party）成立了。很多思想团体都对英国的社会主义产生了影响，费边社（Fabian Society）是其中最著名的一个。其成员中知识分子众多，例如爱尔兰人萧伯纳（George Bernard Shaw）就是后来的诺贝尔文学奖获得者。

法国劳工运动在很长一段时期内都分散为多个小团体，人与人之间的敌对让这些团体无法团结一致。例如一些人不愿与茹尔·盖得（Jules Guesde）为伍，因为他执着于正统马克思主义；杰出教师、演说家让·饶勒斯（Jean Jaurès）则不情愿与不赞成社会主义的共和党人并肩作战。迫于第二国际及其主席埃米尔·王德威尔得（Émile Vandervelde, 1866–1938）的压力，法国终于在1905 年形成了统一的政党——工人国际法国支部（SFIO）。

这一时期，欧洲各国都发生了类似的运动，即便是落后于时代的遥远国度俄国也不例外。尽管该国还在残暴的专制统治之下，但是也诞生了社会民主工党。由于经常遭到警察的追捕，该党都是秘密组织，其代表大会通常在境外召开。1903 年，该党分为两派。党内大部分成员选择了较为温和的立场，希望仅在实质性改善工人待遇时动用武力。这一部分人因在一次投票中获得了少数票，被称为少数派，俄语音译为孟什维克。另一部分人以列宁为首，坚持革命，尽管他们人数不多，却成为布尔什维克，即多数派的意思。

事实上，各地的工人政党尽管在形式上是统一的，内部都存在类似的纷争。万众期待的社会主义该如何实现？该不该把所有的赌注都压在一场革命上面？怎样引发革命？是借助一次大罢工，还是暴力夺取政权？抑或是采取"渐进式"的策略逐步推进？同很多人一样，德国社会民主党的领袖之一爱德华·伯恩斯坦（Eduard Bernstein）更倾向于最后这种被称为"改良主义"的做法。

他对这种做法有一个精辟的概括："无论最终结果如何，都没有任何意义；运动本身才是最重要的。"他的观点引起了正统革命者的强烈反对。

虽然分歧众多，欧洲的所有社会主义者在一个根本问题上还是能够达成共识的，那就是历史是在阶级斗争中不断推进的。对于每个为工人的利益而斗争的人来说，剥削工人的所有企业主才是他们真正的敌人。从本质上讲，这场战争没有国界。所有人都热爱和平。在他们看来，国与国之间的战争都是权贵为了转移无产阶级的注意力，使其忘掉被雇主压迫的事实所使的阴谋诡计。他们的颂歌叫作《国际歌》，其中有这样一段歌词："国王用烟雾来迷惑我们，我们要联合向暴君开战！让战士们在军队里罢工，停止镇压，离开暴力机器！"

■ 民族主义浪潮

在另一些人听来，这些歌词是大不敬的：军队、国界、国旗可都是神圣的象征物。

民族观念在产生之初充满了友爱之情，得到了左翼的支持。当时的欧洲人希望建立起属于自己的国家，他们斗争的对象是皇帝和国王，而不是其他国家的人。然而这个在 19 世纪确立的根本目标在一百年后仍没有彻底实现。20 世纪初，人们依然在努力之中，尤其是在奥匈帝国。同其他民族一样，捷克人、波兰人、罗塞尼亚人（也叫乌克兰人）以及克罗地亚人也想获得独立，至少他们要在帝国内享有一定的自主权，像匈牙利人一样设立自己的议会也未尝不可。

其余的地方则是另一种情况。在 19 世纪后三十余年里，社会主义者成为国际主义者，"民族"观念反而逐渐被国王和大公们所接受，得到了右翼和极右翼的捍卫。这些人以此为基础创造出了民族主义这一新的意识形态，这与之前的民族观念完全不是一个性质。曾经的民族观念致力于民族解放，具有包容性；民族主义则是自大的、排他的、不友好的。法国人常常引用作家罗曼·加里（Romain Gary）的一句话来概括民族观念的转变："爱国主义是爱自己的国家，民族主义是憎恨别人的国家。"19 世纪末、20 世纪初，对于民族主义者来说，这些密谋破坏国家的"别人"，不仅出现在国境之外，也存在于国境之内。

距离兰德曼咖啡馆不远的一条大道从 2012 年起改名为大学环路（Universitätsring），在那之前，它的名字是卡尔—鲁伊格环路（Dr.-Karl-Lueger-Ring）。卡尔·鲁伊格从 1897 年直至 1910 年去世时一直担任维也纳市长。他精力充沛，善于交际，工作能力强，生前很受欢迎。显然，在他过世后很长一段时间，他的人气依然不减。尽管维也纳市中心那条以他的名字命名的大道已经改了名，但他的雕像依然矗立在距市政厅不远、紧邻多瑙河的卡尔—鲁伊格广场上。他之所以有名，最重要的一个原因是他曾疯狂排斥犹太人，就连后来的希特勒都曾表示自己是受到了他的影响。

奥匈帝国住着很多犹太人。我们刚才已经遇到了他们中最著名的几位，比如茨威格、弗洛伊德、维克多·阿德勒以及阿图尔·施尼茨勒。大多数犹太人在自己的城市、在奥匈帝国都生活得很舒适。很多人已经离开了贫民区和条件很差的小村庄，来到维也纳、布拉格、布达佩斯等大城市求学、工作。弗兰茨·约瑟夫一世对此是很支持的。他对犹太人给予了保护。在选举卡尔·鲁伊格时，他还曾抵制了一段时间，最终迫于大众的压力只好让步。同欧洲的其他国家一样，仇视犹太人的行为在奥匈帝国也并不受欢迎。

在西方，厌恶犹太人并不是新鲜事，但性质已经发生了改变。自中世纪以来，人们就对犹太人的宗教信仰指指点点，经常把犹太人当作"替罪羊"，把本不该他们承担的恶名统统扣在他们头上。俄国沙皇就一直用着这个伎俩。每当陷入尴尬的境地，他们就会将仇恨转嫁给犹太人，然后组织大屠杀将其残忍杀害。在19世纪下半叶的欧洲其他地方，这个古老的恐怖癖好又发展到了新的高度。一些评论员以所谓的科学观念为名，称犹太人属于一个"种族"，正如殖民地的"黑人""黄人"一样。在基督教反对犹太教多年之后，反犹主义诞生了。首先接受这一观念的是极左翼，他们沿袭了中世纪传统，认为犹太人都是吮吸人民鲜血的无耻银行家、富豪。随后极右翼也加入了进来，他们理所当然地将反犹主义与民族主义结合起来。对于任何一个国家的极端民族主义者来说，犹太人天生就是他们的敌人，因为这些人总是四处游荡，永远不会理解祖国为何物。发生在法国的德雷福斯事件尤其能够反映出中反犹主义的影响力。无辜的犹太人德雷福斯（Dreyfus）上尉被扣上向德国泄密叛国的帽子，成为罪人。尽管人们找到了越来越多的证据为他脱罪，右翼民族主义者却越发坚决地拒绝重审此案。他们认为，军队的声誉高于的一切，包括正义，有损军队形象的做法都是不可取的。如果是为了维护一个犹太人，就更没有讨论的必要了。作家莫里斯·巴雷斯（Maurice Barrès）是反对重审德雷福斯案一派最积极的鼓吹者。他写道："德雷福斯具有叛国的能力，我通过他的种族就可以得出这个结论。"

20 世纪初，左拉、克里孟梭、饶勒斯等许许多多的杰出人物不遗余力为真理而战，终于帮助德雷福斯彻底洗清了罪名，战胜了民族主义反犹太阵营。这一事件对欧洲造成了极大的冲击。当德雷福斯在军事学校的院子里被当众扯下军衔的时候，一群人大喊着"杀死犹太人！"一位身在巴黎的外国记者目睹了这一切，他的名字叫作西奥多·赫茨尔（Theodor Herzl），是奥地利媒体界一位赫赫有名的人物。很多人认为，这一幕改变了他的一生。他想，法国是第一个赋予犹太人充分公民权利的国家，在这样的国家尚且上演了这样一幕，可想而知，欧洲其他地方的犹太人更是生活在水深火热之中。因此，犹太人能够获得安宁的唯一方法就是建立起属于自己的国家。赫茨尔就这样成为犹太复国运动之父。

1914 年之前，大部分民族主义者都有一个执念，那就是一个民族只有不含任何杂质的时候才能真正捍卫自己。因此，他们对所有的少数群体一律采取了敌对态度。新教国家信不过天主教信徒，天主教国家也信不过新教信徒。法国保王主义者、重审德雷福斯案的狂热反对者、"彻底民族主义"之父查尔斯·莫拉斯（Charles Maurras）认为法国内部存在四种敌人，他们是犹太人、新教徒、共济会成员以及外国侨民。

对于所有国家来说，最大的敌人其实还是自己的邻居。邻国是一种威胁，因此要时刻做好与其战斗的准备。19 世纪末，随着民族主义思想的普及，就连伟大的达尔文也被用来捍卫这种观点：所有人、所有民族都和动物一样，若不去主宰别人，就会被别人所主宰；若不去攻打别人，就会被别人所打败。

事实上，所有欧洲国家都有充分的理由对其他的欧洲国家心生忌惮。英国虽然在海上力量和工业实力方面首屈一指，但非常担心被德国赶超。法国在失去阿尔萨斯和洛林之后一直没有得到安慰，它非常嫉妒德国的殖民地。此外，法国还在与英国争夺苏丹，与意大利争夺突尼斯，与德国争夺摩洛哥。在欧洲的另一边，俄国则同英国展开了对亚洲的争夺，同奥匈帝国在巴尔干半岛上较量。而巴尔干半岛本身也并不平静。这一地区的保加利亚、希腊、塞尔维亚、罗马尼亚日益强大起来，它们之间也在不断爆发冲突。

所有这些纷争能否通过文明人的和谐精神得到解决呢？年复一年，在倡导和平的大型会议上，一些人道主义者很愿意这么想。然而，在民族主义好战思想的煽动下，抱有这种信念的人已经越来越少了。

| 第十八章 |
自取灭亡

波斯尼亚和黑塞哥维那（波黑）的首都萨拉热窝有一座历史博物馆。它位于两条街的交会处，是一座很大的砖石结构建筑，面向米利亚茨河。20 世纪初，此处还是莫里茨·席勒熟食店（Delicatessen Moritz Schiller）。1914 年 6 月 28 日，这家小店进入了历史。那一天，波斯尼亚塞尔维亚族青年加夫里洛·普林西普（Gavrilo Princip）在熟食店前，面向石桥，开枪射杀了奥匈帝国皇储弗兰茨·斐迪南（Franz Ferdinand）大公及其妻子索菲亚（Sophie）。一个多世纪后，这个地方仍然值得一去。若要思索人类命运的因果关系，您也许会在此得到启发。

这次刺杀行动的原因很容易理解。萨拉热窝所在的波斯尼亚原是奥斯曼帝国的领土，1878 年被奥匈帝国占领，1908 年被其正式吞并。这激起了旁边塞尔维亚的不满。在塞尔维亚看来，波斯尼亚地区属于斯拉夫族，其人口很多都是斯拉夫族的一支——塞尔维亚人，因此波斯尼亚理应归塞尔维亚所有。奥匈帝国皇储要来访问的消息本来就引起了极端主义者的不满，6 月 28 日又恰逢塞尔维亚的国庆日，这就更被视作了一种挑衅。于是，贝尔格莱德的极右翼分子便策划了一场阴谋，由几位波斯尼亚狂热分子负责实施。然而这几个人并不在行。这天早晨，他们朝大公的车队投掷了一枚炸弹，可炸弹没有爆炸。几个小时后，官方车队走错了路，本来已经准备回家的普林西普碰巧遇上了他们，这才得以近距离开枪。这次行动并不复杂，其后果又如何呢？

自 19 世纪末，欧洲一直被民族主义热潮所笼罩。在能够左右欧洲的几个强国看来，只有它们自己是伟大的，只有它们能够代表文明的最高峰。同时，它们从心底仇视邻近的强国，时刻准备着与其开战。为了使自己不被最讨厌的国家所伤害，它们纷纷和自己不那么讨厌的国家结成联盟。于是德国、奥匈帝国、意大利形成"同盟国"；法国、俄罗斯、英国两两签订协约，成为"协约国"。这种联盟本身就是脆弱的，因而战争一直未能爆发。其实在殖民地问题上，这些国家已经有过很多次开战的机会。例如在 1905 年以及 1911 年，德法两国在争夺摩洛哥时就差一点兵戈相向。巴尔干半岛更是有很多机会成为导火索，岛上各国为了扩大领地从未停止过争斗，俨然是一个"火药桶"。然而每一次，联盟都起到了抑制战争的作用。有的盟友认为自己还没有准备好，有的盟友认为这场比拼不划算，想要开战的国家最终便只能平静下来。于是，爆发的危机要么被控制在一定的范围内，要么就依照当时的一贯做法——召开大型会议——由戴着大礼帽、抽着雪茄的外交官来解决。

1914 年 7 月，一切都反了过来。奥匈帝国一时下不了决心。奥地利政府认为应该采取强硬的措施，但匈牙利总理认为民族主义引发的动乱一直未能平息，此时采取任何行动都只会火上浇油。这时，德国盟友为奥匈帝国加了一把火，提出速战速决：一劳永逸地惩处塞尔维亚，以免波斯尼亚再生事端。

在另一边，塞尔维亚转身向它的靠山俄罗斯。俄罗斯暗中与法国盟友取得了联络，在确保法国将会派兵之后，也做出了同样的决定：不让步，坚决抵制奥匈帝国！不可避免的战争就这样逼近了：紧张局势升级，战争动员展开，最后通牒发出，开战！7月28日，奥地利向塞尔维亚宣战，第二天便轰炸了贝尔格莱德。在法国的支持下，俄罗斯发动军队。8月1日，德国向俄国宣战，3日，向法国宣战。1914年8月4日，德国实施了筹谋已久的作战计划：突袭比利时，攻打法国实力较弱的侧翼。此时英国尚未参战。但由于比利时的中立性遭到破坏，而英国又是比利时的担保国，英国不得不战。就这样，1914年8月，六个大国都陷入炮火之中。其他国家也紧随其后：1914年9月，奥斯曼帝国加入德国阵营；1915年，意大利退出同盟国，与英法两国并肩作战；同年，保加利亚加入同盟国；1916年，罗马尼亚加入协约国。萨拉热窝的两枪点燃了整个欧洲。

在1914年上半年以前，欧洲一直掌控着整个世界。到1918年，它成为一座坟墓、一个苟延残喘的地方。1000万士兵、近900万平民在战争中死亡。医院里到处都是瘸腿的、断臂的、失明的、耳聋的以及精神错乱的人。然而，没有人袭击欧洲。欧洲是自取灭亡。若想了解这场灾难，可以去的地方有很多。如果身在巴黎，您可以选择一个忧郁的秋日，带上自行车乘坐巴黎北站的火车到达贡比涅（Compiègne）。在环绕着小城的树林里骑行一会儿，您就会来到一片叫作雷通德（Rethondes）的林间空地。那里有一座博物馆，里面陈列着一个火车车厢的复制品。11 月 11 日清早，协约国军队总司令福煦（Foch）与德国地方代表埃茨伯尔格（Erzberger）签署了停战协定，结束了 20 世纪第一次残杀行动。德国是同盟国中最后一个善罢甘休的：保加利亚（9 月 29 日）、奥斯曼帝国（10 月 30 日）以及奥匈帝国（11 月 3 日）在它之前都已偃旗息鼓。雷通德在 2018 年秋，即一战停战百年之际，复原了当时的场景，庄严而沉静。

日内瓦湖畔也是如此。这里也是适合回顾一战历史的一个地方。同西班牙、荷兰、三个斯堪的纳维亚国家一样，瑞士是欧洲少数几个没有参与一战的国家之一。上一章我们见到了茨威格。这一章，我们会在绿意盎然的日内瓦湖畔遇到茨威格的一位挚友——罗曼·罗兰（Romain Rolland, 1866-1944）。音乐学家出身的罗曼·罗兰在战前就已经因《约翰·克利斯朵夫》而闻名了。这是一部充满浪漫色彩的人文主义鸿篇巨制，其主人公是一位旅居法国的年轻德国音乐家。作家在字里行间大声疾呼，法德两国保持友好关系十分必要，因为这两个国家的文化是相近的、互补的。1914 年 7 月，同每年夏天一样，罗兰来到瑞士山区疗养。8 月初，当战争爆发时，他没有必须回到法国的理由。他年岁已高，无法参战，于是决定留在瑞士。在他看来，战火无法触及瑞士，这样的地方在欧洲并不多。一战有很多纪念碑，人们通过这种形式歌颂着英勇无畏的战争斗士们。可对于孑然一身却在呼吁各方不要开战的罗曼·罗兰，谁又赞赏过他的勇气呢？日耳曼世界不理会他，法国人视他为叛徒、对他充满仇恨。一战期间，罗曼·罗兰一直待在瑞士，主要生活在日内瓦。在那里，他积极参与救治囚犯的红十字会，还写了很多重要文章。从1914年8月3日起，他就将这次战争称为"欧洲大战"，在他看来，这是"历史上最大的灾难"。最著名的一篇文章是1914年9月在《日内瓦日报》增刊上发表的《超然于混战之上》。若要对这段历史进行反思，罗曼·罗兰为我们找到了一个不错的位置。

（参见插图 XIV）

■ 一

为什么会有这场战争？这场战争该由谁来负责？其目的是什么？1914年以来，每个阵营都曾试图回答这些问题，然而至今都没有定论。

协约国一方（英法）在开战之初就形成了一个观点，由于它们取得了战争的胜利，这个观点在很长一段时间内深入人心。该观点认为，英法两国领导的这次战争是"正义之战"，是自由国家在其盟友的支持下反抗德国黩武主义的必要之举。这么说并非没有道理。德国在8月初派军出击，确实是典型的侵略行为。在战争伊始，它难道没有破坏比利时的中立性吗？在随后的几周，其军队难道没有对平民施以暴行吗？不可否认，德国皇帝本就是反动人士，他生性好斗，情绪阴晴不定，他手下的多位好战军官当然更是跃跃欲试。

可是，协约国难道就没有想打仗的人吗？在英格兰，特别是在法国，极右翼民族主义者难道没有尽一切可能激起公愤吗？俄罗斯内阁的好战人士不比德国少，它促使塞尔维亚做出绝不让步的决定，难道不该和德国一样对一战负责吗？

从另一个角度来讲，仅凭几个好战军官，全德国、全奥匈帝国就会行动起来吗？我们说过，这两个国家不乏真诚的人道主义者、爱好和平的社会主义者，将整个欧洲推向深渊是他们最不想见到的局面。然而，就连他们最终也认为战争是有必要的。他们认为，战争的目的不是成为别人的主宰，而是使自己不要灭亡。这种观点同样并非毫无道理。德国最大的恐惧是被包围、被阻塞，这种观念在德国社会流传得很广。只要看看地图就能理解德国人为何会有这种想法了：它的一边是法国敌人，另一边是恐怖而庞大的俄罗斯——其国土面积达数百万平方公里、人口有数百万，他们随时准备带着早已过时的制度猛扑过来。英法两国常常会忘记这一点。在他们看来，面对德意志帝国和奥匈帝国这两个"帝国"，英国和法国是民主的象征。可德国人会想，既然你们代表着民主，那又为何要同欧洲最后一个绝对君主专制国家、一个人民深陷无知与苦难、犹太人惨遭屠杀的国家结盟呢？

民族主义者喜欢为战争而战争。大部分人认为战争尤为必要，是因为各个民族从起源时起就仇视他人、试图统治他人，战争能够为几千年来的对抗画上句号。这种"传统敌人"的观念一直存在于很多人的认识中。然而，只需要从地缘政治的角度大致地回顾一下历史，我们就会发现所谓的"传统"是多么不堪一击。

1914 年，迎战德国军队的法国人认为自己是在解决历史遗留问题，其中既包括 1870 年那场战争，也包括在此之前拿破仑领导的几次战争。那时的报纸甚至毫不犹豫地提到了公元 9 世纪初查理大帝几个孙子之间的对立。[1]1898 年，英法两军为争夺苏丹，在一个名叫法绍达（Fachoda）的小堡垒短暂交火。随后便有舆论指出，英国是法国的"传统敌人"！不就是他们烧死了圣女贞德吗？

同样，塞尔维亚把奥地利视为宿敌，而认为俄罗斯和自己一样都是东正教斯拉夫国家，理所应当是一家人。然而在 1903 年以前可不是这样的。那时，塞尔维亚掌握在亲奥地利派手中，对俄罗斯很不信任，因为它与自己的对手保加利亚沆瀣一气。再举一个例子？1915 年，协约国承诺将亚得里亚海交给意大利（塞尔维亚也得到了同样的承诺）。意大利在诱惑之下加入了英法联盟，开始对抗奥地利。有人会想，这也是有历史渊源的。在加富

---

[1] 见第二章。

尔（Cavour）时期，意大利不正是在法兰西第二帝国的帮助下，赶走了伦巴第和威内托地区的奥地利人，实现了统一吗？这倒是没错。但正如我们前面已经说过的那样，19世纪80年代，与意大利结盟的正是德国和奥地利。因为在这个时候，意大利的首要敌人是法国：因为法国在其想要殖民突尼斯时放肆地伸出了魔爪。

一段时间以来，左派阵营为一战的爆发找到了一个全新的理由。他们认为，这场战争只不过是经济竞争和军火商追求利益的结果。1922年，阿纳托尔·法朗士（Anatole France）在《人道报》上发文指出："人们都以为自己为祖国而牺牲，实际上却是因产业家而死。"像我这一代的大多数左翼人士一样，我也曾想过这一点。但我认为这种看法是很牵强的。从今天繁荣的军火市场就看得出来：虽然军火商都愿意将更多的武器卖出去，但他们都希望战场离自己越远越好。

一战不是善与恶之争，也不是永恒的敌人之间展开的决战，更不是资本主义矛盾的产物。它和三十年战争以及圣巴托洛缪大屠杀一样，是一场宗教战争。这是一个世俗的宗教，它也许并不信奉什么神灵，但却把骄傲和仇恨埋在心底，它的名字叫作民族主义。

过去，天主教徒和新教徒因为教义不同而拼得你死我活。在今天看来，他们的分歧其实并不大。而在一战中相互敌对的各国又有多大差别呢？除了俄罗斯帝国此时还陷在腐朽的旧制度之中，其他国家区别大吗？它们的政体也许并不完全一样：英国和法国更加民主一些，德国和奥地利还在专制统治之下，其政府还不具有代表性。但是反过来，德国的工人受到了更好的保护，从这一角度讲，德国的社会建设走在了英法两国之前。至于其他领域，如文明程度、文化、观念、科学水平，这几个国家都是一样的——它们在历史上一直如此。同大部分宗教战争一样，一战也是手足之间的战争。

■ 二

民族主义本质上就是致命的。当它成功地利用了每个人心中高贵的爱国主义情感的时候，就变得力大无比。在民族主义之风重新席卷了全球的今天，我们都应该将这一点记在心间。让我们看看 1914 年夏天，舆论是如何变化的吧。7 月，爱好和平的领袖们四处奔走，成千上万的人在社会主义理想的感召下坚定地认为他们不会参战。8 月，他们中的大部分就举起了大旗，呐喊着"必胜"跳下火车。

7 月 31 日，法国社会主义伟大领袖饶勒斯（Jaurès）因奋力阻止战争被极右翼狂热分子暗杀。第二天，他创办的《人道报》就亮出了可怕的大标题《他们杀了饶勒斯！》。第三天，法国发布动员令。《人道报》刊登文章《国防第一！》。同德国、奥匈帝国一样，法国议会的所有社会主义者组成了"神圣联盟"（union sacrée），支持开战。民族主义激情就这样改变了局势。

在战火纷飞的岁月里，一些微弱的力量也曾试图阻挡住仇恨与死亡的车轮。历史学家近来研究发现，1914 年圣诞节，一些士兵曾与战壕另一边的敌军交换礼物、分享点心。几天之后他们又继续展开战斗。还有一些人拒绝参战，尤其是在 1916 年和 1917 年。一些电影、书籍曾专门描写他们，左翼和平主义者还赞扬他们。

然而令人惊讶的是，这样的人太少了。绝大多数欧洲人没有反抗。他们服从了，走上了前线，常常还带着一种英雄主义情感。在几年的时间里，他们生活在烂泥之中，忍受着寒冷、污浊和恐怖，经受了前所未有的艰难。

他们为什么要坚持？又是如何坚持下来的？ 20 世纪末，法国历史学家在这一问题上争执不下。一些人认为，士兵们之所以能够忍受这种痛苦，仅仅是因为强大的国家机器逼迫他们这样做。他们的文化给了他们服从意识，社会压力让他们别无选择。另一些人则提出了"爱国认同"理论 [1]，即同意打仗是因为这几百万人认为自己有义务这样做。这真是个有趣的观点。

---

[1]　这一观点主要由安妮特·贝克尔（Annette Becker）、斯特凡纳·奥杜安 - 鲁佐（Stéphane Audoin-Rouzeau）二人提出。

■ 三

　　19 世纪，欧洲秉持着一种超乎寻常的乐观主义，逐渐成了全世界无人能敌的强者。而正是因为它的强大，一战的破坏力也前所未有，仿佛扔出去的回旋镖又飞了回来。欧洲创造了工业、创造了机械化、创造了大规模标准化生产。而当数以百万计的士兵走进战壕，伴随着无休止的轰炸、大规模的进攻和一个接一个的战役——凡尔登战役、索姆河战役、卡波雷托战役、埃纳河战役——欧洲又发明出了工业化、机械化的战争，阵亡人数就像曼彻斯特的纺织工业产值一样，一再创出新高。大批战士仿佛成了车间工人，被压得喘不过气来，逐渐失去了人性。

　　欧洲发明了科学。它本来应该用来治病救人、驱散苦难、增进人民福祉、让世界变得更美好。然而在战争期间，科学家、发明家比任何时候都要勤奋：他们发明了毒气、坦克、鱼雷以及火焰喷射器。所有这些武器都使死亡变得更加万无一失、残酷冷漠。欧洲创造了很多观念，它们本来应该给世界带来自由与和平。然而，1915 年，小亚细亚半岛笼罩在一片深深的惊恐之中。奥斯曼帝国的统治者决定一劳永逸地解决少数民族问题，于是便以亚美尼亚人可能与进攻高加索地区的俄罗斯敌军相互勾连为借口，将近百万亚美尼亚人杀害了。古老的奥斯曼帝国在历史上曾多次屠杀百姓，但这一次的残忍程度和规模都远远超过了以往的任何一次。几百年前的老苏丹从未想过这样做，而接受了欧洲教育，声称认同欧洲哲学、欧洲历史、欧洲方法的三位总督却这样做了。他们三人都属于一个叫作"统一与进步委员会"的政治团体。"进步"是这一时代的关键词。我们已经说过，欧洲人随时随地都喜欢用它。可"进步"带来了什么呢？1918 年，清醒的哲学家们可能会问出这个问题。经过四年无休止的战争，欧洲大地满目疮痍，一座座公墓绵延几公里，在人类历史上还没有哪个死亡机器如此强大。中世纪时，一场战役一天就结束了。

■ 四

一战是欧洲内务。但因为欧洲统治着世界，全世界都随之陷入了苦难。

有人可能会说，一些人加入战争是因为血浓于水。加拿大、澳大利亚、新西兰、南非都是英国的领地，它们受盎格鲁—撒克逊人领导，也不乏盎格鲁—撒克逊百姓，而且受英国外交政策制约，当然要赶去支援国家的主体。

一些人参战是利益关系所导致的。1914 年夏天，日本因为觊觎德国在太平洋地区的领地，也因为觊觎中国，与英国结盟。三年后，中国也加入了协约国的阵营，而它的目的是要防备妄图吞掉其全境的日本人。

中东也燃起了战火。当时这一地区仍属于土耳其人的奥斯曼帝国，但阿拉伯人愿意反抗土耳其人，因为英国答应他们，战后，他们将获得属于自己的独立王国，帝国的整片疆土都将归他们所有。

但殖民地人民的行为又该如何解释呢？英国招募了 1300 万印度人（并未强制征兵）。他们中的大部分被派到美索不达米亚与土耳其人展开了激烈的战争。1914 年至 1915 年，一些人被送往佛兰德斯。当来自加尔各答的士兵为侵占自己家园的国家而战，最终死在德军枪口之下的时候，不知他们会做何感想。黑非洲又如何呢？这里的殖民统治是从 19 世纪 80 年代才开始的。20 世纪 10 年代，一些地区还没有被开发。1914 年，这里的许多人终其一生都遇不到十个白人。然而，这些挥舞着长鞭、只有在奴役人的时候才会出现的主人却过来对黑人们说，统治着旁边国家的那群白人都是野蛮人，只有打败他们才能保住文明。殖民地之间的战争很快就见了分晓，协约国取得胜利[1]。随后，法国在很大程度上依赖于"黑人军队"。报纸上说，这些勇敢的土著步兵自愿前来守护他们的祖国母亲。事实却并非如此。至少在战争初期，非洲人曾试图通过各种手段逃避入伍。我记得看过一本关于殖民历史的书。书中写道，一些地区是用"套索"来募兵的。

---

[1]　这里有一个例外。在东非未来成为坦噶尼喀的地方，冯·莱托—福贝克（von Lettow-Vorbeck）将军率领当地军队打败了所有来犯敌军，一直坚持到一战结束。

■ 五

　　1917 年是关键的一年。这一年，俄罗斯帝国爆发了两次革命。第一次发生在 3 月（俄历二月）。自由党、社会民主党由此掌握了政权，他们希望效仿西方建立共和国。然而他们犯了一个错误：面对装备落后的军队和食不果腹的人民，他们仍然固执地坚持参与战斗。11 月（俄历十月），列宁与坚定的布尔什维克领导了第二次革命。这场革命是由人民起义所引发的政变，革命党取得胜利后建立起了专制政权。新的苏维埃政府首先便开始整肃新闻媒体，并成立了"契卡"，即全俄肃清反革命及怠工非常委员会，其残忍程度很快就与刚刚解散的沙皇政治审查机关不相上下。上台以后，苏维埃政府一直坚持人民应当享有表达意见的权利，于是便组织了选举。然而布尔什维克在选举中没能获得多数票。选举产生的议会第二天就被解散了。苏维埃政府还承诺还人民以和平。为了实现这个诺言，它与德国签订了一份条约，而条约内容对他们自己是非常不利的。新政权因此受到了很大影响。对于了解历史的人来说，1917 年至 1918 年的苏维埃俄国为日后的极权主义奠定了基础。当然，它敢于与愚蠢且不人道的战争决裂，成了唯一一个相信人民的国家，这也得到了不少国家的仰慕。

　　1917 年春天还发生了另一件大事：美国开始与英法两国并肩作战。就在此前一年，威尔逊总统在竞选中还强调要远离欧洲大陆的破坏性疯狂行动。然而德国教唆墨西哥攻打美国，再加上激烈的海战在袭击英国船只的同时也使美国船只不时受到牵连，严重影响了它的贸易活动，美国便改变了主意。

虽然美国是在 1917 年参与战争的，但单是教育士兵、把军队派到大西洋彼岸就用了几个月的时间。此时的德国人正在与时间赛跑。1918 年春天，德国人已不再受东面俄国军队的威胁，于是便孤注一掷，将兵力全部向西迁移。然而，他们的每一次进攻都以失败告终。经过四年的苦战，德国人已经筋疲力尽，而刚刚到来的 200 万美国援兵正意气风发，他们成为结束这场战争的决定性力量。一战是一场欧洲国家的冲突，然而它的终结却要依靠欧洲之外的力量。

■ 六

一战是一场没有尽头的噩梦，士兵们只能靠希望坚持下去。他们说这是为人类而战，这场战争将是人间的最后一场战争。法国人称其为 "der des der"，即最后一战；英国人说这是 "the war to end all wars"，即终结所有战争的战争。1919 年年初，胜利者们在巴黎召开了会议。几周后，一位英国参会军官灰心丧气地说："战争并没有终结战争，反倒是今日的和平终结了未来的和平。"

今天，很少有历史学家会不同意他的话。战后，人们犯下了一系列可怕的错误，这些错误的唯一作用是为下一场悲剧铺平道路。殖民地的遭遇尤其能够体现出这一点。许多印度人、非洲人之所以愿意加入英军、法军，是因为他们相信这些大国会感谢他们所做出的牺牲、偿还“血债”，至少会对殖民地人民好一点。然而事与愿违，殖民地的日子同以前一样残酷不公，没有任何改善。英国在中东许下了不少承诺。它保证欧洲的犹太复国主义者会在巴勒斯坦拥有自己的“民族家园”，同时又告诉阿拉伯人可以建立一个从阿勒颇到亚丁的统一王国。到了最后，它却遵循了一贯的殖民传统，同法国盟友分享了这片土地。它们划分的边界至今还在不断引发纷争。[1]

三个帝国从欧洲的版图上消失了。它们是沙皇的俄罗斯帝国、苏丹的奥斯曼帝国以及哈布斯堡家族的奥匈帝国。取而代之的是几个民族国家的建立。那么，这是不是进步的表现呢？一战之所以爆发，是因为一些波斯尼亚人无法继续忍受被奥匈帝国统治。在战争结束后，波斯尼亚发现自己又被纳入了另一个国家的版图。这个国家很快就会成为“南斯拉夫”，实际上不过是塞尔维亚政权的一个幌子。在其他地方，一些民族国家以“人民自决权”为名成立了——人民拥有掌控自己命运的权利是这一时期最有感召力的观念。这样的国家有捷克斯洛伐克，还有在消失了一个多世纪

---

[1]　这里涉及著名的赛克斯—皮科协定。赛克斯和皮科分别是协商这一协定的英、法外交官的名字。

之后从灰烬中重生的波兰。分娩的过程总是痛苦的，波兰很快同波罗的海国家以及俄罗斯开战了。每一个新诞生的欧洲小国都希望自己的领土越大越好。它们吸纳了众多少数民族——乌克兰人、德意志人、匈牙利人，而这一切都预示着民族复兴的恶性循环又将重新开始。

　　所有的条约都是各国对战败国的讨伐，其中最著名的要数针对德国的《凡尔赛条约》。《凡尔赛条约》签订于1919年6月28日，也就是萨拉热窝事件过去整整五周年的日子。人们对这份条约的评价普遍不高。从签署的那一刻起，许多专家就认为条约对德国的羞辱毫无用处，过高的赔款将使德国再也无法站起来。为了让这个新大陆有一点人性，美国总统威尔逊已经尽其所能。他提出的设立国际联盟的想法被《凡尔赛条约》所采纳。该联盟将用来研究一切冲突，并将通过讨论和裁决的方式由法庭而不是武器来解决问题。这个想法好极了。可是，威尔逊连自己的国家都说服不了。1920年，以共和党为多数的美国国会拒绝批准这位民主党人士签署的《凡尔赛条约》。国际联盟虽然成立了，但没有美国的加入，它的运行十分艰难。

| 第十九章 |
地狱中的欧洲

1918 年的欧洲满目疮痍、遍体鳞伤，仿佛已瘫倒在地。1945 年的欧洲更是坠入深渊，不见天日。我们习惯于把 20 世纪的两次大规模战争分别冠以第一次、第二次之名，仿佛二者是相似的，然而事实并非如此。它们的战场、规模、本质都不相同。

第一次大战起初只是欧洲范围内的战争，后来波及世界。第二次大战则从一开始就是世界性的，引发冲突的好战国既包括纳粹德国、法西斯意大利，也包括他们的盟友日本帝国。对于欧洲人来说，1939 年德国入侵波兰——法国与英国随即也行动起来——标志着二战的开始。对于苏联人、美国人来说，1941 年希特勒的军队入侵苏联、袭击珍珠港才是二战的开始。今天的一些历史学家认为，从全球视角来看，二战的起点比这两个时间都早：1937 年，当日本抱着消灭中国的幻想与中国开战时，二战就开始了。

一战的幸存者——那些上过战场、经历过凡尔登、索姆河战役、躲过毒气和亚美尼亚大屠杀的人——一度以为世间最可怕的事情莫过于此。但二战却让人们发现更可怕的永远在后面。二战是全球性的。由于空中轰炸武器的普及，再也没有任何一个城市、任何一个平民是战火无法触及的。一战的遇难者大约有 1900 万人，二战的遇难者则难以计数。没有哪位专家能够给出准确的数字。据统计，死亡人数在 5000 万至 6000 万，甚至可能达到 7000 万。

纳粹和日本人的罪行是构成这个数字的主要原因。在欧洲，纳粹制造了犹太人大屠杀和吉普赛人大屠杀，大肆杀害平民，还对苏维埃发动了毁灭性的战争。在亚洲，日本在占领南京后制造了南京大屠杀，摧残了中国，用中国人做医学实验，还在被侵略人民中逼迫大量妇女成为慰安妇。

　　这两场不幸的战争显然被历史联系在了一起：在许多方面，二战的确是一战的延续。然而二者的本质却是完全不同的。我已经写过，一战是在大体上势均力敌的国家之间展开的；二战则是两种完全对立的制度之间的对抗。我不知道我所珍视的开放的民主制是否代表着善，但我知道希特勒与他的盟友——墨索里尼和日本天皇——代表着恶。我们生活的世界并不是天堂。但事实证明，他们想要创造的世界是个地狱。

■ 遗迹

　　二战是 20 世纪的核心事件，是彻彻底底的悲剧性事件。它的印记无处不在。事实上，战争的疤痕不仅遍布欧洲各地，在世界范围内也很少有哪个国家没有二战的记忆。一些著名的纪念场馆就能够充分证明这一点。在波兰，离克拉科夫不远的奥斯维辛集中营对于所有欧洲人来说都是纳粹大肆屠杀犹太人的典型代表：110 万男女老少在这里被杀害，其中 100 万都是犹太人。在俄罗斯，伏尔加格勒的巨型雕像纪念着 1943 年苏维埃军队取得的一次关键性胜利：经过六个半月的鏖战，这座当时被叫作斯大林格勒的城市终于迎来了光明。此外，法国诺曼底和菲律宾马尼拉的美军烈士墓也都是二战的遗迹。日本广岛的和平纪念馆是在战后的废墟上建起来的，呈现了 1945 年 8 月 6 日第一颗原子弹爆炸后的真实场景。

要了解这段历史，我们是不是应该将这些纪念地、纪念馆一个不落地过一遍呢？尽管我尝试了很多次，但我实在无法在短短的一章里将如此重大的事件理得清清楚楚。于是我只好删繁就简，选择一些具有代表性的地方，尽管这样做不免有些主观、有些零散。为了筹备这本书，我游历了欧洲。每到一个地方，我总会专门为这一章记上几笔，其中不仅包括战争本身，也包括两次世界大战之前的那个历史阶段。以下便是我所记录的内容。

★ 罗马

当我们去罗马的时候，从来不会有人想到两次世界大战。我们对罗马的印象是博物馆、是电影《甜蜜的生活》、是坐在吧台上品味的香醇咖啡、是圣彼得广场上熙熙攘攘的人群、是巴洛克风格的教堂、是铺着雪白桌布的意式餐厅。其实除了这些之外，我们不妨去 EUR 区走一走。EUR 区离市中心不过几公里，对城市化感兴趣的人一定会喜欢这里。历史爱好者也一定会觉得不虚此行。这个街区是法西斯时期的重要遗迹之一，人们总是将这一时期忘在脑后。一战结束后四年，墨索里尼上台，带领意大利率先走向了开启二战的道路。走进城市化的 EUR 区，我们首先便会看到最具特色的意大利文明宫，这个地方现在已经成为某个时尚品牌的总部。意大利文明宫是一个六层的白色立方体，每层都装饰有九个拱门，看上去既干净又前卫，在当时应该可以算是未来主义风格了，充分体现了墨索里尼所推崇的现代化的特点。EUR 区得名于 Esposizione Universale di Roma，即罗马世博会。这次世博会因战争而取消，它本应在 1942 年举行，以庆祝黑衫军"进军罗马"20 周年。当年，黑衫军的到来动摇了本就脆弱的意大利民主政治，迫使国王将政府交给了墨索里尼。意大利政权就这样陷入了两个极端：一端是暴力、强权，无视法治国家，通过交通和军队来掌控权力。另一端崇尚民族主义，弘扬的永恒"意大利"。今天，我们比以往任何时候都更希望这种观念就停在历史的那一刻，别再向前。然而，它在夺去了成百上千万人的性命之后才终于成为历史。

★ 纽伦堡

来到德国，人们总会想到战争。旅途上经过的每个城市、每个村庄、每条路都会不时地让人想起那段不堪回首的历史，那个纳粹制造的晦暗时代。柏林是这段记忆的核心。纽伦堡则是最有代表性的地方。纳粹最钟情于此。从 1933 年到 1938 年，纳粹每年在这里召开党代会，数十万纳粹党员聚在这里整整齐齐地向他们的小胡子偶像表达崇敬之情，他们的游行既壮观又可怕。在城外不远处，至今还保留着当时的大型集会场。1935 年，希特勒在市内的一个集会场宣布了《德意志血统与荣誉保护法》。这部法律制定了"种族标准"，明确了什么血统才算得上是"真正的"德意志人。该法律禁止"高尚人种"与"非高尚人种"结婚，还对很多职业的从业人种做出了规定。就这样，犹太人从制度上被区别开来。从纳粹掌权的那一刻起，他们就开始了对犹太人的隔离与迫害。1935 年的法律是其中关键的一步，他们的恶行从此有了法律依据。1942 年，希特勒授意纳粹党人在柏林万湖旁边的一座豪华别墅里提出了"犹太人问题的最后解决办法"，这段恐怖的历史终于发展到了顶点。基于这些，同盟国最终决定在纽伦堡的一座建筑里设立法庭，对纳粹的所有罪行进行审判。军事法庭的遗址至今仍在。

纽伦堡之所以能够一年四季游人不断，是因为那里还有另外一段历史的遗迹，这段历史不仅年代要久远得多，而且更加令人愉快。城中心古老的中世纪建筑已被炮火摧毁，但后来又得到了重建。如今，我们仍然能够走在石板路上，欣赏着两旁充满岁月痕迹的石屋——画家丢勒（Dürer）的房子就在那里。稍走远一些，我们还会看到宏伟的日耳曼国家博物馆。它建于 1852 年，正值德意志统一之初，因此得以收集到德意志伟大文化的大量瑰宝。之所以将这座博物馆建在纽伦堡，是因为纽伦堡在人们心中是中世纪德意志最璀璨的代表，而复兴德意志是那个时代满怀民族热情的人们最执着的梦想。希特勒将纽伦堡作为非正式的首都并非出于偶然。他也想加入他们的行列，而且想成为最终实现梦想的那个人 [1]。

这个并不坦荡的梦想在 1945 年破灭了，纳粹主义没有成为德国永远的现实，这真是世人之幸。那么，纳粹主义是否是德国历史的产物呢？是不是只有德意志文化、德意志文明才能催生出这种错误？许多欧洲人都认为是的，这样他们就理所应当地认为希特勒的疯狂行径完全是别人家的事情，与本国的历史毫不相关。在我看来，他们错了。

我们首先必须要明确一点，那就是纳粹分子产生于德意志人民，他们的敌人是另一部分德意志人民。在慕尼黑郊区，即纽伦堡以南两小时车程的地方，有一座达豪集中营，那是希特勒的第一个集中营，当时他上台仅仅几周。德意志帝国的各处很快又有了其他的集中营。看管集中营的都是德意志人。战前被送进集中

---

[1]　还有一个例子能够证明希特勒怀揣着这个梦想：在他掌权几周后，他便大张旗鼓地去波茨坦祭奠了普鲁士国王腓特烈二世。

营的反对派、犹太人、基督徒、同性恋、吉普赛人也都是德意志人。

其次，纳粹主义属于极权主义意识形态大家族，是极权主义在德国的表现形式，意大利的法西斯主义是它的表亲。纳粹主义的基础，即激进的民族主义、种族主义、排犹主义，都不是德意志所特有的。这些思想都是 19 世纪末以来其他国家的一些思想家整理出来的。希特勒领导的德国只是以极高的效率将其进行了整合并付诸了实践。这些思想本身是属于全欧洲的。

★ 慕尼黑

如今，只有亿万富翁和航空爱好者会知道法国的布尔歇机场。那里现在只剩下一个航空博物馆和几家私人飞机公司。伦敦附近的赫斯顿机场也有一个博物馆，但它的起落场已经关闭半个多世纪了。这两个地方被一段历史联系在一起。1938 年 9 月底，法国总理爱德华·达拉第（Édouard Daladier）与英国首相内维尔·张伯伦（Neville Chamberlain）先后抵达布尔歇机场和赫斯顿机场。他们刚刚开完慕尼黑会议，觉得欧洲的和平算是保住了。实际上，他们将捷克斯洛伐克交给了希特勒，中了希特勒和墨索里尼的圈套。达拉第与张伯伦一下飞机就受到了热烈的欢迎。张伯伦挥舞着希特勒签了字的一张单薄的纸，自豪地发表了一番令人欢欣鼓舞的讲话。他在讲话中提到的 "Peace in our time"，即一代人的和平，至今还被不断引用，只是多了几分讽刺的意味。达拉第也发表了讲话，也是这么空洞。据说他在讲话之前悄悄地对身边的议员们说："唉，这群笨蛋，什么都不知道！"是啊，他们什么都不知道，这就是问题所在。站在今天回首过去，英法两国人民在慕尼黑会议之后表现出来的兴奋只能说明他们实在是太过愚蠢、太过大意了。然而，做事后诸葛亮总是容易的。我们更应明白的是，对于在 24 年前经历过一战、失去了一切的人来说，和平的消息是多么大的慰藉。他们一心想着再也不要让一战重演，却没有意识到已经亲手为二战铺平了道路。一味地谴责犯下如此滔天大错的人并没有意义。我们应该做的是始终铭记这个错误，永远不要重蹈覆辙。

★　波尔布—塞尔贝尔

在西班牙东北边境，比利牛斯山脚下，有一座紧邻法国的海滨村庄，名叫波尔布（Portbou）。我们沿着一条漂亮的小路爬上了波尔布旁边的一条山脊，这条山脊便是法国与西班牙的分界线。1939 年年初，数十万落败的共和党人正是由这条小路逃离了加泰罗尼亚，至此，西班牙彻底落入佛朗哥分子之手。我们在山脊顶部的一块牌子可以看到关于这段历史的记录。牌子上钉着的几张塑封照片展现了当时的场景：可怜的战士们满脸倦意，妇女、老人、儿童个个衣衫褴褛，有的连鞋都没有。为了御寒，他们把脏兮兮的毯子披在肩膀上。有时候，附近的村民会给他们一点面包、一杯咖啡，但巡逻的卫兵极力破坏着这份温情。西班牙共和党人的涌入让法国政府措手不及。想到这些人有可能以法国为根据地向西班牙发起反攻，法国政府害怕极了。他们在比利牛斯山和附近的海岸匆匆建了一些营地，把西班牙人关了起来。从我们现在的位置就可以远远看到这些地方，如阿尔热莱海滩、圣西普里安海滩等，它们如今都成了精致的海水浴场。然而西班牙避难者是在隆冬到来的，他们几千人被赶到一处，躲在临时搭起的帐篷下，没有电、没有火炉，只有些清汤寡水勉强续命。

　　海明威（Hemingway）以西班牙战争为题创作过一部伟大的小说，叫作《丧钟为谁而鸣》。这个题目来源于 17 世纪英国诗人约翰·邓恩（John Donne）的一首诗。这首诗是这样写的：

　　　　没有人是一座孤岛

　　　　可以自全

　　　　每个人都是大陆的一片

　　　　整体的一部分

　　　　如果海水冲掉一块

　　　　欧洲就缩小一分

　　　　如同一个海岬失掉一角

　　　　如同你的朋友或者你自己的领地失掉一块

任何人的死亡都是我的损失

因为我是人类的一员

因此

不要问丧钟为谁而鸣

丧钟为你而鸣 [1]

★ 但泽

维斯特布拉德（Westerplatte）是一座不大的沙质半岛，树木众多。这座岛伸入波罗的海，对面就是波兰的大港口格但斯克（Gdansk），两地之间仅隔着维斯瓦河的一条支流。1939 年，这个城市仍保留着汉萨同盟时代的名字但泽（Dantzig），住着德意志人。自中世纪以来，这一地区的大部分土地都是属于德意志人的。从 1919 年起，国际联盟就将该岛设为"自由市"，由国际联盟管理，同时又划给波兰一块狭长的海岸，即"但泽走廊"，以便这个刚刚重生的国家能够由此与大海连通。当时的德国一直向东延伸到柯尼斯堡，也就是今天俄罗斯的加里宁格勒，而但泽走廊恰好将德

---

[1] No man is an island/Entire of itself/Every man is a piece of the continent/A part of the main./If a clod be washed away by the sea/Europe is the less./As well as if a promontory were./As well as if a manor of thy friend's/Or of thine own were/Any man's death diminishes me/Because I am involved in mankind/And therefore never send to know for whom the bell tolls/It tolls for thee.

国东部一分为二，这就埋下了隐患。在吞并了奥地利，又以收复苏台德地区为名获得了捷克斯洛伐克之后，希特勒决定用自己的方式解决棘手的但泽问题。1939 年 9 月 1 日上午，他的军队来到维斯特布拉德，向岛上的波兰驻军开火了。欧洲的二战由此开启。英国和法国向德国宣战，支持波兰，但没有任何实际行动。几周之后，尽管波兰人民进行了英勇的斗争，但该国的北部、西部相继沦陷，东部也将很快失守——俄罗斯在 8 月刚刚同德国签订了秘密条约，因而得以分得一杯羹。

对于东欧发生的战争，西欧大部分人都不知道这是什么概念。三十多年来，在历史学家、小说家和电影制作人的努力下，我们终于对东欧人民经历的恐怖迫害有了更清晰的认识。几个世纪以来，惨遭杀害的东欧犹太人多达数百万：在波兰各大城市，他们被关在犹太人区里慢慢杀死；在乌克兰、波罗的海国家以及各地的集中营，犹太人被聚集到一处接受机枪的扫射。遭到迫害的不只是犹太人。在东欧，尤其是在波兰，不是犹太人也并不意味着不会大难临头。在纳粹建立的种族等级中，最底层的是犹太人和吉普赛人，这两个民族都不应该存在于这个世界；往上一层是斯拉夫人，他们的命运是为日耳曼人做牛做马。希特勒的军队占领波兰后，立即有条不紊地展开了破坏行动，教师、知识分子、神职人员、工程师等社会精英都遭到了杀害。在俄罗斯占领区，斯大林的做法也没有什么两样：监禁、酷刑、残杀接踵而来。其中最著名的一次屠杀行动发生在卡廷森林（今俄罗斯境内），2.2 万名手无寸铁的波兰官兵因此殒命。战争结束时，在遇难的波兰人民中，犹太人达 300 万，非犹太人达 250 万。

★ 敦刻尔克

摧毁波兰之后，又过了九个半月，德国军队向西发起了进攻。仅用了不到两周时间，德军就冲过了传说中无法通过的阿登森林，英法盟军阵脚大乱，开始大撤退。1940 年 5 月底 6 月初，为了让英国军队乘船撤出，法国军队需要守住敦刻尔克附近的一个袋形阵地。像所有的敦刻尔克人一样，我从出生就开始听这段故事。当我还是个孩子的时候，每当刮大风，沙丘上就经常出现当年留下的东西，炮弹、手榴弹、没用过的步枪，什么都有，而且几乎都没有生锈。我的一位堂兄很喜欢收集这类物品，他的房间里还专门摆了一个这样的橱窗。这段历史在敦刻尔克之外一直默默无闻，2017 年却因克里斯托弗·诺兰（Christopher Nolan）拍摄的好莱坞大片《敦刻尔克》而驰名全球。这是一部不错的电影，牵动人心、惊心动魄，堪称大师之作。问题在于它只站在了英国的视角。对于英国人来说，这次行动之所以成功，是因为发生了奇迹。在奇迹的作用下，英国军队得以重建、得以避开袭击、得以重新战斗。遗憾的是，法国人所做的一切丝毫没有得到体现。

人们忘记了冒死牵制敌人的最前线，忘记了没有撤走的几十万可怜人，忘记了长长的海岸线成了法国军队的坟墓。路易·阿拉贡（Louis Aragon）经历了这一切，他根据这次行动创作了《敦刻尔克之夜》：

> 尸体在大海中与海藻卷在一起
>
> 翻了的船成了主教的帽子

10万人登上英国船只。3.5万人成为俘虏。剩下的军队四处溃退，百姓陷入恐慌。法国崩溃了。在5月10日德国大举向西发起进攻的前一天，法国军队还笼罩着1918年的光环，是世界首屈一指的无敌之军。6月，它就被按倒在地，受尽羞辱。在历史上，胜利者的傲慢总是令人憎恨。希望再也没有人品尝到战败者的屈辱。

★ 伦敦

在英国议会大厦后面有一座博物馆，名叫丘吉尔作战室（Churchill war rooms）。这里就是精力充沛的英国首相丘吉尔带领他的国家走向胜利的地下司令部。它的入口并不难找。每天，数百名游客不惜排队几小时也要亲眼看一看丘吉尔工作、生活过的地方。所有这些游客同那些买关于他的书、看关于他的电影的人一样，都是他的崇拜者。丘吉尔当然有被崇拜的理由，因为他是个英雄。同很多英雄一样，他并不是圣人。在许多方面，丘吉尔都是令人无法容忍的。出身于英国贵族的他是这一阶层的典型代表，优越感十足。他继承了帝国的传统，成为狂热的殖民主义者，深信英国有权主宰那些"劣等"民族。20世纪10年代，他进入内阁，带着他的执念犯下了一系列严重的错误：1915年远征达达尼尔海峡以失败告终，20世纪20年代为了重振英镑恢复了一战前使用的金本位制，结果使英国经济蒙受了巨大的损失。1940年5月被任命为首相之后，他的骄傲和顽固反而成为他得以实现奇迹的重要品质。从1940年6月法国溃败到1941年6月德国入侵苏联，英国以一己之力对抗着掌控了欧洲的希特勒及其盟友。这个国家尽管遭到了攻击、轰炸，但始终坚持着、抵抗着，最终赢得了胜利。而丘吉尔正是这场战争的灵魂。历史上，能够被认为是拯救了世界的人并不多，丘吉尔是其中的一位。

★ 塞尔贝尔—波尔布

我们又回到了法国与西班牙之间的山脊上。这次，丧钟在另一边敲响了。沿着1939年西班牙共和党人逃往法国的那条路，从1940年夏天起，不断有人为了躲避占领法国的纳粹向西班牙逃来。他们希望由西班牙乘火车到达葡萄牙，然后再乘船逃到美国去。在这条逃亡之路上，最著名的一位是伟大的德国哲学家瓦尔特·本雅明（Walter Benjamin）。这是一位极度亲法人士，曾翻译过普鲁斯特（Proust）和波德莱尔（Baudelaire）的作品。身为从1933年以来一直在巴黎逃亡的犹太人、知识分子，本雅明有充分的理由对法国的新主人感到害怕。他本想从马赛乘船逃走，可是没有成功。人们将他送到塞尔贝尔。从1940年夏末，这里就形成了一个越境团体，他们会指导逃亡者沿山间的小路逃到西班牙去。本雅明跟随着这些人到达了波尔布。此时的他已经身心俱疲。然而，西班牙警方宣布将把他遣返到法国。得知这一消息，本雅明万念俱灰，当天夜里自杀身亡。波尔布人永远保留着对他的记忆。21世纪伊始，一位以色列艺术家就在他的墓地旁建了一座触动心灵的纪念物。也许是受到这段历史的影响，那些曾经帮助他、帮助其他人同他一起逃到西班牙的人也永远地留在了人们的记忆中，比如紧邻西班牙的法国小镇班努斯的镇长、社会党人阿泽马（Azéma），以及出生在奥地利犹太家庭、最早开始在柏林抵抗纳粹主义、后来逃亡法国的莉萨·菲特考（Lisa Fittko）。法国沦陷后，菲特考冒着生命危险搬到了该地区的另一个村庄，在那里一直待到1941年春天，她在那里的唯一目标就是组织逃亡行动。这两个人同葡萄园、山林中的村民们一起，使数百人成功逃脱，摆脱了逮捕、关押、死亡的命运。

在这场残暴的战争中，压迫者的野蛮行径毫无底线可言，一些傀儡政府还起到了助纣为虐的作用。作为各自国家的首脑，法国的贝当（Pétain）和挪威的吉斯林（Quisling）竟然发动政府和警察为纳粹效劳。在这种情况下，那些依然敢于奋起反抗的人就更值得人们钦佩了。欧洲各国都涌现出了为尊严与自由之光永不熄灭而抗争的英雄人物。自由法国的戴高乐将军（Général de Gaulle）、荷兰女王威廉明娜（Wilhelmine）以及比利时、波兰、捷克等很多国家的政府虽然迁至了伦敦，但依旧没有停止抗争，他们领导了欧洲境内的大部分反抗运动。被占领国家采取了各种形式进行抵抗。南斯拉夫、希腊、法国、意大利都形成了游击队，他们用简陋的步枪顽强反抗着装甲部队。波兰建立了"地下政府"，除了搞破坏、窃取情报这类常规工作外，它还恢复了被关停的学校、剧院及宗教场所。波兰的犹太人也表现出了不凡的勇气。尽管面对着饥饿、苦难以及流行病的折磨，他们依然在 1943 年组织了激烈的华沙犹太起义。同样是在这一年，丹麦的抵抗力量展开了营救行动，帮助境内几乎所有的犹太人转移到了中立国瑞典。到处都是可歌可泣的英雄。他们有的赫赫有名，如被盖世太保（Gestapo）折磨致死的法国抵抗运动领袖让·穆林（Jean Moulin），也有的只是平凡的小人物，一度只能被称为无名氏，比如前面说过的莉萨·菲特考。但是，在这条面朝大海的比利牛斯山小路上，他们每一个人都留在我们心间。

★　奥马哈海滩

小时候，我总是觉得这个名字难以接受。奥马哈海滩？法国的海滩怎么会叫这样一个奇怪的名字？后来我就知道了。1944年6月6日，德国军队驻守在加莱海峡。盟军从最意想不到的海岸完成了登陆，并用驳船匆匆建成了人工港。美军在其中发挥了巨大的作用，也付出了高昂的代价——去海滩旁边的烈士陵园看看就知道了。与美国人一同到来的还有英国人，当然英国的自治领加拿大、澳大利亚、新西兰也参与了进来，此外还有法国、波兰、捷克、比利时以及挪威的军队。无论如何，欧洲人都不应忘记，这已经是欧洲之外的力量第二次帮助他们摆脱噩梦了。

★　巴黎—华沙

奥尔良门（Porte d'Orleans）并不是巴黎最招人喜欢的地方，那里大型砖石建筑林立，十字路口拥挤嘈杂，经常发生交通拥堵。但作为历史爱好者，每当路过此处，我就不禁想到1944年8月24日发生在这里的一幕。这一天，戴高乐将军与未来的勒克莱尔元帅率法军装甲第二师的几个分队进入巴黎。美国人在几周前同意了戴高乐将军的请求：法国的首都要由法国人自己来解放。事实正是如此[1]。巴黎城内首先发动了起义，随后，插着三色旗的坦克从城外驶来。所有法国人的脑海中都有一幅解放巴黎的画面，正如比利时人会永远记得布鲁塞尔的解放、荷兰人会记得阿姆斯特丹和海牙的解放。这画面中有喜悦，有国旗，有乱吐口香糖、乱扔烟头的美国士兵、英国士兵，还有小姑娘们的笑颜。

然而也是在这一年夏天，欧洲的另一边却是另外一番景象。同美国一样，此时的苏联也取得了巨大进步。1944 年 7 月底，苏联军队逼近华沙。同戴高乐将军的想法一样，波兰抵抗力量为了成为波兰的合法政权，为人民赢得独立，于 8 月 1 日发动了起义。可是与法国的情形不同，苏联人假意是盟友，实际是敌人，他们并没有行动。今天，如果爬上战后重建的老城城墙，我们就会发现维斯瓦河就在眼前。一位波兰朋友曾对我说："他们就在河对岸，枪炮都摆在那里，什么都不做。"此时，斯大林已经在波兰的卢布林建立起了自己的政府，他之所以选择这里正是因为这个城市很听话。他当然不能允许任何人来搅了他的好事，尤其是最有权力收复此地的波兰斗士。就这样，斯大林由着希特勒横冲直撞。三个月后，华沙"叛乱分子"陆续被处理干净，整座城市被夷为平地。当法国人民和比利时人民欢呼雀跃时，波兰再一次成为灰烬。

---

[1] 巴黎是由法国军队解放的，其中既包括法国人，也包括参加了法军的外国人。这些人除了从殖民地招募的士兵外，还有很多被佛朗哥派逼到法国的西班牙共和党人。

★ 柏林勃兰登堡门

勃兰登堡门（Brandenburg Gate）通常是人们到柏林之后最先去参观的地方。其石柱为新古典主义风格，四马两轮战车立在门的最上方，整座建筑位于柏林正中心，是柏林的标志性地标。让我们从东边开始参观。我们身后的这条路叫作林登大道（Unter den Linden），意为菩提树下，有很多看上去不错的酒店、精致的商铺以及比较大的咖啡馆。在我们前面，勃兰登堡门的另一边，是蒂尔加藤公园（Tiergarten）。这是一片巨大的城市森林，柏林的绿色之肺。我们的右手边的那座圆顶建筑是德国联邦议院（Bundestag），其前身是帝国国会大厦（Reichstag）。几百米外是2005年建成的欧洲被害犹太人纪念碑，一个个混凝土石碑让人们永远铭记这段历史。其实在德国，纳粹和战争留给人们的阴暗回忆几乎是无处不在的。1945年夏天，意大利电影制片人罗西里尼（Rossellini）正是站在勃兰登堡门前将这一年称为"德意志零年"。那个时候，这周围的一切的都是废墟与灰烬。德国被打倒在地，德国人开始颠沛流离。曾让苏联红军受尽折磨的德国人遭到了苏联人的报复，妇女受到欺凌，百姓食不果腹。1200万德国人不得不从被他们占领了几个世纪的波罗的海国家、从普鲁士逃离出来。一座巨幅斯大林像成为我们身后这条林登大道的起点，从这里开始都属于苏联占领区。法国、英国、美国的占领区则位于勃兰登堡门的另一边。1940 年一度沦陷的法国凭借着英美合力援助的军队坐上了胜利者的交椅，英国人在其中发挥了重要的作用。在二战中，英国也是唯一坚持了五年的国家。然而，长期的战争也使它消耗过度。在勃兰登堡门的西面，美国成为真正的强者。战后的欧洲同柏林一样遍体鳞伤，成为美国与苏联两股新势力的囊中之物。

| 第二十章 |
一个欧洲，两个欧洲

从勃兰登堡门向南走 20 分钟，就会到达查理检查站（Checkpoint Charlie）——检查站 C，这是柏林被分为东西两部分以及柏林墙建起后设在边界线上为数不多的几个哨卡之一。这个检查站如今已经失去了往日的功能，但依然保留了原貌，成为游客们追忆历史的一个景点。如果没记错的话，我在 1986 年第一次游览柏林时曾去过那里。我记得看到了岗亭、看到了手持武器的士兵，记得经过无比漫长的等待才在护照上盖上了章，然后走过了未曾想象过的"无人区"，从美国占领区到达了苏联占领区。这是我人生中第一次也是唯一一次在狙击手的注视下行走。当时的柏林被四个胜利者瓜分。要从这座城市的一个地方到另一个地方去，经常就得从一个占领区去往另一个占领区。而这样的旅行就如同科幻电影一样，充满了不同维度的穿越：这边同其他的西方城市一样，出租车四处穿梭，各色车辆时常堵在一起，街边商铺林立，行人们提着大包小包；那边一片寂静，混凝土建筑立在宽阔的马路两旁，商店里空荡荡的，行人满脸阴郁。

1914 年年初，欧洲瓜分着世界。1945 年以后，欧洲和整个世界都被另外两个庞然大物所瓜分。西边是富足的时代，是消费社会，是家用电器，是可口可乐，是好莱坞的奇幻世界。东边则掌握在苏联手中，成为一部风雨飘摇的黑白电影。

■ 东区

我上一次去柏林是在 2017 年。当时，我带着 12 岁和 9 岁的侄女去了东德博物馆（DDR Museum）。顾名思义，这座博物馆是以东德的历史为主题的。展览非常精彩。其内容当然涵盖了历史和地缘政治，但它的特别之处在于以一种有趣、互动的方式展现了当时的日常生活。坐上电梯，人们就能知道当年的电梯质量有多么不过关——刚按下按钮它就晃个不停。展厅里的玩具都可以玩，虽然有点复古。电视信号时好时坏，里面的主持人死气沉沉地念着稿子。博物馆里还有一面镜子，从它的前面走过，游客就会发现镜子里的自己穿上了东德的西装或裙子，一片深栗色和暗绿色。我的侄女们玩得很开心。走的时候，我试图告诉她们，我们所参观的这个地方以及欧洲的一半土地都曾是展览中的那种色调，而这个阶段持续了近 45 年。她们会明白我的意思吗？东德博物馆位于东柏林的中心。周围的卡尔—李卜克内西大街（Karl-Liebknecht-Strasse）、卡尔—马克思大道（Karl-Marx-Allee）以及一座座混凝土建筑都在提醒着人们，这里曾是东柏林。然而，21 世纪的孩子对这些名字、这种建筑风格可能没有任何概念。更何况周围的其他东西不会让她们感到丝毫陌生：目之所及之处不是星巴克，就是 H&M，橱窗里的东西同其他地方一样花花绿绿、吸人眼球，虽然价格不菲，但却毫不实用。

曾经，欧洲被从中间一劈两半，这条裂痕就像几十万年前的东非大裂谷一样，创造出了植物群、动物群乃至整个生态系统都截然不同的两个世界。这是达尔文的进化论在地缘政治上的加速体现。即便今天，很多地区都还留有被占领时期的遗迹，其中不乏恢宏的作品。雄伟的科学文化宫俯瞰着华沙，这是斯大林留给波兰的礼物，是 20 世纪 50 年代苏联建筑的瑰宝。罗马尼亚人民宫更是震撼，其面积超过 35 万平方米，房间达 1100 间（不包括地下室），是当时的领导人齐奥塞斯库（Ceausescu）在 20 世纪 80 年代兴建的。为了这个工程，罗马尼亚首都布加勒斯特让出了市中心五分之一的土地。此外还有保加利亚共产党建造的飞碟纪念碑。它位于保加利亚中心的一座山顶上，前不着村，后不着店，是一座飞碟形状的混凝土建筑。另一些建筑则融入了日常生活，比如绵延不断的林荫大道以及道路两侧毫无灵魂的苏联式房屋。如今，成千上万的人仍然住在那里。当年的社会物资紧缺，排着长队却买不到东西是东方世界的常态。人们只好用绝望又不失礼貌的幽默来自我安慰。每个东方国家都有自己的笑话。我第一次去波兰的时候，有人给我讲过这样一则：

——没有面包了吗？一个人探着头问。

——看您说的！我们家是没有肉了。对面那家才是没有面包了呢。

下面这则笑话流传更广。对话发生在空旷的大街上："资本家们人人都有车。嗯，是挺好的。不过我们还人人都有车位呢！"
领导人的幽默则是无奈的、残酷的，是一种黑色幽默。从 1945 年
开始，人们都想尽办法逃离这个可怕的世界。德国东部正中心的
柏林因为被西方世界所包围，成为人们最容易想到的逃难通道。
几十万人由这里走向了新世界。为了控制这种局面，在苏联的要
求下，东德政府在 1961 年建起了柏林墙。他们一本正经地说，这
是为了抵御西方迫在眉睫的威胁，并将其称为"反法西斯防卫墙"。
在柏林墙被拆除之前，东德所有的宣传活动都是这样称呼它的。

　　离开东德博物馆向正东方行进，很快就会看到另一座博物
馆——斯塔西博物馆。斯塔西是著名的政治警察机构，负责监听
监视工作，它将人民笼罩在恐怖的阴云之中。我没敢带两个侄女
进去，现在想来倒是有些后悔了。她们应该知道这段历史。苏联
统治下的欧洲不仅装潢惨淡、商场空旷，街上只跑着斯柯达、达
契亚或是特拉贝特，它的极权主义更是使东欧陷入了四十余年的
寒冬。苏联自认为给这些地方带来了解放，然而就连那些最具象
征性的地方也被极权主义所控制。别忘了，一些纳粹留下的集中
营，如布痕瓦尔德集中营，是到 20 世纪 50 年代才关闭的。之所
以拖到那个时候，是因为苏联人一直用它们来关押自己的敌人。
1945 年，斯大林在雅尔塔和波茨坦先后承诺盟军将在各地，特别
是在波兰，组织自由选举。然而苏联在各处安插人手，动用政治
警察，在选举中弄虚作假。捷克斯洛伐克是最后一个可以算作由

多党执政的国家。其总统贝奈斯（Beneš）曾于1939年逃亡国外，后来又重返故土。1948年年底，该国共产党发动政变，通过政治审判取缔了其他党派，多党执政的局面由此告终。其他党派的很多人都曾在抵抗纳粹的过程中顽强斗争，表现出了不凡的英雄气概，最终却因路线不同被昔日并肩作战的好友送上了黄泉路。

令人宽慰的是，尽管时局如此艰难，总有一些人勇敢地站出来与压迫做斗争。在苏联时代的寒冬里，他们的努力成为一团团温暖的火，不时给人们带来希望。1953年，东柏林发生罢工；1956年，布达佩斯举行起义；1968年，捷克斯洛伐克政府提出了"带有人性面孔的社会主义"，着重强调了对平等与自由的希冀；20世纪七八十年代，格但斯克的造船厂创立了波兰的第一个自由工会——团结工会，成为重要的反抗力量。

对于苏联解体之后出生的年轻人来说，这段历史可能只是一段小插曲，尽管它惊心动魄，但还是无法改变欧洲共同的主旋律。但只要读过本书，您就会清楚地知道，在1945年以前，东欧大部分国家都对欧洲漫长的历史有多么重要的影响。想想我们已经去过的波兰，或是神圣帝国的古都布拉格，还有哈布斯堡王朝的重要阵地之一布达佩斯，您就会同意这一点。而同这些地方相比，塞尔维亚首都贝尔格莱德、保加利亚首都索非亚、罗马尼亚首都布加勒斯特给人的感觉就要更遥远一些了，因为它们在历史上的许多个世纪都一直属于奥斯曼帝国所统治的东欧。我们只需要去这些城市看看 19 世纪时修建的市中心，再看看它们的大广场、艺术博物馆、留着小胡子的伟人雕像，就会发现这些国家在独立后曾多么努力地追赶"西方"的步伐——大多数城市都成为维也纳的翻版。

1989 年东欧剧变之后，一度充满异国风情的东欧世界迅速重新汇入了欧洲的洪流。当然，所有这些国家都有自己的特点，他们有自己的语言、自己的传统、自己的美食和自己的历史遗迹。尽管人们会对各国领导人的政治选择持有不同的看法，他们总会有那么几个瞬间觉得波兰、捷克、罗马尼亚所表达出的"欧洲性状"与葡萄牙、挪威没什么差别[1]。如果爱尔兰、丹麦或是西班牙的大学生去罗兹（波兰）、布尔诺（捷克）或锡比乌（罗马尼亚）交换学习，他不会觉得新的学校与自己的大学有多大的不同，也不会觉得广场酒吧里的 happy hours（减价时段）与原来的城市有什么区别。然而恐怕很少有人会意识到，就在几十年前，这些东欧国家完全不是这个样子。

回想这段历史，最让我感到错愕的是我们这一代经历过欧洲分裂的人竟然如此轻而易举地就接受并消化了两个世界之间的不同。这种轻松似乎早就存在，而且还将持续到永远。记得有一次，一位同事用尺子测量地图——在 GPS 问世前大家都是这么做

---

[1] 读者应该能够理解，我在本书中谈到的欧洲都是从地理和文化的层面来界定的，并不特指欧盟。

的——发现巴黎到布拉格的距离与巴黎到尼斯的距离相差无几。
这个发现在我们的小圈子里引起了轰动。我们当时都不相信。恐
怕今天的年轻人也会有同感。我们总觉得，尼斯是法国的，就在
巴黎旁边，而布拉格却是别的国家的，仿佛远在天边。然而我们
错了。历史上没有任何东西是永恒的，政治尤是。专制主义是如
此，自由主义也是如此。这个道理我也一定要讲给侄女们听。

■ 西区：幻象与成就

背朝勃兰登堡门，只需要沿着蒂尔加藤公园一直走，就可
以到达西柏林。这座资本主义小岛不偏不倚地面对着社会主义德
国的中心。西方一直想让西柏林成为它的"橱窗"。这个在当时
频繁出现的词语确实再恰当不过。西柏林已经成为消费社会的殿
堂，那里最常见的场景就是大腹便便的资产者们将大大小小的购
物袋塞进梅赛德斯的后备厢，脸上一副疲惫却又惬意的神情。如
今，沿着选帝侯大街（Kurfürstendamm）走一走，我们就可以感
受到当年的气氛。一家家店铺金碧辉煌，高级轿车一辆接着一辆。
西区购物广场 (Kaufhaus des Westens) 也是如此，想在那里控制购
物欲简直比登天还难——6 万平方米的七层卖场会让人什么都想
买。幸运的是，西柏林这个橱窗所展示的东西远不止这些。自 20
世纪 60 年代以来，柏林也是一座极具创造性、极不甘于现状的城

市，这也使它更具魅力。这里有抗议、有示威，在克罗伊茨贝格区（Kreuzberg），柏林人还经常同土耳其移民群体一起非法占据空屋。总之，西柏林是一个缩影。从二战后到20世纪80年代前，西欧的方方面面都尽在其中。

其实，上一句话还应该加上"几乎"二字。别忘了，在20世纪70年代中期之前，西班牙、葡萄牙、希腊这几个我们现在看来非常亲近的国家当时还困在其他一些专制统治的枷锁之中。其制度虽然与苏联模式大不一样，但人民的生活却是同样苦不堪言。他们的东边是阴险的苏联克格勃，南面是黑暗的西班牙佛朗哥。

其余的地方，从斯堪的纳维亚半岛到比利牛斯山脉，从冰岛到奥地利，到处都发生了翻天覆地的变化。法国人将其称为"黄金三十年"，大多数欧洲国家都将其视作"经济奇迹"。从物质水平上讲，这一点是无可争议的。一方面有美国的带动，另一方面西欧自己有重建的需要，再加上人口大幅增长、能源价格极低，西欧一头扎入了消费社会，感受到了充分就业和经济两位数增长带来的喜悦。今天的欧洲深陷危机之中，严重的失业问题难以解决，很多人因此便对过去倍加怀念。这种想法虽然可以理解，但是我们不应因此便觉得过去什么都好。我们应该知道的是，"黄金三十年"期间的欧洲已经淡出了世界舞台，势力也大不如前了。今天的很多欧洲人听了"今时不如往日"的蛊惑，对20世纪五六十年代充满向往，认为那时的欧洲富有而强大。其实不然。在战争结束后的很长一段时间内，底层贫苦百姓的生活条件比现在还要艰苦得多。另外，出于生产的需要，欧洲还在20世纪五六十年代大量引入移民，这些移民的待遇也是非常差的。至20世纪60年代末，定居巴黎的大部分阿尔及利亚人仍然生活在大片的贫民窟里。所以说，尽管西欧从总体上确实更富裕了，但并不是所有人都富了起来。

西欧的国际地位更是一落千丈。二战之后，西欧只有向世界的两位新主人卑躬屈膝的份，没有任何一个国家有能力压制它们。因为在战争中的所作所为而名誉扫地的德国（意大利在一定程度上也是如此）虽然在经济上突飞猛进，却一直是"政治上的矮子"。名副其实的战胜国英国和法国也难以与美苏抗衡。在短短的几十年里，雄霸世界的欧洲就这样崩塌了。在道德层面上，殖民时代的结束当然是一件好事。但事实上，没有一个殖民者停止殖民是出于道义——他们完全是不得已而为之。战后的英国一片惨淡，只好从印度、东南亚、非洲撤出，同时也失去了在伊朗和近东地区的影响力，给美国留下了机会。法国也面临着同样的窘境。但它自以为实力已经恢复，在1946年展开了印度支那战争，坚信会像从前一样轻而易举地打下这个半岛。不到两年时间，法国的幻想就破灭了。50年代初，美国出钱出枪，这才使法国继续坚持下去。此时正值冷战时期。美国之所以向法国伸出援手，仅仅因为它的对手是共产党。然而尽管如此，这场战争依然以法国的失败和离开而告终。接着就轮到了阿尔及利亚。阿尔及利亚的情况比较特殊。其人口主要包括两部分。一部分是 130 年来一直受制于人的穆斯林，他们人数众多，越来越渴望独立。另一部分是 100 万生活在阿尔及利亚的法国人，他们坚决反对独立。1958年，这部分法国人借大规模暴动向巴黎施压，成功让戴高乐再度上台。在他们眼中，戴高乐一定会救他们于水火。可戴高乐将军本人是否觉得自己能够逆历史而行、保住法属阿尔及利亚呢？这个问题就不好回答了。事实是，戴高乐很快就改变了之前的论调。1962 年，他抛弃了那 100 万法国人，承认阿尔及利亚独立。也许是为了让人们忘记他的这个罪责，自此之后，戴高乐就开始推行一种"重塑法国辉煌"的政策：他在金边发表讲话反对越南战争（1966），接管了美国在法国领土上的所有军事基地，还退出了北约军事一体化体系。这位将军用独一无二的方式不断发出信号，告诉世人法国坚决独立于美国的保护。然而这些行动也许只是逞口舌之快。确实，法国同英国一样都有原子弹。但面对武器威力比它们强大百倍的美国，这两个国家谁又真的能掀起什么大浪呢？

每一位欧洲人都必须清楚一个不容置疑的事实。1914 年，世界的权柄在伦敦、在柏林、在巴黎、在维也纳、在罗马。1945 年以后，它们被握在了莫斯科和华盛顿手中。

尽管如此，战后的西欧并非只有衰落。它虽然失去了世界地位，但却在不断完善着自己的新身份。在我看来，这个新身份主要体现在三个方面。

★ 为更有力地保护个人自由而斗争

为自由而斗争并不是新鲜事，我们已经讲了很多相关的历史，尤其是在启蒙运动以来。二战结束后，人们又掀起了争取自由的热潮。战争的创伤促使欧洲大多数民主国家将人类的平等、尊严与自由置于法律的核心位置，其中的自由包括思想自由、信仰自由以及言论自由。从 20 世纪 60 年代开始，在抗议活动的推动下，自由的范围又扩展到了保护少数群体的利益，特别是性少数群体，以及争取男女平等，这也成为我们这一时代的一个重大民主问题。

我们之所以要特别指出这一点，是因为欧洲人虽然想反对什么就反对什么，想说什么就说什么，但很多人并没有意识到他们为何能够这样做。他们是否知道，人类历史上从来没有哪个时代如此努力地守护着自由？他们是否知道，地球上还有几十亿人没有他们这样幸运？说句公道话，欧洲之外也有一些民主制度同样注重保护个人权益，如澳大利亚、加拿大、新西兰、日本等。但世界各地在追求平等的道路上步伐是不一致的。美国人总是以自由的先锋自诩，但他们直到 20 世纪 60 年代才从法律上终结了种族隔离制度。在欧洲，这样的法律从二战结束就已经免谈了。

★ 社会保障

几百年来，救助老弱病残要么是宗教机构的事，要么由家庭自行承担。很多国家至今依然采取这种办法。在欧洲，救助弱势群体逐渐得到了政府的保障，成为一项集体性的工作。这在我看来是一个很大的进步。

工人运动一直期盼着政府迈出这一步，而历史上第一位投身于这项事业的政府要员是一位我们提到过的右翼人士：俾斯麦。19世纪80年代，他一边清理社会主义政党，一边在德国设立了最早的社会保险制度。工人和雇主们一同缴纳保险金，如果患病就可以领取一定的补偿款，退休时还有一小笔退休金。奥地利、比利时效仿了德国的做法，法国在1928年和1930年的法律中也在一定程度上对此进行了借鉴。20世纪30年代，瑞典的社会民主党上台后采取了一些措施，进一步提高了社会保障水平。在二战期间，英国接过了接力棒。人道主义经济学家贝弗里奇（Beveridge）提出了终结"五大痛苦"的方案，这"五大痛苦"是贫困、恶劣的卫生条件、无知、疾病与失业。不同于俾斯麦的做法，贝弗里奇要依靠税收来完成这一切。在他们二人的带领下，欧洲各国在二战后便走向了福利国家时代。欧洲之外同欧洲模式相近的民主政体都借鉴了欧洲的做法。但西方世界的"领头羊"美国却不愿意这样做。在这个崇尚个人主义的国家，疾病和贫穷都是个人的事。但在欧洲这些建立了社会保障制度的福利国家，帮助弱势群体是大家的事。这又是一个欧洲区别于世界其他地方的方面。

★ 理性、和平的国家联盟的逐渐形成

欧洲在第二次自取灭亡之后将走向何方？对于这个问题，欧洲各国主要有三种论调。右翼民族主义者认为各国应该恢复自己的实力，以便有朝一日同身边这些宿敌再较高下。他们要继续走从前的老路，尽管这条路已经两次让欧洲陷入灾难。极左翼，尤其是法国和意大利的极左翼，想要尝试共产主义。他们的方案是帮助苏联为苏维埃天堂的伟大降临做好准备——我这样写并没有讽刺意味，这确实是许多人的真实想法。在这两派之间的是广大的民主主义基督徒、中间派、社会党人、和平主义者。他们对战后盘旋在欧洲上空的两大威胁感到非常害怕：一面是可能让战争卷土重来的美国，另一面是随时可能将战车从不远处开过来的苏联。若要与这些威胁相抗衡，最好的办法难道不是团结起来吗？

建立欧洲大家庭的想法早在几个世纪前就有了。一战之后，几位有识之士再次提出了这个观点。二战之后，更多的人认识到了它的必要性，认为这是关系生死存亡的大事。那么具体该怎么做呢？这成为一个大问题。欧洲是否应该成为一个连价值观、连文化都要统一的大联盟呢？1949年，欧洲委员会正是抱着这种想法成立的，

最初有 10 个成员国。[1] 人们很快便发现，这样一个组织只能提出一些模糊的观点，无法发挥真正的作用。这时又出现了几位有识之士，比如法国人让·莫内（Jean Monnet）。他说服他的好友、当时的内阁要员罗伯特·舒曼（Robert Schuman）接受了另一条道路：首先将不同行业相结合，随后一点一点地通过经济将欧洲各国联合起来。1952 年，西德、比利时、法国、意大利、卢森堡及荷兰六个国家成立了欧洲煤钢共同体，"欧洲一体化"就这样开始了。借助煤炭和钢铁这两个具有代表性的关键产业，十年前兵戎相见的国家联起手来。这样的道路岂不是一条正路？可是，今天的欧盟只能做一个白面书生，空有一堆好看的财务报表，却手无缚鸡之力，这不也是将经济置于首要地位所造成的吗？其实，欧盟最早的创始人们已经想到了这一点。欧洲煤钢共同体成立之后，他们很快就提出了建立一支欧洲军队的想法。但在当时，人们很难想象法国、比利时、意大利或德国士兵穿上同样的军装。1954 年，法国否决了这个方案。于是人们便回归了经济路线。1957 年，随着《罗马条约》的签署，一个共同市场建立起来；1962 年，成员国又有了共同的农业政策；我们在此不再一一赘述。在今天看来，这样的发展模式并不是毫无吸引力的，因为不断有新的国家加入进来。其成员国最初只有 6 个，1973 年发展为 9 个 [2]，20 世纪 80 年代，随着希腊重返欧洲大家

[1]　比利时、丹麦、法国、爱尔兰、意大利、卢森堡、荷兰、挪威、瑞典以及英国。
[2]　增加了英国、爱尔兰和丹麦。

庭、西班牙和葡萄牙推翻独裁政权走上民主道路，欧共体成员国增至 12 个。1986 年签署的《单一欧洲法令》进一步完善了统一市场，保证了商品、服务、资本和劳动力的自由流动。在此之后，人们又开始期待共同的外交政策，还有人提出了统一货币的设想。简言之，对于支持欧洲成为统一联盟的人来说，他们的梦想是逐步成为在世界范围内举足轻重的力量。在历史上，不借助战争，而是通过和平的方式和各方的自由意志来达到这一目的并不多见。这一点也是值得注意的。

■ 1989 年以后的新世界

20 世纪 80 年代中期，苏维埃世界出现了裂痕，稍有震动就会彻底四分五裂。波兰带来了第一震。经过多年的斗争，潜伏数载的团结工会终于在 1989 年 6 月初迎来了战后第一次自由选举，轻松碾压了当权派的候选人。欧洲的夏天热闹了起来。匈牙利的政坛开始活跃，开放了与奥地利之间的边界，东德人民蜂涌而至。在波罗的海地区，成千上万的人携起手来要求独立。民主德国也开始游行示威，先是莱比锡，然后是柏林。11 月，人们终于等到了注定要来的一刻。9 日，政府发言人可能被自己说的话吓了一跳，在混乱中说出了一句 44 年来谁都不敢想象的话：不，呃，是的，从今天开始，离开本国就不需要签证了。柏林的各个通行口很快就挤满了人，挤到要爆炸，很快，有人拿起了镐头。柏林墙晃了。柏林墙倒了。一年后，德国再次统一。两年后，苏联解体了。

此时的欧洲热情澎湃，人们乐观地认为，这样的盛景将持续到永远。也不知道为什么，我印象最深的是我的祖母说过的一句话。这大概是我一生中唯一一次听到这位对政治一窍不通的老人谈论政治。当时，她看到电视上的德国人拥抱在一起，就激动地对我说："你看，这多好啊！他们现在都是同志了！"这是祖母期待已久的一刻，没有极权主义、没有战争、没有压迫的美好世界近在手边！美国政治学家、哈佛大学的高才生弗朗西斯·福山（Francis Fukuyama）认为这是"历史的终结"。在他看来，可爱的自由民主主义在打败它的强敌共产主义之后，就会同它的"养子"自由贸易走向世界每一个角落，和平与贸易将一直持续下去。这真是可悲的错觉。历史是永远不会终结的，它会不断改变，打破我们的认知，悲剧也会不断上演。种种蛛丝马迹都已预示了21世纪的我们将要面对的变化与威胁。

尽管我们都渴望世间充满爱，但对特殊群体的归属感总是让人们失去理智，暴力行动不请自来，出现在世界舞台。我们不仅见到了南斯拉夫战争中种族清洗式的大屠杀，还见到了恐怖主义正披着宗教的外衣肆虐人间。

萌芽于 20 世纪末的另一些新生事物又怎样改变着二十一世纪呢？

科技史告诉我们，1990 年，万维网诞生了。我想当时恐怕没人注意到这条新闻，除了一些"呆子"。而即便是他们恐怕也想象不到这样一张"网"竟能够变得无处不在，将旧世界的一切都彻底改变吧？谁能想到人类学习的方式、获取信息的方式、经济的运行、私人生活、友情、爱情都能发生如此翻天覆地的变化？

同样在 1990 年，政府间气候变化专门委员会（IPCC）发布了第一份报告，提醒世人注意全球变暖、温室效应、冰层融化、海平面上升、海洋酸化以及生物多样性减少可能导致的问题。

现在的灾难有哪个是我们没听过的？

不管怎么说，在这个动荡的世界，欧洲一直走着自己的路。它的一些成员国有了统一的货币。进入 21 世纪后，随着东欧国家的回归，欧洲大家庭越来越庞大、越来越难以管理、越来越失去凝聚力。这正是我们这个时代的问题与悖论。本书的每一位读者都会明白，我是对欧洲饱含深情的欧洲人。对民族主义的厌恶让我成为这样的人，因为民族主义只会带来不幸和战争；对欧洲的钦佩让我成为这样的人，因为正如我上面所写的那样，在世界的这个角落，我们享受着别处没有的自由和团结，各种观点都是平等的、都会受到尊重，我们有权选择自己的生活、自己的信仰，有权保留自己与生俱来的一切。我一定要反复强调最后这几点，因为正在欧洲大陆上蓬勃发展的极右翼政党总是发出不同的声音。他们中有很多人都认为自己的身份最优越，要把欧洲变成白人基督徒的土地。关于基督教我已经讲了很多。它在欧洲的过去、欧洲的未来都具有重要作用。但它并不是欧洲唯一的宗教。今天的欧洲并不属于某种宗教，它属于自由的观念。欧洲的身份不是基督教世界，而是开明的世界，欧洲人都应该秉持启蒙时代留给我们的信念，相信唯有宽容、多元、尊重所有人的信仰才能让每一个人得到和平与幸福。今天的欧洲人来自不同的民族，有不同的宗教信仰和文化传统。他们每一个人都可以在欧洲找到自己的位置，都可以为促进欧洲繁荣、守护各自的价值观贡献自己的力量。各国之所以联盟，其宗旨也是从多样性中汲取力量。

我也是一个理智的欧洲人。历史让欧洲各国成为兄弟。在我看来，这些兄弟唯有联合起来才能不被周遭的威胁所伤害。当然，现有的欧洲联盟需要改革，否则所有国家都会被它的官僚主义所压垮。左翼的一些党派不喜欢欧盟，因为他们觉得联盟必将带来自由主义，而自由主义会让大家不断竞争、不断提高产量、不断扩大市场，最终会破坏团结。他们想到的这些并不是联盟将会带来的一切，但坦率地说，这确实是可能发生的事情。可是，仅仅因为这样就要推翻欧盟吗？我们反而应该因此而更有改革的动力，应该想办法促进欧洲国家的团结。我们应该建立属于欧洲的军队，建立覆盖全欧洲的公共服务体系和社会保障体系，我们需要的是一个欧罗巴合众国。今天的欧洲不是一种束缚，而是一个自由自在的空间。面对环境问题、恐怖主义、优步化（即网络的迅速发展对原有社会法制造成的威胁）、民族主义等诸多问题，除了联合，我想不出还有什么办法能够保住我们的自由、能让我们在威胁面前从容应对。

面对种种问题，越来越多的欧洲人认为回归旧制度是唯一的出路。这简直是疯话。旧制度只会让我们万劫不复。这些人是否看过世界地图？他们是否知道中国与印度已经强大起来，人口都超过了 10 亿？是否意识到了俄罗斯咄咄逼人？是否知道 GAFA（Google、Amazon、Facebook 和苹果）正在用算法左右着我们的生活？是否感觉到了生态灾难即将来临？

面对这些威胁，单打独斗，我们什么都做不了；团结在一起，我们是 5 亿人的大欧洲。

（参见插图 XV）

读者大概已经注意到了，本书在很大程度上是我游历欧洲各地的成果。文中的资料并非出自现成的书籍，而是我在参观博物馆、历史遗迹时写在小本子上的笔记。像所有游客一样，我在出门之前也会读一些旅游指南。对于历史这一部分，最实用、最翔实的旅游指南是米其林绿色指南和伽利玛出版社（Gallimard）的《旅游百科系列丛书》（*Encyclopedies du Voyage*）。

如果您想进一步了解欧洲的历史，我向您推荐以下几本：

Norman Davies 撰写的 *Europe: A History*（Oxford University Press 出版社）。这本书相当厚，但读起来并不困难，有很多小故事。在我看来是这个书单里最有意思的一本。该作者还写过一本波兰史 *God's Playground: A History of Poland*，也值得一看。

Jean Carpentier 与 François Lebrun 主编的 *Histoire de l'Europe*（Points 出版社），内容翔实，略显枯燥，两位主编在历史学界非常有名。

J. M. Roberts 撰写的 *The Penguin History of Europe*（Penguin 出版社），内容翔实，经典之作。

Frédéric Delouche 主编的 *Histoire de l'Europe par 12 historiens européens*（Hachette Éducation 出版社）。这是一本优秀的历史普及作品，其特色是由欧洲各地的 12 位专家执笔，消除了民族偏见，正视了每个国家在欧洲历史中所扮演的角色。

最后是法国出版的两部相关主题的作品：

Étienne François 与 Thomas Serrier 主编的 *Europa*（Les Arènes 出版社）

Christophe Charle 与 Daniel Roche 主 编 的 *L'Europe, encyclopédie historique*（Actes Sud 出版社）。这两部作品都超越了传统的政治史范畴，涵盖了文化、经济以及性别、身份等社会问题。两本书都是作品集，由多个国家的历史学家撰写，展现了不同的观点。但学术性都比较强，不太适合非专业人士。

| 鸣　谢 |

　　谁会舍得离开一个无时无刻都支持着你、鼓励着你、毫不吝啬地给你建议的团队呢？我在编写《伟大的世界史》时就遇到了这样一个团队，本书又让我们聚在了一起。这部作品的完成要归功于索菲·德·克洛塞（Sophie de Closets）的鼎力相助。法亚尔出版社（Fayard）的樊尚·布罗克维耶勒（Vincent Brocvielle）与迪亚娜·费耶尔（Diane Feyel）协力完成了发行工作。我亲爱的朋友卡尔·阿德霍尔德（Carl Aderhold）再次帮我审稿，他渊博的历史知识让我的文字更加准确。奥利维耶·马蒂（Olivier Marty）为本书设计了封面。

　　每一个快乐的团队都乐于迎来新成员的加入。在此，感谢才华横溢的瓦尔特·格拉索夫（Walter Glassof）为本书绘制的插图，也感谢托马·冯德舍尔（Thomas Vonderscher）对插图的认真审校。